Alyssa DeBlasio • Izolda Savenkova

Про-движение
Pro-dvizhenie

Advanced Russian through Film and Media

Georgetown University Press • Washington, DC

© 2022 Georgetown University Press. All rights reserved. No part of this book may be reproduced or utilized in any form or by any means, electronic or mechanical, including photocopying and recording, or by any information storage and retrieval system, without permission in writing from the publisher.

The publisher is not responsible for third-party websites or their content. URL links were active at time of publication.

Library of Congress Cataloging-in-Publication Data

Names: DeBlasio, Alyssa, author. | Savenkova, Izolda, author.
Title: Pro-dvizhenie : advanced Russian through film and media / Alyssa DeBlasio and Izolda Savenkova.
Description: Washington, DC : Georgetown University Press, 2022.
Identifiers: LCCN 2022004493 (print) | LCCN 2022004494 (ebook) | ISBN 9781647123017 (paperback) | ISBN 9781647123024 (ebook)
Subjects: LCSH: Russian language—Readers. | Russian language—Textbooks for foreign speakers—English. | Motion pictures—Russia (Federation) | Television programs—Russia (Federation)
Classification: LCC PG2127.M68 D43 2023 (print) | LCC PG2127.M68 (ebook) | DDC 491.7—dc23/eng/20220809
LC record available at https://lccn.loc.gov/2022004493
LC ebook record available at https://lccn.loc.gov/2022004494

♾ This paper meets the requirements of ANSI/NISO Z39.48-1992 (Permanence of Paper).

23 22   9 8 7 6 5 4 3 2   First printing

Printed in the United States of America

Cover design by Martha Madrid
Interior design by click! Publishing Services
Illustrations by Ksenia Vyazova

Table of Contents

Preface xi
   Pedagogical Approach xi
   How to Use This Textbook xiii
   Learning Outcomes xv
   Film Selection and Access xvii
   Acknowledgments xviii
Предисловие xix
   Наш подход xx
   Как работать по этому учебнику xxii
   Цели обучения xxiv
   Выбор фильмов и их доступность xxvii
   Выражение признательности xxviii
Список сокращений и аббревиатуры/Abbreviations xxix

Глава 1: Что вы смотрите? 1

Речевая разминка 2
Необходимые слова и выражения 2
Грамматика: Активные (действительные) причастия настоящего времени/
   Present Active Participles 7
К тексту: «Рождение кинематографа» 8
Смотрим и обсуждаем: «После смерти» (Евгений Бауэр, 1915) 10
Работа в группах 13
Пишем о кино: учимся писать отзыв 14
Повторяем всё, что узнали в этой главе 15
Приложение
- Скрипт к аудио из Задания 12А 19
- Где поставить запятую, если рядом есть причастие? 20
- A Quick Guide to Russian Punctuation 21

Глава 2: Мир неограниченных возможностей 23

Речевая разминка 24
Необходимые слова и выражения 24

Грамматика: Активные (действительные) причастия прошедшего времени/
  Past Active Participles   29
К тексту: «Культура общения с людьми с инвалидностью»   32
Смотрим и обсуждаем: «Страна глухих» (Валерий Тодоровский, 1998)   35
Работа в группах   38
Пишем о кино: учимся писать рецензию   40
Повторяем всё, что узнали в этой главе   41
Приложение   43

Глава 3: Хорошо жить или жить хорошо? 47

Речевая разминка   48
Необходимые слова и выражения   48
Грамматика
- Образование существительных от глаголов с помощью –(е)ние/
  Forming Nouns from Verbs with –(е)ние   50
- Выражение сопоставительных отношений в простом и сложном предложениях/Expressing Relations in Simple and Complex Sentences   52

К тексту: «Что значит жить хорошо и счастливо?»   53
Смотрим и обсуждаем: «Чёрная молния» (Александр Войтинский и Дмитрий Киселёв, 2009)   56
Работа в группах   59
Пишем о кино: общие рекомендации для написания эссе   60
Повторяем всё, что узнали в этой главе   62
Приложение   64

Глава 4: За равные права и возможности 65

Речевая разминка   66
Необходимые слова и выражения   66
Грамматика: Деепричастия/Adverbial Participles   68
К тексту: «История феминистического движения»   71
Смотрим и обсуждаем: «Кухня» (телесериал, Виталий Шляппо, 2012–2016)   74
Работа в группах   78
Пишем о кино: секреты интересного эссе   79
Повторяем всё, что узнали в этой главе   82
Приложение   83

Глава 5: Отношение к отношениям 87

Речевая разминка   88
Необходимые слова и выражения   88

Грамматика
- Страдательные причастия настоящего времени/
  Present Passive Participles   92
- Страдательные причастия прошедшего времени/
  Past Passive Participles   93
- Приставочные формы глагола *думать*/
  Prefixed Forms of the Verb *думать*   96

К тексту: «Как тебя представить?»   97

Смотрим и обсуждаем: «Про любовь» (Анна Меликян, 2015)   99

Работа в группах   107

Пишем о кино: типичные ошибки при написании эссе   109

Повторяем всё, что узнали в этой главе   111

Приложение   113

Глава 6: Лучше, чем люди? 115

Речевая разминка   116

Необходимые слова и выражения   117

Грамматика
- Образование существительных от глаголов с суффиксом *–тель*/
  Forming Nouns from Verbs with the Suffix *–тель*   118
- Краткие страдательные причастия/Short-Form Past Passive Participles   121
- Приставочные формы глагола *работать*/
  Prefixed Forms of the Verb *работать*   123

К тексту: «Технологии и будущее человечества»   125

Смотрим и обсуждаем: «Лучше, чем люди» (Александр Кессель, телесериал, 2018–2019)   128

Работа в группах   130

Пишем о кино: выражение времени в простых и сложных предложениях   132

Повторяем всё, что узнали в этой главе   134

Приложение   135

Глава 7: Во что мы верим? 139

Речевая разминка   140

Необходимые слова и выражения   141

Грамматика: Приставочные формы глагола *менять*/
  Prefixed Forms of the Verb *менять*   144

К тексту: «Что значит быть православным?»   145

Смотрим и обсуждаем: «Ученик» (Кирилл Серебренников, 2016)   148

Работа в группах   153

Пишем о кино: прямая и косвенная речь   154

Повторяем всё, что узнали в этой главе   157
Приложение   158

Глава 8: Традиции и народы России **161**

Речевая разминка   162
Необходимые слова и выражения   162
Грамматика: Особенности употребления количественных числительных в русском языке/Using Numbers and Data in Russian   170
К тексту: «Национальное многообразие России»   173
Смотрим и обсуждаем: «К соседям с любовью…» (Василий Щербенко и Анастасия Бар, док., 2015)   178
Работа в группах   180
Пишем о кино   181
Грамматика: Слова-связки для построения сложных предложений   181
Повторяем всё, что узнали в этой главе   183
Приложение   185

Глава 9: Мы с планеты Земля **189**

Речевая разминка   190
Необходимые слова и выражения   192
Грамматика: Приставочные формы глагола *жить*/Prefixed Forms of the Verb *жить*   195
К тексту: «Россия на защите окружающей среды: прошлое, настоящее и будущее»   198
Смотрим и обсуждаем: «Урок экологии» (Иван Соснин, 2019)   201
Работа в группах   203
Пишем о кино: Предложения со словами *кто* и *который*   206
Повторяем всё, что узнали в этой главе   209

Глава 10: Над чем смеётесь? **211**

Речевая разминка   212
Необходимые слова и выражения   212
Грамматика: Приставочные формы глагола *бить*/Prefixed Forms of the Verb *бить*   216
К тексту: «Из истории русского юмора»   217
Смотрим и обсуждаем: «Пятница» (Евгений Шелякин, 2016)   222
Работа в группах   225
Пишем о кино: как употреблять в речи *разный* и *другой*   226
Повторяем всё, что узнали в этой главе   228
Приложение   229

Глава 11: Сделай сам! 231

Речевая разминка   232
Необходимые слова и выражения   233
К тексту   233
Смотрим и обсуждаем   234
Работа в группах   235
Пишем о кино   236
Повторяем всё, что узнали в этой главе   236

About the Authors   237

Preface

Welcome to *Pro-dvizhenie*, a student-centered, inquiry-based textbook designed to build and sustain advanced-level Russian proficiency through the investigation of enduring philosophical questions. How should we treat others? What does it mean to be happy? What responsibilities do we have to the environment? What role should technology play in our personal relationships? Each unit features a contemporary film or TV series as a jumping-off point for discussion, and this inquiry is rooted in immersive cultural context and in-depth study of advanced vocabulary and grammar. You'll find a variety of activity types, offering the flexibility to accommodate a wide range of groups. The result is a broadly engaging, yet culturally nuanced, textbook that encourages learners to evaluate, narrate, research, collaborate, and debate complex issues in Russian while challenging previously held assumptions and making connections across cultures. Our approach is represented in the title, which can be read as "making progress" in Russian, while also encouraging reflection on (про) that progress. We have also taken great care to select material that represents the diversity of Russian-speaking cultures from a first-person perspective. We created *Pro-dvizhenie* to be the kind of textbook that we want to use in our own classrooms and that our students are excited to work with. We hope you like it too.

Pedagogical Approach

We developed these materials to be comprehensive, systematic, and communicative:

- Comprehensive: The textbook includes a review of major concepts and abilities necessary for advanced-level language production according to international proficiency frameworks (ACTFL, CEFR, TORFL), as well as reinforcement activities for these concepts.
- Systematic: Each unit follows the same structure, offering a predictable flow to the presentation of material.
- Communicative: New linguistic information is always provided in authentic context and emphasis is placed on engaging new information through real-world models, so that students can assimilate new phrases and patterns into their

own speech. By *authentic*, we also mean *inclusive*. Units are designed to present students with an inclusive and diverse picture of Russian-speaking cultures, including audio and video materials from a first-person perspective.

Our approach is equally rooted in data on the learning preferences of today's students. This is the most diverse generation of college students in history. They value ethical transparency, personalization, and clearly articulated guidelines and outcomes. We developed these materials with them in mind, with the idea that student investment in material leads to more active participation and higher levels of motivation.

Each unit advances in lexical and grammatical difficulty as the textbook progresses. Likewise, each unit addresses the key abilities of ACTFL advanced-level speaking, writing, listening, and reading. We've designed *Pro-dvizhenie* for students at all stages of "advanced": from high-intermediate and low-advanced students looking to build confident advanced-level abilities to high-advanced learners interested in developing superior proficiency. According to the CEFR spectrum, this textbook begins at the B1 level (Unit 1) and progresses through B2 (Unit 10). We also adhered closely to the "lexical minimum" for the Test of Russian as a Foreign Language, level TORFL-II. All reading passages have been analyzed by the Pushkin Lab Textometer to ensure the appropriateness of their level.

Pro-dvizhenie **offers students:**
- engaging, authentic, and diverse cultural content, including work with recent Russian films and TV series (all available online);
- in-depth review of advanced grammar;
- opportunities for developing narration, argumentation, and writing skills in a variety of activity types;
- self-graded multimedia assignments for each unit at GUPTextbooks.com;
- clear instructions and guidelines, with models for all written work.

Pro-dvizhenie **offers instructors:**
- a full-service textbook, including all homework and in-class assignments, writing and research prompts, audio and video material, and templates for grading. The guiding idea is to minimize instructor labor and maximize student outcomes;
- a flexible selection of engaging, contemporary media texts, with the idea that student investment in material leads to more active participation;
- material that features the diversity of Russophone cultures, including first-person perspectives from individuals and identities often overlooked in traditional textbooks;
- extensive teaching and learning support materials at GUPTextbooks.com, including additional grammar activities, interactive assessments, cultural resources, transcriptions of important film scenes, and answer keys;

- flexibility to select units based on student interest or level, including a concluding unit that can customized to any topic or film;
- the ability to work with students of varying proficiency levels in a single group, ranging from intermediate-mid through advanced-high and superior.

How to Use This Textbook

We designed *Pro-dvizhenie* to be flexible. We have purposefully included more activities than can be reasonably accomplished in a single semester, allowing each group to customize their own path through the material. From the beginning, our goal has been to offer a full-service textbook — one that includes everything necessary to design and implement a successful advanced-level course, from homework assignments and essay prompts to grading rubrics and full answer keys. A modular structure allows for use over a trimester, semester, or full year, as well as for self-study. We encourage you to visit GUPTextbooks.com, where you'll find additional tips and materials, including self-graded grammar activities, relevant cultural resources, grading rubrics for written work, and complete answer keys.

Activities are labeled with the following icons:
- Reading analysis
- Writing assignment
- Listening activity
- Viewing activity
- Group project
- Research activity
- Presentation activity

Each unit is organized according to the following sections:
1. Речевая разминка/Warm Up
2. Необходимые слова и выражения/Unit Vocabulary
3. К тексту/To the Text
4. Смотрим и обсуждаем/Watch and Discuss
5. Работа в группах/Group Projects
6. Пишем о кино/Writing About Film
7. Повторяем всё, что узнали в этой главе/Unit Review
8. Приложение/Appendix

We recommend that instructors begin with Unit 1, as it provides the necessary terminological and grammatical foundation for speaking about film and media. From there, units increase in difficulty as the textbook progresses. However, the units are not grammatical or conceptually sequential, meaning that it is not necessary to travel linearly through the textbook.

The first six units, when taught in sequence, offer a holistic overview of the key abilities of advanced-level speaking, writing, listening, and reading. Instructors looking for a systematic and in-depth review of advanced-level grammar may elect to progress through these first six units as a sequence (approximately 35–40 contact hours) and then choose among the remaining units to complete the semester. For groups where students have already achieved advanced proficiency or where review of certain grammar topics may not be necessary, the instructor may choose to move through the first six units more quickly, to omit units entirely, and/or to spend more time on the more challenging units in the second half of the textbook.

Likewise, each individual unit can be expanded or condensed as desired. For instance, an instructor may select to omit the groupwork section (V. Работа в группах) and/or writing section (VI. Пишем о кино), in order to move more quickly through a given unit. Conversely, any individual unit can serve as the basis for more in-depth study, up to approximately 20 contact hours per unit. The Table of Contents provides a helpful overview of the main topics and learning outcomes for each unit. A final, eleventh unit offers students and instructors a framework for tailoring material to a topic and film of their choice.

We've also designed an extensive set of supplemental online materials for each chapter, hosted at GUPTextbooks.com. These include:

- audio and video files for textbook activities (those with accompanying multimedia have 🔊 next to them);
- online flashcards;
- interactive, self-graded grammar activities;
- additional handouts and workbook sheets for practicing key grammatical concepts;
- oral comprehension activities based on authentic resources;
- lesson plans and presentations for in-class use;
- Oral Proficiency Interview (OPI) questions for each unit;
- links to relevant authentic cultural resources; and
- extra ideas for group projects and in-class activities, which can be used as homework assignments or for self-study and are structured in a way that make them especially useful in a class with students of mixed proficiency level.

These supplemental activities might also be useful to instructors who want to assign their own films or media, or to expand on the texts or contexts represented in the book. Further, they offer an extra layer of accessibility for those studying in online, hybrid, or other formats. Our goal has been to provide more material than you will need for a single class, thereby offering instructors and students the flexibility to choose a pathway through the textbook that best suits their needs and interests.

Learning Outcomes

Chapter 1

In this unit, you will learn:

- how to talk about film genres and express likes and dislikes;
- to summarize the narrative of a film;
- to express your opinions on film in the form of a review;
- to describe a film and your reaction to it using present active participles.

Chapter 2

In this unit, you will learn:

- to speak about and discuss disability;
- to analyze a character's actions and development over the course of a film;
- to distinguish between informal and formal reviews;
- to use past active participles while writing a film review.

Chapter 3

In this unit, you will learn:

- vocabulary for speaking about ethics and values in contemporary society;
- how to analyze a character's actions and views in a film narrative;
- how to describe character development using time expressions;
- to incorporate logical connections into your written work.

Chapter 4

In this unit, you will learn:

- vocabulary for talking about feminism and gender equity in contemporary society;
- to summarize the plot of a film using adverbial participles;
- to describe a character's actions by citing reasons and causes;
- how to compose an effective introductory paragraph for an academic essay in Russian.

Chapter 5

In this unit, you will learn:

- how to talk about feelings and relationships;
- to describe the nuances of a plot using prefixed forms of the verb думать;

- to summarize a plot using the connector то and passive participles;
- about common errors you might make while writing essays in Russian and how to avoid them.

Chapter 6

In this unit, you will learn:

- to discuss questions of technology and progress, and their role in society;
- to prepare a presentation on innovations in technology, using short-form participles and prefixed forms of the verb *работать*;
- to describe changes in technology in the future using complex time phrases;
- how to incorporate time phrases into an academic essay about technological advances in the future.

Chapter 7

In this unit, you will learn:

- vocabulary for speaking about religion, belief, and the role of religion in contemporary society;
- to discuss societal changes using prefixed forms of the verb *менять*;
- how to express your point of view on a contentious topic;
- how to incorporate reported speech into an academic essay.

Chapter 8

In this unit, you will learn:

- about the cultures and peoples of Russia, and to discuss questions of identity in Russian-speaking space;
- to incorporate data into your spoken and written Russian with grammatical accuracy;
- to address lexical challenges when working with the following paronyms: *разный — различный — разнообразный; дружный — дружеский — дружественный — дружелюбный*;
- to narrate, write, and present information about the cultures and traditions of Russia using compound sentences.

Chapter 9

In this unit, you will learn:

- how to talk about ecology and human impact on the natural environment;

- to debate environmental issues using prefixed forms of the verb *жить*;
- to describe ecological activism in Russia and Russian-speaking countries while distinguishing between sentences that require *кто* and those that require *который*;
- to describe personal experiences in essay form.

Chapter 10

In this unit, you will learn:

- about the cultural specificities of humor in Russian;
- to tell a funny story, using prefixed forms of the verb *бить*;
- to incorporate well-known Russian sayings and expressions into your speech;
- to describe the cultural function of humor using the words *разный* and *другой*.

Chapter 11

In this unit, you will learn:

- to find and select a topic and materials that you would like to see represented in this textbook;
- to work with classmates to develop a work plan;
- to present your results through the kinds of projects and activities you have encountered in previous units.

Film Selection and Access

Pro-dvizhenie engages students in discussions of eleven films/TV series/internet projects over ten units of content. They include:

- Unit 1: *After Death* (Evgeny Bauer, 1915)
- Unit 2: *Land of the Deaf* (Valery Todorovsky, 1998)
- Unit 3: *Black Lighting* (Aleksandr Voitinsky and Dmitry Kiselev, 2009)
- Unit 4: *Kitchen* (TV, Vitaly Shlyappo, 2012–2016)
- Unit 5: *About Love* (Anna Melikian, 2015)
- Unit 6: *Better Than Us* (TV, Aleksandr Kessel, 2018–2019)
- Unit 7: *The Student* (Kirill Serebrennikov, 2016)
- Unit 8: *To Our Neighbors, with Love* (Vasily Shcherbenko and Anastasiya Bar, doc., 2015)
- Unit 9: *Ecology Lesson* (Ivan Sosnin, 2019) and *Unknown Russia* (Vadim Kondakov, YouTube, 2016–2022)
- Unit 10: *Friday* (Evgeny Shelyakin, 2016)

We selected media based on several criteria:

- Availability: All are available with subtitles and easily accessible online through streaming platforms. Some are also available for purchase, while others have been made available for free by the filmmaking team. More detailed availability information for all films can be found at GUPTextbooks.com.
- Language level: Films and TV series progress in lexical difficulty with each unit. Some thematic topics are repeated and expanded upon, allowing learners to demonstrate confidence and build on existing skills as units progress.
- Topic: Films were selected to serve as content for discussion, based on the broader philosophical and cultural questions each unit raises. This means that instructors can select their own films if they choose, and that the section of each unit dedicated to a particular film (IV. Смотрим и обсуждаем) can be skipped or replaced depending on the trajectory of the course.
- Format and genre: We also selected media to represent a diversity of formats (feature films, documentaries, TV series), genres, directors, and budgets.

Acknowledgments

We would like to express our sincere gratitude to everybody who helped make this textbook possible. This includes our many friends and colleagues who offered their feedback and support along the way: Svetlana Borodina, Ekaterina Burvikova, Elena Dúzs, Irina Filippova, Alexandra Kurlenkova, Cindy Martin, Jerry Mercury, Larisa Moskvitina, Olga Mukhortova, Michael Ossorgin VIII, Sarah D. Phillips, Natalia Starodubtseva, and Vera Trubnikova. It also includes our three anonymous peer reviewers, who helped us clarify our thinking and offered words of encouragement. We would like to thank Dickinson College for providing grant funding to support our work at its final stages. The students in our advanced Russian classes at Dickinson College not only inspired us to begin this project but were eager to help us test materials and to share their impressions. Our talented illustrator, Ksenia Vyazova, helped us articulate our pedagogical vision in images. We would especially like to thank everybody who volunteered to contribute audio and video material: your voices are a critical component of this project. Finally, our sincere thanks go out to Clara Totten, Rachel McCarthy, and Georgetown University Press for their support and expertise during this process.

Предисловие

Дорогие коллеги!

Мы рады представить вам учебник русского языка нового поколения *Про-движение*, который был создан с учётом потребностей и пожеланий изучающих русский язык на продвинутом этапе обучения. Это находит отражение и в названии учебника: продвижение в языке, и само изучение языка — непрерывное движение. Настоящий учебник отличает актуальность выбранных тем и способ их представления через призму кино и связь с вечными философскими вопросами. Как мы должны относиться к другим людям? Что значит быть счастливым? Какую ответственность мы несём перед окружающей средой? Какую роль должны играть технологии в наших личных отношениях? Ответы на эти и многие другие вопросы предстоит найти студентам, работающим с материалами *Про-движения*. В основе каждой главы лежит кинематографическая работа (полнометражный фильм или телесериал, документальная история), служащая отправной точкой для вовлечения студентов в разговор и погружения в культурный контекст русскоговорящего мира, сопровождающиеся углубленным изучением русской грамматики и лексики продвинутого этапа обучения. Каждая глава включает многообразные упражнения и задания на развитие умений в разных видах речевой деятельности, что даёт преподавателям определённую свободу в подборе заданий с учётом состава группы учащихся. Работая с материалами данного учебника, студенты научатся давать оценку происходящим в мире событиям и поступкам людей, пересказывать сюжет заинтересовавших их историй, исследовать культурный контекст, работать в группах и обсуждать сложные глобальные проблемы на русском языке, подвергая сомнению устоявшиеся представления о способах их решения, улучшать межкультурную коммуникацию. При разработке материалов мы постарались включить как можно больше историй представителей русскоязычной культуры во всём её многообразии. Мы надеемся, что вам понравится работать с данным учебником так же, как нравится нам и нашим студентам!

Наш подход

Настоящий учебник основан на принципе системности подачи материала и комплексном подходе к обучению видам речевой деятельности. Задания, представленные в учебнике, разработаны в рамках коммуникативного подхода с применением традиционных и инновационных методов преподавания иностранных языков в целом и русского как иностранного в частности.

Системность отражается также в однородности структуры глав. Комплексность проявляется в том, что изучение материалов учебника способствует формированию навыков и развитию умений, необходимых для учащихся продвинутого этапа обучения согласно международным стандартам, включающим список компетенций овладения иностранным языком и критерии тестирования (ACTFL, CEFR, ТРКИ). Коммуникативная направленность учебника находит отражение в том, что в учебник включены аутентичные тексты и ситуации, которые знакомят студентов с реальным контекстом, предопределяющим использование активной лексики главы и изученных моделей. Тексты демонстрируют многообразие русскоговорящей части мира через истории (аудио- и видеозаписи) от первого лица.

Выбор материалов и принципы работы с ним обусловлены потребностями современного поколения студентов. Это самое «богатое» по своему разнообразию поколение студентов. Они ценят этическую прозрачность, персонализацию и ожидают увидеть четко сформулированные принципы, ведущие к определенным результатам. Мы разработали свои материалы с учетом ценностей и принципов данного поколения. Мы верим в то, что чем актуальнее будет учебный материал, тем более высоким будет уровень мотивации студентов, а соответственно, и их достижения в языке.

Главы учебника расположены в порядке возрастания лексической и грамматической сложности материала, это также находит отражение в проектных работах и заданиях по написанию эссе. Задачи, которые ставили авторы при разработке каждой главы, согласуются со стандартами ACTFL продвинутого уровня. Авторы *Про-движения* видят в качестве своей цели помощь учащимся в освоении всей шкалы подуровней продвинутого этапа обучения: от продвинутого начального до продвинутого высокого с перспективой выхода на профессиональный уровень владения русским языком. Для наших коллег, хорошо знакомых с Общеевропейскими компетенциями владения иностранным языком (CEFR), настоящий учебник может быть полезен при работе в группах с уверенными B1. Работа над текстами в Главе 1 потребует от студентов уверенного B1, а в Главе 10 они уже смогут свободно выполнять коммуникативные задачи уровня B2 по шкале CEFR. При разработке материалов для учебника и адаптации текстов авторы опирались на лексические минимумы по русскому языку как иностранному и тестовые практикумы для сдачи ТРКИ-2. Проверка уровня сложности текстов и частотности употребления слов, входящих в активный словарь каждой главы, осуществлялась с помощью онлайн-инструмента «Текстометр», разработанного научными сотрудниками лаборатории когнитивных и лингвистических исследований Государственного института русского языка им. А.С. Пушкина.

Про-движение предлагает студентам:
- увлекательный, аутентичный и разнообразный культурный контент, включающий работу с современными российскими фильмами и сериалами (все доступно онлайн);
- углубленный разбор грамматики продвинутого уровня;
- возможности для формирования навыков повествования, описания и аргументации в устной и письменной речи;
- мультимедийные интерактивные задания с самопроверкой для каждой главы на GUPTextbooks.com;
- детальные инструкции и рекомендации по выполнению заданий с образцами для всех письменных работ.

Про-движение предлагает преподавателям:
- учебник, включающий упражнения для работы в классе и домашнего задания, рекомендации по выполнению письменных работ и проектов, аудио- и видеоматериалы, а также шаблоны для оценивания работ. Нашей целью было создать учебник, который позволил бы свести к минимуму поиски преподавателями дополнительных материалов и дал возможность студентам, работающим с учебником, «расти» в языке;
- гибкость в выборе современных медиатекстов, что позволяет преподавателю создать максимально эффективную учебную среду;
- материалы, показывающие русскоговорящие культуры во всём их многообразии, с комментарием от первого лица, что зачастую не находит отражения в других учебниках;
- поддержку преподавателям и студентам в виде разнообразных дополнительных материалов на сайте GUPTextbooks.com, включая задания по грамматике, скрипты самых важных сцен из каждого фильма с переводом на английский язык, список ресурсов по каждой теме и ответы (ключи) ко всем упражнениям;
- свободу в выборе порядка ввода глав в зависимости от интересов или уровня студентов, включая заключительную главу-конструктор, которая может быть адаптирована под любую тему или фильм;
- возможности для адаптации заданий при работе в «смешанных» группах, начиная от промежуточного среднего подуровня до продвинутого высокого подуровня с выходом на профессиональный уровень по шкале ACTFL.

Как работать по этому учебнику

Гибкость — одно из ключевых понятий, лежащих в основе нашего подхода к разработке *Про-движения*. Мы целенаправленно включали больше заданий, чем можно выполнить за один семестр, чтобы дать возможность преподавателю и студентам выбрать свой собственный путь изучения материала. С самого начала наша цель состояла в создании учебного комплекса, который будет включать в себя все необходимое для успешного курса продвинутого этапа обучения: от домашних заданий и образцов эссе до рубрик оценивания студенческих работ и ключей к заданиям. Модульная структура позволяет использовать учебник в течение триместра, семестра или целого года, а также для самостоятельного изучения. Мы рекомендуем вам посетить GUPTextbooks.com, где вы найдете дополнительные рекомендации и материалы, в том числе и интерактивные упражнения по грамматике с функцией самопроверки, список ресурсов по каждой теме, критериальные рубрики для оценивания письменных работ студентов и ответы (ключи) ко всем упражнениям.

Знаки-помощники:
- Читаем и работаем с текстом
- Выполняем письменное задание
- Слушаем запись
- Смотрим видео
- Работаем в паре или группе
- Ищем информацию
- Рассказываем/делаем презентацию

Структура всех глав идентична:
1. Речевая разминка/Warm Up
2. Необходимые слова и выражения/Unit Vocabulary
3. К тексту/To the Text
4. Смотрим и обсуждаем/Watch and Discuss
5. Работа в группах/Group Projects
6. Пишем о кино/Writing About Film
7. Повторяем все, что узнали в этой главе/Unit Review
8. Приложение/Appendix

Мы рекомендуем преподавателям начинать с Главы 1, поскольку она обеспечивает необходимую лексическую и грамматическую основу для разговора о кино и СМИ. Начиная со второй главы, сложность материала постепенно возрастает, однако нет необходимости линейно перемещаться по учебнику.

Первые шесть глав при последовательной работе с ними закладывают базис для всех компетенций продвинутого уровня в говорении, письме, аудировании и чтении. При работе со смешанными группами или группами промежуточного уровня мы рекомендуем преподавателям придерживаться выбранной нами последовательности глав (примерно 35–40 контактных часов), а затем выбрать один из оставшихся блоков для завершения семестра. Для групп, в которых учащиеся уже достигли продвинутого уровня владения языком или где может не потребоваться изучение определенных тем грамматики, преподаватель может выбрать более быстрое изучение первых шести глав, пропустить какие-то главы и/или больше времени уделить главам с 7-й по 10-ю.

При желании материал каждой главы может быть расширен или сокращен. Например, преподаватель может исключить раздел групповой работы (V. Работа в группах) при работе с индивидуальными студентами или маленькой группой или раздел по написанию эссе (VI. Пишем о кино), чтобы быстрее закончить главу. И наоборот, любая глава может служить основой для более углубленного изучения, примерно до 20 контактных часов на единицу. В оглавлении содержится полезный обзор основных тем и целей обучения в рамках одной главы. Заключительная одиннадцатая глава предлагает студентам и преподавателям основу для создания материала по теме и фильму в соответствии с интересами и пожеланиями самих учащихся.

Мы также создали набор дополнительных онлайн-материалов, которые вы найдете на сайте GUPTextbooks.com. В число этих материалов входят:

- аудио- и видеофайлы для занятий по учебнику (отмечены в учебнике значком 🔊);
- онлайн-карточки для отработки новых слов;
- интерактивные грамматические упражнения с самопроверкой;
- дополнительные раздаточные материалы для отработки ключевых грамматических тем;
- задания на формирование навыков восприятия аутентичной речи на слух;
- планы уроков и презентации для работы в классе;
- списки вопросов для устного тестирования по модели OPI для каждой главы;
- ссылки на актуальные аутентичные культурные ресурсы;
- дополнительные идеи для групповых проектов и занятий в классе, которые могут быть использованы в качестве домашних заданий или для самостоятельного изучения. Они разработаны таким образом, что позволят преподавателям успешно работать с разноуровневыми группами.

Данные дополнительные задания также могут быть полезны преподавателям, которые хотят подобрать для занятий другие фильмы или выйти за рамки работы с текстами, представленными в учебнике. Кроме того, эти задания рассчитаны на разные форматы взаимодействия со студентами — для тех, кто учится в онлайн, в гибридном или смешанном формате. Наша цель состояла в том, чтобы предоставить больше материала, чем вам потребуется для одного занятия, тем самым давая возможность преподавателям и студентам сделать процесс обучения более гибким и соответствующим интересам и потребностям студентов.

Цели обучения

Глава 1

В этой главе вы научитесь:

- говорить о своих любимых жанрах и предпочтениях в кино;
- пересказывать сюжет фильма;
- давать оценку фильму в форме отзыва;
- описывать фильм и своё впечатление о нём с помощью действительных причастий настоящего времени.

Глава 2

В этой главе вы научитесь:

- обсуждать положение людей с инвалидностью;
- анализировать поступки и трансформацию во взглядах героев фильма по мере развития сюжета;
- отличать неформальный отзыв на фильм от рецензии;
- писать рецензии, используя действительные причастия прошедшего времени.

Глава 3

В этой главе вы научитесь:

- обсуждать вопросы морали и общечеловеческих ценностей;
- анализировать поступки и трансформацию во взглядах героев фильма по мере развития сюжета;
- описывать развитие героев фильма, используя различные средства выражения сопоставительных отношений;
- делать логические переходы в эссе от одной темы к другой.

Глава 4

В этой главе вы научитесь:

- обсуждать вопросы гендерного равенства и положения женщин в современном обществе;
- пересказывать сюжет фильма, используя деепричастия;
- объяснять причины поступков героев фильмов, используя различные средства выражения причины;
- формулировать первый параграф академического эссе.

Глава 5

В этой главе вы научитесь:

- описывать эмоции и романтические отношения;
- передавать нюансы сюжета, используя приставочные глаголы, образованные от глагола *думать*;
- пересказывать сюжет истории с помощью устойчивых выражений с *то* и страдательных причастий;
- избегать распространённых речевых ошибок при написании эссе.

Глава 6

В этой главе вы научитесь:

- обсуждать вопросы, связанные с технологическим прогрессом и ролью технологий в нашей жизни;
- делать презентации о технических новинках, используя краткие формы причастий и приставочные глаголы, образованные от глагола *работать*;
- представлять изменения продукта во времени с помощью различных средств выражения времени;
- давать прогноз на развитие технологий в будущем и включать его в свои эссе.

Глава 7

В этой главе вы научитесь:

- обсуждать религиозные убеждения людей, отношение к религии и вере в современном обществе;
- рассказывать об изменениях в обществе, используя приставочные глаголы, образованные от глагола *менять*;

- представлять свою точку зрения в споре, не обижая собеседника;
- применять различные способы введения чужой речи в предложение или текст.

Глава 8

В этой главе вы научитесь:

- говорить о культурном и национальном разнообразии регионов России, о вопросах самоидентичности;
- передавать статистическую информацию в устной и письменной формах речи, используя разные падежные формы числительных;
- различать и правильно употреблять в речи паронимы *разный — различный — разнообразный*; *дружный — дружеский — дружественный — дружелюбный*;
- представлять информацию о языках и народностях в форме эссе и презентации, используя сложноподчинённые предложения.

Глава 9

В этой главе вы научитесь:

- говорить об экологических проблемах и влиянии человека на окружающую среду;
- участвовать в спорах о состоянии экологии, используя приставочные глаголы, образованные от глагола *жить*;
- рассказывать о деятельности экоактивистов с акцентом на разнице между *кто* и *который* в сложных предложениях;
- описывать свои впечатления и опыт в форме личного эссе.

Глава 10

В этой главе вы научитесь:

- лучше понимать специфику юмора в русском языке;
- рассказывать юмористические истории с помощью приставочных глаголов, образованных от глагола *бить*;
- употреблять в речи популярные русские фразеологизмы и устойчивые выражения;
- описывать культурные функции юмора, используя слова *разный* и *другой*.

Глава 11

В этой главе вы научитесь:

- находить и отбирать материалы по теме, которую вы хотели бы изучать в рамках данного курса;
- составлять план групповой работы;
- представлять результаты групповой работы в разных форматах, с которыми вы познакомились в предыдущих главах учебника.

Выбор фильмов и их доступность

Про-движение предлагает студентам для просмотра и обсуждения одиннадцать фильмов/сериалов/интернет-проектов. В список входят:

- Глава 1: «После смерти» (Евгений Бауэр, 1915)
- Глава 2: «Страна глухих» (Валерий Тодоровский, 1998)
- Глава 3: «Черная молния» (Александр Войтинский и Дмитрий Киселев, 2009)
- Глава 4: «Кухня» (телесериал, Виталий Шляппо, 2012–2016)
- Глава 5: «О любви» (Анна Меликян, 2015)
- Глава 6: «Лучше, чем люди» (телесериал, Александр Кессель, 2018–2019)
- Глава 7: «Ученик» (Кирилл Серебренников, 2016)
- Глава 8: «К соседям с любовью…» (Василий Щербенко и Анастасия Бар, док., 2015)
- Глава 9: «Урок экологии» (Иван Соснин, 2019) и «Неизвестная Россия» (Вадим Кондаков, YouTube, 2016–2022)
- Глава 10: «Пятница» (Евгений Шелякин, 2016)

При выборе медиаконтента мы основывались на следующих принципах:

- Доступность контента. Все фильмы доступны с английскими субтитрами на онлайн-платформах. Некоторые из них можно купить, в то время как другие были предоставлены зрителям бесплатно съемочной группой. Информацию о доступе ко всем фильмам можно найти на веб-сайте учебника.
- Уровень языка. При выборе фильма или сериала для главы учитывалась его лексическая сложность для учащихся. Некоторые темы повторяются и расширяются, позволяя учащимся вырабатывать уверенность и развивать навыки по мере продвижения от главы к главе.

- Тематика. Фильмы были выбраны в качестве основы для обсуждения более широких философских и культурных вопросов, которые поднимаются в каждой главе. Преподаватели могут подобрать другие фильмы, если захотят. Раздел глав, посвященный определенным фильмам (IV. Смотрим и обсуждаем), может быть пропущен или заменен в зависимости от целей курса.
- Формат и жанр. Мы представили разнообразные кинематографические жанры и форматы (художественные фильмы, документальные фильмы, сериалы).

Выражение признательности

Мы хотели бы выразить нашу искреннюю благодарность всем, кто помог нам в работе над учебником. Мы благодарим наших многочисленных друзей и коллег за отзывы и комментарии: Светлану Бородину, Екатерину Бурвикову, Елену Дуж, Ирину Филиппову, Александру Курленкову, Синтию Мартин, Джерри Меркьюри, Ларису Москвитину, Ольгу Мухортову, Михаила Оссоргина VIII, Сару Д. Филлипс, Наталью Стародубцеву и Веру Трубникову. Особую благодарность мы выражаем трем нашим анонимным рецензентам, которые помогли сделать важные доработки и высказали слова поддержки. Мы также хотели бы поблагодарить Дикинсон Колледж за предоставление грантового финансирования для поддержки этой работы на ее заключительных этапах. Мы благодарим студентов факультета русского языка в Дикинсоне за то, что они не только вдохновили нас на начало этого проекта, но и с радостью помогли нам протестировать эти материалы и поделились своими впечатлениями. Также мы хотели бы отдельно отметить великолепную творческую работу иллюстратора нашего учебника Ксении Вязовой, которая помогла воплотить в художественной форме наши педагогические идеи. Мы хотели бы выразить отдельную благодарность всем тем, кто вызвался предоставить аудио- и видеоматериалы: ваши голоса являются важнейшим компонентом этого проекта. Наконец, мы искренне благодарим Клару Тоттен, Рэйчел Маккарти и издательство Georgetown University Press за их приверженность данному проекту.

Сокращения и аббревиатуры/Abbreviations

г. — город
гг. — годы
жен. род — женский род
и др. — и другие (and others/to name a few)
и т.д. — и так далее (etc./and so on/to name a few)
и т.п. — и тому подобное/подобные (etc./and the like)
кв. км. — квадратный километр
км/час — километры в час
млн — миллион
млрд — миллиард
муж. род — мужской род
разг. — разговорное
РПЦ — Русская православная церковь
РФ — Российская Федерация
руб. — рубль
ср. род — средний род
СССР — Союз Советских Социалистических Республик
т.е. — то есть (in other words/namely/that is to say)
чел. — человек
P.S. — постскриптум

Глава 1

Что вы смотрите?

В этой главе вы научитесь:	In this unit, you will learn:
- говорить о своих любимых жанрах и предпочтениях в кино; - пересказывать сюжет фильма; - давать оценку фильму в форме отзыва; - описывать фильм и своё впечатление о нём с помощью действительных причастий настоящего времени.	- how to talk about film genres and express likes and dislikes; - to summarize the narrative of a film; - to express your opinions on film in the form of a review; - to describe a film and your reaction to it using present active participles.

Речевая разминка

Задание 1

Прочитайте следующие цитаты. Как вы их понимаете? Передайте смысл данных цитат своими словами.

> Кино — это жизнь, из которой вырезали[1] самые скучные сцены.
>
> Альфред Хичкок

> Я не признаю слова «играть». Играть можно в карты, на скачках,[2] в шашки.[3] На сцене жить нужно.
>
> Фаина Раневская

> Кино никогда не меняется, оно не может измениться. Но каждый раз, когда ты его смотришь, оно другое, потому что ты другой. Ты видишь каждый раз разное.
>
> «12 обезьян» (*Twelve Monkeys*)

> Не уверен, что кино должно развлекать.[4] Мне интереснее кино, которое ранит.[5] Я люблю «Челюсти» за то, что с 75 года не купаюсь в океане.
>
> Дэвид Финчер

С какой из данных цитат вы согласны и почему? Войдите в историю и создайте свой афоризм о кино: _____

Необходимые слова и выражения

Что вы смотрите?

блокба́стер	blockbuster
боеви́к	action film/shoot-'em-up
ве́стерн	Western
детекти́в	crime drama (~~detective~~)
документа́льный фильм	documentary film
жанр	genre
звуково́й фильм	sound film

[1] вы́резать — to cut out
[2] ска́чки — horse racing
[3] ша́шки — checkers
[4] развлека́ть — to entertain
[5] ра́нить — to hurt

кинообзо́р/обзо́р на фильм	film review
коме́дия	comedy
короткометра́жный/полнометра́жный фильм	short/full-length film
мелодра́ма (дра́ма)	melodrama (drama)
мультипликацио́нный фильм (мультфи́льм)	animated film (cartoon)
нау́чно-фантасти́ческий фильм (фэ́нтези)	science fiction film (fantasy)
немо́й фильм	silent film
односери́йный/многосери́йный фильм	in one/multiple episode(s)
приключе́нческий фильм	adventure film
реме́йк	remake
сериа́л (телесериа́л)	series (TV series)
три́ллер	thriller
фильм у́жасов	horror film
худо́жественный фильм	feature film
цветно́й фильм	color film
чёрно-бе́лый фильм	black and white film

Кто есть кто?

геро́й/герои́ня	protagonist
гримёр	makeup artist
(теле-)зри́тель	viewer
кинокри́тик	film critic
костюме́р	costume designer
(кино-)опера́тор	camera person
персона́ж	character (in a movie)
продю́сер	producer
(кино-)режиссёр	(film) director
сценари́ст/а́втор сцена́рия	screenwriter

Какой фильм вы смотрите?

актуа́льный	relevant (~~actual~~)
безда́рный	untalented
великоле́пный	wonderful
запомина́ющийся	memorable
захва́тывающий	captivating
мисти́ческий	mystical
ну́дный	boring
оригина́льный	original

потряса́ющий	amazing
примити́вный	crude/unremarkable
смешно́й	funny
(не)уда́чный	(un)successful
шеде́вр	masterpiece
положи́тельный	positive (evaluation)
отрица́тельный	negative (evaluation)
позити́вный	positive/upbeat
негати́вный	negative

Что делают в кино?

влия́ть/повлия́ть (на кого? что? + Acc.)	to influence
впечатля́ть/впечатли́ть (кого? что? + Acc.)	to make an impression
выпуска́ть/вы́пустить (кого? что? + Acc.) фильм	to release a film
выходи́ть/вы́йти на экра́ны	to come out in theatres
засыпа́ть/засну́ть	to fall asleep
озву́чивать/озву́чить (кого? что? + Acc.)	to give sound to
ока́зывать/оказа́ть влия́ние (на кого? что? + Acc.)	to influence
отража́ть/отрази́ть (что? + Acc.)	to reflect
пересма́тривать/пересмотре́ть (что? + Acc.)	to watch again/re-watch
писа́ть/написа́ть сцена́рий	to write a screenplay/script
появля́ться/появи́ться	to appear
развлека́ть/развле́чь (кого? что? + Acc.)	to entertain
разочаро́вывать/разочарова́ть (кого? что? + Acc.)	to disappoint
репети́ровать (что? + Acc.)	to practice
снима́ть/сня́ть (кого? что? + Acc.) фильм	to film/make a film
снима́ться/сня́ться (в чём? где? + Prep.) в кино́	to be in a film
экранизи́ровать (кого? что? + Acc.)	to adapt to screen

Что ещё есть в кино?

кинемато́граф	filmmaking
кинокри́тика	film critic
награ́да	award
о́тзыв (на что? + Acc.)/(о чём? + Prep.)	short review

пре́мия	prize
реце́нзия	review
субти́тры	subtitles
сце́на (из фи́льма)	scene (from a film)
съёмки фи́льма	film shoot
съёмочная площа́дка	film set
сюже́т	plot
ти́тры	credits
экраниза́ция	film adaptation (of literature)

Устойчивые выражения и фразеологизмы

Фильм произвёл си́льное впечатле́ние (на кого? + Acc.)	The film made a strong impression
Мне всё равно́	It makes no difference
С нетерпе́нием жду	I can't wait

Задание 2

А. Соотнесите слова с определениями.

1. бездарный   ____ фильм, о котором вы долго будете помнить
2. примитивный   ____ современный, важный для нашего времени
3. мистический   ____ банальный, слишком простой
4. актуальный   ____ очень интересный, увлекательный
5. нудный   ____ фильм, в котором есть тайна, секрет
6. запоминающийся ____ неталантливый
7. захватывающий ____ скучный

Б. Посмотрите на группу слов, которые сочетаются со словом *отзыв*. Составьте предложение с опорой на данную схему. Вы можете менять формы слов.

Что вы смотрите

Работая в группах, составьте аналогичные схемы для следующих слов: *актёр, режиссёр, зритель, герой (фильма), сцена (из фильма)*. Потом обменяйтесь схемами со своими одногруппниками и составьте предложения.

Задание 3

Расскажите другу/подруге о своём любимом фильме, используя фразы из Задания 2. Узнайте у своих друзей об их любимых фильмах, построив вопросы на основе следующих предложений:

Мой любимый фильм вышел на экраны в _____.
Этот фильм снял режиссёр _____.
Сценарий фильма написал(-а/-и) _____.
В титрах мы видим, что в фильме снимались актёры _____.
Главного героя/главную героиню фильма зовут _____.
Съёмки фильма проходили в _____.
Моя любимая сцена из фильма — это сцена _____.
Это мой любимый фильм, потому что _____.

Задание 4

Расскажите о ваших предпочтениях в кино.

1. Какой фильм вам кажется удачным/бездарным? Назовите три аргумента для объяснения своего мнения.
2. Что или кто, по-вашему, делает фильм запоминающимся?
3. Как вы выбираете фильм, который будете смотреть? Какую роль в выборе играют отзывы кинокритиков, премия «Оскар»?
4. Какие фильмы вы порекомендовали бы иностранным друзьям, которые хотят больше узнать об истории, традициях и культуре вашей страны?

Задание 5

А. Прочитайте предложение. В чем особенность выделенного слова?

Иностранным друзьям, **не знающим** много о кино в США, я советую посмотреть старые голливудские фильмы.

Б. Прочитайте правила образования активных (действительных) причастий настоящего времени.

Активные (действительные) причастия настоящего времени

Follow these steps when forming present active participles:

1. Use only imperfective verbs.
2. Determine the conjugation of the verb and put it into the 3rd person "они" form.
3. Drop the final -**т** and add -**щ**. You will end up with the suffix -**ущ** (-**ющ**) for verbs of the first conjugation and the suffix -**ащ** (-**ящ**) for verbs of the second conjugation.
4. Make sure your participle matches the noun in gender, number, and case by adding the corresponding adjectival ending.
5. If the verb is reflexive, don't forget to add -**ся** at the end of the participle, even if it concludes in a vowel.

Например:

снимать → снимаю-т → снима-**ющ** (-ий, -ая, -ее, -ие)
- Я знаю лично режиссёр**а**, снимающ**его** этот фильм.
- Я знаю режиссёра, который снимает этот фильм.

Participles are followed by the object(s) of the verb from which the participle was formed. In Russian these are called "зависимые слова," or dependent words.

- Зрительница, задающая *интересный вопрос* (что? + Acc.) *режиссёру* (кому? + Dat.).

Обратите внимание!
- Remember that present active participles will always correspond to a "который" phrase in the Nominative case: *который (-ая, -ое, -ые) + verb in present tense*.
- Some adjectives in the Russian language share the same suffixes as present active participles — *предыдущий, настоящий* — but without a corresponding verb.

For more information on punctuation and participles, see Unit 1, Appendix.

Задание 5. Продолжение.

В. Найдите определения для следующих профессий. Обратите внимание на использование причастий.

1. сценарист
2. гримёр
3. оператор
4. кинорежиссёр
5. продюсер
6. кинокритик
7. костюмер

человек,

a. работающий с камерой.
b. руководящий съёмкой и репетициями.
c. ищущий деньги и технику для съёмки и занимающийся рекламой фильма.
d. пишущий сценарий.
e. делающий макияж актёрам.
f. приходящий на премьеры фильмов и пишущий рецензии на них в журналах.
g. выбирающий одежду для актёров.

Г. Образуйте действительные причастия настоящего времени от следующих глаголов. Составьте предложения с новыми словосочетаниями.

руководить съёмкой фильма _____
заниматься рекламой _____
писать сценарий _____
влиять на мнения людей _____
выходить на широкий экран _____
запоминаться зрителям _____
стоять недалеко от экрана _____

К тексту: «Рождение кинематографа»

Задание 6

А. Обсудите в группе следующие вопросы.

Что вы знаете об истории кино?
Какими были первые жанры?
Как играли свои роли первые актёры?

Б. Прочитайте текст. Какое альтернативное название вы могли бы дать этому тексту? Почему?

Ваш вариант названия: _____

Рождение кинематографа

Пе́рвые фи́льмы, кото́рые вы́шли на экра́ны в конце́ XIX ве́ка, бы́ли беззву́чными и получи́ли назва́ние «немы́е». Изобрете́ние фотогра́фии ста́ло нача́лом рабо́ты над карти́нкой. Мно́гие учёные пыта́лись оживи́ть фотогра́фию. Да́той рожде́ния кинемато́графа счита́ют 28 декабря́ 1895 го́да — де́нь, когда́ бра́тья Люмье́р провели́ пе́рвый публи́чный киносеа́нс короткометра́жного фи́льма в пари́жском «Гранд Кафе́» на бульва́ре Капуци́нок. Сле́дующий фильм бра́тьев Люмье́р «Прибы́тие по́езда на ста́нцию Ла-Сьота́» (*Arrival of a Train at La Ciotat*, 1895) впечатли́л и да́же напуга́л свои́х зри́телей. Как гласи́т леге́нда, уви́дев дви́жущийся на них по́езд, лю́ди в па́нике убега́ли с пе́рвых рядо́в кинотеа́тра.

Выходя́щие на широ́кие экра́ны пе́рвые короткометра́жные фи́льмы (приме́рно 1,5 мину́ты демонстра́ции) ча́ще всего́ документа́льные, одна́ко в не́которых рабо́тах отража́ются тенде́нции игрово́го кино́. Постепе́нно зарожда́ются осно́вы мно́гих в бу́дущем ключевы́х жа́нров: Люмье́ры снима́ют пе́рвое документа́льное кино́ («Прибы́тие по́езда на вокза́л Ла-Сьота́») и пе́рвую игрову́ю коме́дию («Поли́тый полива́льщик»/*Tables Turned on the Gardener*). Жорж Мелье́с открыва́ет жанр нау́чной фанта́стики и у́жаса («Путеше́ствие на Луну́»/*Voyage to the Moon* и «За́мок дья́вола»/*The Devil's Castle*). Америка́нский кинорежиссёр Эдви́н По́ртер даёт нача́ло ве́стерну («Большо́е ограбле́ние по́езда»/*The Great Train Robbery*).

Актёры, снима́ющиеся в таки́х карти́нах, прекра́сно уме́ют пока́зывать эмо́ции с по́мощью же́стов и ми́мики. Ка́меры и плёнки для съёмки в то вре́мя примити́вны и нечувстви́тельны к кра́сному све́ту, поэ́тому для реалисти́чности дета́лей лица́ (гу́бы, глаза́) испо́льзуется специа́льный грим. Специфи́ческой осо́бенностью немы́х фи́льмов явля́ется испо́льзование интерти́тров, комменти́рующих сюже́т или ре́плики персона́жей. На са́мом де́ле, кино́ не совсе́м немо́е. Оно́ озву́чивается специа́льной му́зыкой, кото́рую игра́ет музыка́нт осо́бого про́филя («тапёр») на пиани́но, стоя́щем недалеко́ от экра́на. Изве́стные актёры той эпо́хи име́ли возмо́жность игра́ть в фи́льмах в ра́зных стра́нах без зна́ния иностра́нных языко́в, потому́ что в немо́м кино́ голоса́ актёров не́ бы́ли слышны́ зри́телям.

Коне́чно, ра́но и́ли по́здно немо́е кино́ должно́ бы́ло стать звуковы́м. Одна́ко внача́ле мно́гие режиссёры относи́лись к э́тому негати́вно, счита́я немо́е кино́ чи́стой фо́рмой кинемато́графа. Они́ ду́мали, что из-за зву́ка немо́е кино́ потеря́ет свою́ интернациона́льность. А как вы счита́ете, есть ли у немо́го кино́ плю́сы по сравне́нию со звуковы́м кино́?

Со вре́менем кинемато́граф стал не то́лько развлека́ть зри́телей, но и учи́ть. У кино́ появи́лось мно́го ра́зных фу́нкций. Наприме́р, есть духо́вная (идеологи́ческая) фу́нкция, так как кино́ мо́жет отража́ть актуа́льные филосо́фские, полити́ческие и мно́гие други́е пробле́мы. Как вы счита́ете, кака́я са́мая ва́жная фу́нкция должна́ быть у кино́ в совреме́нном ми́ре: развлека́тельная, обуча́ющая или идеологи́ческая? Почему́?

Вы́делите в те́ксте ва́жные те́мы и соста́вьте план те́кста.

Тема 1. _____
Тема 2. _____
Тема 3. _____
Тема 4. _____ и др.

Напиши́те 3 вопро́са по ка́ждой те́ме для свои́х одногру́ппников.

В. Вы́пишите фра́зы, ва́жные для переска́за те́кста.

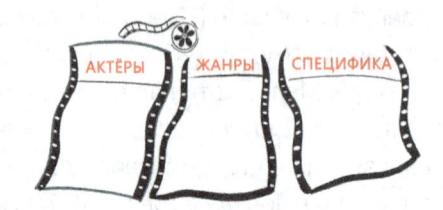

АКТЁРЫ   ЖАНРЫ   СПЕЦИФИКА

Г. Найди́те в те́ксте все предложе́ния с действи́тельными прича́стиями настоя́щего вре́мени. Вы́пишите их, заменя́я прича́стия на констру́кции со сло́вом «кото́рый».

Д. Найди́те в те́ксте два вопро́са. Обсуди́те их в гру́ппах.

Задание 7

Напиши́те текст для по́ста на фо́руме люби́телей кино́ об исто́рии разви́тия кинемато́графа. Включи́те в свой пост предложе́ния, кото́рые вы измени́ли. Чем отлича́ется ваш текст от те́кста из Зада́ния 6Б?

Смотрим и обсуждаем: «После смерти» (Евгений Бауэр, 1915)

Задание 8

А. Гото́вимся к просмо́тру фи́льма. Прочита́йте информа́цию об исто́рии фи́льма, актёрах и режиссёре. Каки́е у вас ожида́ния от фи́льма?

Фильм «После смерти» (1915) — один из первых российских немых фильмов по мотивам рассказа И.С. Тургенева «Клара Милич». Режиссёр фильма — Евгений Францевич Бауэр (22 января 1865 — 22 июня 1917), известный также как театральный художник и сценарист. Он снял более 80 фильмов, многие из которых не сохранились до нашего времени, но оказали большое влияние на российский кинематограф начала XX века.

Коротко о сюжете. Молодой учёный Андрей Багров увлекается наукой и не появляется на вечерах высшего общества. Однажды друг Андрея, Ценин, выводит его в свет.[1] Они приходят на вечер княгини Тарской, где Багров встречает Зою Кадмину. Они влюбляются друг в друга с первого взгляда, но скромный Багров, который не привык к общению с девушками, быстро уходит. Вторая встреча происходит на благотворительном вечере, где Зоя снова проявляет внимание к Андрею. Девушка решает открыть свои чувства и назначает Багрову свидание в парке. Но нерешительный и неопытный Багров отвергает[2] её, даже не выслушав до конца. Через некоторое время молодой учёный узнаёт из газеты, что Зоя совершила самоубийство, приняв яд.[3] Из предсмертной записки становится понятно, что причиной самоубийства была неразделённая любовь к Багрову. Он едет на родину Зои, в Казань, чтобы познакомиться с её семьёй и больше узнать о своей возлюбленной. В Москву он возвращается с дневником Зои, читает его постоянно, не расстаётся с ним ни на минуту. Вскоре к Багрову начинает приходить призрак[4] Зои и звать за собой...

Б. Прочитайте вопросы перед началом просмотра фильма. Посмотрите фильм, ответьте на вопросы.

О сюжете:
1. Кто такой Андрей Багров?
2. Чем занимается Зоя?
3. Где и с кем живёт Андрей Багров?
4. Куда приглашает Андрея его друг Ценин?
5. Как ведёт себя Багров в обществе?
6. Как проходит первая встреча Андрея Багрова и Зои Кадминой?
7. Где главный герой встречает героиню в следующий раз?

---

[1] выводить/вывести в свет — to bring (Andrei) out into society
[2] отвергать (НС) — to refuse somebody
[3] принимать/принять яд — to take or drink poison
[4] призрак — ghost

8. Что она там делает?
9. Что Зоя пишет Андрею в письме?
10. Что происходит в парке?
11. Сколько времени проходит между последней встречей Андрея и Зои и сообщением о её смерти?
12. Как Андрей узнаёт о смерти Зои?
13. Что рассказывает Андрею Багрову сестра Зои?
14. Когда главный герой начинает видеть призрак?
15. Как ведёт себя герой до и после появления призрака?
16. Чем заканчивается фильм?

За рамками сюжета:
1. Какой жанр этого фильма?
2. Кто из актёров, по вашему мнению, успешно сыграл свою роль в фильме? Кто менее успешно играл? Почему?
3. В каких сценах мы замечаем работу гримёра и костюмера в фильме?

Задание 9

Заполните пропуски подходящими по смыслу словами, используйте русские эквиваленты слов, данных в колонке справа по-английски, в правильной форме. В поиске слов вам поможет текст из Задания 8А.

Андрей Багров занимается (1) _____ и никогда ни в кого не (2) _____ до этого времени, поэтому, когда он (3) _____ Зою, он не сразу понимает, что это любовь (4) _____. Сначала он (5) _____ любовь Зои, не дослушав её признания. Но всё меняется, когда талантливая актриса (6) _____ яд. После того как Багров узнаёт из газеты, что Зоя (7) _____ самоубийство, он едет в Казань к семье Зои. В Москву он (8) _____ с дневником Зои и вдруг начинает видеть (9) _____ своей возлюбленной. В конце фильма Багров (10) _____ счастливым.	(1) science (2) to fall in love (3) to meet (4) at first sight (5) to refuse somebody (6) drink or take (medicine, vitamins, poison) (7) to commit (8) to come back (9) ghost (10) to die

Скажите, в каком времени описывается сюжет? Какие глаголы используются?
What tense is used in the plot summary above? What verbs are used?
_____
_____
_____

Какие слова-связки используются для логичности описания сюжета? Выпишите эти слова-связки:
What connecting words are used in the plot summary? Copy them here:
_____
_____
_____

Работа в группах

Задание 10

Посмотрите ещё раз сцену в парке [16:15]. О чём говорят герои? Что написано в интертитрах? Почему Зоя быстро убегает от Багрова? Напишите свою версию диалога и озвучьте её.

— СПАСИБО, ЧТО ПРИШЛИ. Я НЕ НАДЕЯЛАСЬ...

— Я ТАК МНОГО ХОТЕЛА ВАМ СКАЗАТЬ... НО КАК ЭТО СДЕЛАТЬ...

— АХ, ЗАЧЕМ, ЗАЧЕМ ВЫ ТАК?... АХ Я БЕЗУМНАЯ! Я ОБМАНУЛАСЬ В ВАС, В ВАШЕМ ЛИЦЕ...

ПРОШЛО ТРИ МЕСЯЦА.

Задание 11

Представьте, что действие фильма происходит в наши дни. Напишите свою версию развития сюжета фильма. Используйте слова-связки из Задания 9. Представляя свой вариант сюжета всей группе, сделайте комментарий о том, почему вы что-то изменили в сюжете. Проголосуйте в группах за лучший вариант развития сюжета.

Задание 12

А. Прослушайте отзыв русской студентки о фильме «После смерти». Какое общее впечатление осталось у Юлии после просмотра фильма? Что больше всего удивило Юлию?

Б. Прочитайте скрипт прослушанного отзыва (в конце главы). Ответьте на вопросы.

1. Каким было первое впечатление Юлии, когда она только начала смотреть фильм?
2. Почему у неё сложилось такое впечатление?
3. Как потом изменилось её мнение?
4. На какие моменты сюжета Юлия обратила внимание?
5. По мнению Юлии, данная история является счастливой или грустной? Почему?
6. Что Юлия думает об актуальности фильма в настоящее время?
7. Какие параллели с другими киноработами или историческими периодами провела Юлия, говоря о данном фильме?

В. Какие слова-связки используются Юлией в отзыве? Что могло бы помочь вам в составлении собственного отзыва? Выпишите необходимые слова-связки и другие полезные выражения.

Г. Кинокритика. Разделитесь на две группы. Первая группа должна поддерживать позицию Юлии, вторая группа должна оспаривать её мнение. Попробуйте оценить игру актеров, работу режиссёра, съёмки фильма для времени создания этого фильма и для современных зрителей. Используйте слова из словаря главы и выражения из отзыва Юлии.

Пишем о кино: учимся писать отзыв

Задание 13

Прочитайте отзывы зрителей о фильме. Выделите ключевые идеи данных отзывов. Ответьте на вопросы после прочтения.

«После смерти» — типичная мелодрама с трагическим концом, сюжет примитивный и даже немного нудный. Я заснул в какой-то момент. Чувства главных героев выглядят нереалистично. Я читал раньше, что чёрно-белое кино снималось, чтобы развлекать зрителя. Даже если бы кто-нибудь озвучил этот фильм, он бы не стал развлекательным для меня. Фильм меня разочаровал.

Антон, 27 лет,
г. Владимир,
Россия

Смотре́ть на карти́ны Ба́уэра то́лько с пози́ции сюже́та непра́вильно, так как э́тот режиссёр никогда́ не снима́л фильм то́лько из-за интере́сной сюже́тной ли́нии. Одна́ко у Ба́уэра есть свой оригина́льный и запомина́ющийся стиль. Его потряса́ющие для того́ вре́мени декора́ции в павильо́нах создаю́т осо́бую атмосфе́ру. Живо́е Ба́уэру неинтере́сно, он лю́бит игра́ть с жи́знью и сме́ртью на у́ровне интерье́ра — мёртвые цветы́, живы́е актёры.

Камила, 19 лет,
г. Нур-Султан,
Казахстан

Что зрители говорят о сюжете фильма?
Как авторы отзывов оценивают стиль Бауэра?
Каково общее впечатление каждого из авторов: положительное или отрицательное? Почему?
В чём вы согласны/не согласны с авторами отзывов?

Задание 14

Напишите свой отзыв о фильме «После смерти», включите в него положительную и негативную оценку. Обязательно используйте слова-связки и выражения из отзыва Юлии (Задание 12А) и Задания 13.

Повторяем всё, что узнали в этой главе

Задание 15

Напишите перевод следующих слов.

удачный фильм	
	masterpiece
	a boring drama
запоминающаяся актриса	
актуальный сюжет	
	a captivating blockbuster

Что вы смотрите   15

	a humorous black and white film
оригинальные костюмы	
	subtitles to a film (preposition: к + Dat.)
потрясающий оператор сериала	
	an unsuccessful comedy

Задание 16

Работайте в группах. Найдите как можно больше слов, связанных с жанрами кино.

```
Д Р А М А Ф И Л Ь М
В Д Е Т Е К Т И В Ю
Е Х И К П З Й Я Н К
С О Т Р И Л Л Е Р Л
Т Р К О М Е Д И Я Ю
Е Р Ф Э Н Т Е З И Ч
Р О Ш У Р Ц Ф И Л М
Н Р Е М Е Й К А Т С
```

Задание 17

Вставьте подходящий по смыслу глагол.

1. С помощью новой программы звукорежиссёры смогут _____ фильмы и телепередачи в два раза быстрее.
2. Книга великолепная! Сюжет потрясающий! Но _____ её будет трудно, зрителям будет тяжело понять все идеи автора.
3. Фильм Василия Шукшина «Калина красная» _____ на экраны весной 1974 года, но до сих пор не теряет своей актуальности.
4. Кино должно _____ проблемы и культурные концепты современности.
5. Сиквел фильма «Ирония судьбы, или С лёгким паром!» _____ меня: актёры играли плохо, много рекламы, новые сюжетные линии неудачные.
6. А я вчера _____ любимый мультфильм и плакала, как в детстве, во время финальной сцены. Тогда я тоже смотрела его много раз.

Задание 18

Угадайте слово по определению.

1. Человек, делающий макияж актёрам перед съёмками фильма или спектаклем в театре, — это _____.
2. Комментарий зрителя о фильме — это _____.
3. Человек, играющий главную роль в фильме, — это _____.
4. Приз, обычно денежный, за успехи в какой-то сфере — это _____.
5. Человек, являющийся автором основного текста для съёмок фильма, — это _____.
6. Человек, который смотрит фильм или спектакль, — это _____.
7. Текст на экране с репликами героев фильма или дополнительной информацией о фильме — это _____.

Задание 19

Пройдите психологический тест «Кино расскажет о вашем характере». Работайте в группах по 2–3 человека.

1. Какие фильмы ты обычно смотришь?
    a. Слежу за новинками кино и всегда хожу на премьеры в кино;
    b. Пересматриваю снова и снова свои любимые фильмы дома;
    c. обращаю особое внимание на фильмы, которые получили известные кинопремии и награды;
    d. Смотрю то, что рекомендуют друзья или коллеги.
2. Что ты думаешь о ремейках на фильмы, которые сняли давно? (В России в последние годы очень популярно снимать ремейки популярных советских фильмов. И многие люди считают, что это неправильно).
    a. Прекрасная идея! С удовольствием смотрю ремейки на фильмы, которые полюбил(-а) в детстве.
    b. Негативно отношусь к этому. Ремейки всегда намного хуже оригинала.
    c. Главное — это качество фильма. Новые фильмы обычно приятнее смотреть, чем старые с ужасной графикой.
    d. Я почти не смотрю старые фильмы, поэтому я не замечу разницы с оригиналом, если посмотрю ремейк.
3. Как часто ты смотришь фильмы? А сериалы? Что для тебя интереснее смотреть?
    a. Могу смотреть несколько сериалов одновременно. И всегда с нетерпением жду новый сезон понравившегося сериала.
    b. Считаю просмотр сериалов тратой времени (waste of time) и вообще редко смотрю фильмы.

- c. Смотрю первую серию сериала и потом решаю, нужно ли его смотреть. Мне всё равно, смотреть фильм или сериал.
- d. Мне тяжело ждать новых сезонов или досмотреть до конца то, что начал(-а), поэтому не смотрю сериалы.

4. С кем ты предпочитаешь смотреть фильмы?
- a. Мне всегда нужна хорошая компания друзей, чтобы вместе смотреть и обсуждать потом.
- b. Моё любимое занятие — совместный кинопросмотр фильма с семьёй или любимым человеком.
- c. Обычно смотрю фильмы один/одна. Не люблю слушать чьи-либо комментарии во время просмотра.
- d. Мне всё равно, с кем смотреть фильм. Я хожу в кинотеатр с тем, кто тоже хочет посмотреть этот фильм.

5. Где ты обычно смотришь кино?
- a. На Netflix, Amazon Prime и других сервисах. Удобно, легко получить доступ, не нужно выходить из дома.
- b. Беру в прокате DVD и смотрю дома.
- c. В кинотеатре. Люблю широкий экран, качественный звук.
- d. По телевизору. Переключаю каналы: если нахожу что-нибудь интересное — смотрю.

Результаты:

Если у вас больше А: Вы очень активны, открыты ко всему новому. Вы общительный человек, у которого много друзей. Вы всегда легко можете найти компанию для совместного просмотра фильма. Вы фанат захватывающего кино с неожиданными сюжетными линиями.

Если у вас больше Б: Вы очень постоянный человек, который из года в год смотрит старые, любимые с детства фильмы. Для Вас намного важнее, с кем смотреть фильм, чем рейтинг фильма или его премии. Вы будете рады в десятый раз пересмотреть «Один дома» в компании любимого человека.

Если у вас больше С: друзья иногда называют Вас снобом, для Вас очень важны детали во всём. Вы не пойдёте за кофе в ближайшую кофейню в пижамных штанах. Вы следите за модой и выбираете дорогие брендовые вещи высокого качества. И в кино — Вы тоже цените качество, великолепную актёрскую игру, оригинальный сюжет.

Если у вас больше D: Вы не любите долгие и «скучные» занятия, Вам нужно часто менять виды деятельности. Минуту назад Вы смотрели боевик, но сейчас Вы уже смотрите фильм ужасов. Возможно, неделю назад Вы начали играть в теннис, но сегодня для Вас это уже скучно.

Согласны ли вы с результатами теста? Аргументируйте своё мнение.

> **Минутка для рефлексии**
>
> Что Вы узнали в этой главе? Что было для Вас особенно интересным? Что показалось Вам самым трудным?
> _____
> _____

Приложение

Скрипт к аудио из Задания 12А

Недавно я посмотрела фильм, который называется «После смерти». Это было моё первое знакомство с немым чёрно-белым кино, и, честно говоря, сначала я подумала, что это очень скучный фильм, и думала, что будет смотреть его очень тяжело, потому что герои не говорят ни слова, всё действие происходит под классическую музыку, и только иногда на экране появляются субтитры. Это было очень непривычно поначалу. Но потом, когда история начала двигаться, мне стало интереснее. Да, тогда я уж с интересом смотрела продолжение. В целом, первое, что меня удивило, — это то, как выглядят герои на экране. Честно говоря, мне, привыкшей смотреть цветные фильмы, они напомнили скорее каких-то героев Тима Бёртона: оба главных героя очень бледные и у них странные синяки под глазами. В общем, они даже в сценах, где на самом деле живы, выглядят как будто они мертвы.

Сюжет фильма рассказывает о молодом учёном Андрее, который ведёт очень уединённый образ жизни. И однажды он встречает прекрасную актрису Зою, в которую он сразу же влюбляется, но он очень боится этих чувств и поэтому всячески её избегает, а когда она признаётся ему в любви, он отвергает её. Из-за этого она совершает самоубийство. И когда он узнаёт об этом, его, конечно же, начинает мучить совесть (to feel guilty), потому что он тоже испытывал к ней чувства, но побоялся их проявить. Это очень грустная история, потому что один человек не смог переступить через себя (was unable to overcome his inhibitions) и найти своё счастье, а другой — Зоя — нашла смысл жизни только в одном человеке, и, когда он отвернулся от неё, она решила, что лучше, видимо, не жить, чем жить без него. И если такой сюжет был достаточно популярен в литературе 19-го века и кино начала 20-го, то сейчас, конечно, он кажется не таким актуальным, потому что сейчас, мне кажется, что все люди стремятся найти счастье в первую очередь в себе, а не в другом человеке.

В целом, фильм мне понравился и, если честно, я была удивлена, как можно без слов — одними взглядами и движениями тела — передавать все чувства героев так, чтобы зритель это понимал. И мне кажется, что это, конечно же, требует огромного актёрского таланта.

Где поставить запятую, если рядом есть причастие?

Прочитайте правила:

Мы <u>должны</u> поставить запятые, если:
1. причастие стоит после главного слова и имеет свои зависимые слова;
   - *Гримёр — это человек, **делающий** (что?) макияж.*
   - *Он снимает фильмы, **запоминающиеся** (кому?) зрителям, а еще он пишет интересные книги.*
2. причастие с зависимыми словами относится к личному местоимению (я, ты, он и др.);
   - *Быстро **устающий** от бездарных фильмов, он больше не мог читать эти сценарии.*

Мы <u>не должны</u> ставить запятые, если:
1. одиночное причастие или причастие с зависимыми словами стоят перед главным словом (если это не личное местоимение);
   - ***Выходящие** на широкие экраны первые короткометражные **фильмы** были чаще всего документальные.*
2. причастие стало существительным, и перед ним стоят слова <u>этот</u> или <u>весь</u>.
   - *Всем **пишущим** сценарии это нужно знать.*

Поставьте запятые там, где это необходимо:

1. Когда люди видели движущийся на них поезд они в панике убегали с первых рядов кинотеатра.
2. Музыкант играл знакомую мелодию на пианино стоящем недалеко от экрана.
3. Особенностью немых фильмов является использование интертитров дающих комментарии по сюжету.
4. Мне нравятся фильмы отражающие основные проблемы современности и режиссёры умеющие впечатлить зрителя.

A Quick Guide to Russian Punctuation

Часть 1. Русские запятые

In Russian we use commas:

1. To connect independent clauses when they are joined by any of the following conjunctions or question words: **и**; **а**; **но**; **который**; **так как**; **чтобы**; **потому что**; **поэтому**; **когда**; **где**; **что**; **кто**; **куда**; **если**, etc.
   - *Я не знаю,* ***куда*** *они поехали.* (Subject 1 + Verb 1), куда (S2 + V2).
   - *Мои родители отправили меня учиться в Москву,* ***чтобы*** *я получил хорошее образование.* (S1 + V1), если (S2 + V2).
   - ***Если*** *завтра будет дождь, (то) мы никуда не поедем.* (Если S1 + V1), (то) (S2 + V2).
2. To indicate an opposition or contrast in simple and complex sentences, together with the conjunctions **а**, **но**, and **зато**.
   - *Попугай был мил,* ***но*** *слишком разговорчив.*
   - *Мы поедем туда не сегодня,* ***а*** *завтра.*
   - *Наука не может ответить на все вопросы,* ***зато*** *даёт нам свободу в поисках.*
3. Before **чем** when making a comparison, and in comparisons with the construction **чем... тем**.
   - *В сериале роботы иногда поступали намного человечнее,* ***чем*** *люди.*
   - ***Чем*** *чаще я занимаюсь спортом,* ***тем*** *лучше я себя чувствую.*
4. In a list that contains more than two elements, and when there are no conjunctions or when a single conjunction is repeated.
   - *На площади собрались мои друзья, коллеги, родители, соседи и знакомые из университета.*
   - *На площади собрались и мои друзья, и коллеги, и родители, и соседи, и знакомые из университета.*
5. To separate a participle construction if it follows the word that it defines.
   - *Я знакома с человеком,* ***свободно владеющим пятью языками****.*

   If you were to continue the sentence above, you would then have to close the participle construction with another comma:
   - *Я знаю человека,* ***владеющего пятью языками****, и он работает со мной в одном офисе.*
6. Before or after a gerund/a gerund construction if it is not an idiom.
   - ***Читая книги****, я всегда слушаю музыку той эпохи, о которой читаю.*
7. To separate parenthetical words and phrases that express the speaker's attitude, such as **конечно**, **может быть**, **наверное**, **по-моему**, etc.
   - ***По-моему****, ты поступил неправильно.*

8. To separate words that serve as logical connectors, such as **например**, **во-первых/во-вторых**, **с одной стороны/с другой стороны**, **таким образом**, **итак**, etc.
   - *Мы не поедем никуда этой зимой в отпуск.* ***Во-первых****, всё очень дорого, а****, во-вторых****, у меня мало выходных.*
9. To mark the comparative part of a sentence when it is joined by any of the following phrases: **как**, **словно**, **точно**, **будто**, **как будто**.
   - *Её глаза светятся от счастья,* ***как*** *солнечные лучи прекрасным весенним днём.*

Часть 2. Другие знаки

1. A colon is used before an enumeration.
   - *Моя сестра любит все фрукты: яблоки, апельсины, бананы, ананасы и др.*
   But if the enumeration precedes the main clause, then we use a dash (called an "en dash").
   - *Москва, Питер, Волгоград, Екатеринбург — все эти города я очень люблю.*
2. A dash is used between subject and predicate if they both are nouns. The dash replaces a linking verb.
   - *Книга — лучший подарок.*
   - *Книга — это лучший подарок.*

Часть 3. Знаки, которых нет в русском языке

1. Commas after introductory phrases.
   - *Перед обедом мы позвонили родителям и пожелали им хорошего дня.*
2. Commas in dates.
   - *12 апреля 1961 года первый человек полетел в космос.*
   НО!
   - *Во вторник, 12 апреля 1961 года, первый человек полетел в космос.*
3. Oxford commas (the comma used after the penultimate item in a list of three or more items).
   - *Мне нужно купить молоко, хлеб и масло в магазине.*
4. Commas inside quotation marks.
   - *«Я не приду завтра», — сказала мама.*

Глава 2

Мир неограниченных возможностей

В этой главе вы научитесь:

- обсуждать положение людей с инвалидностью;
- анализировать поступки и трансформацию во взглядах героев фильма по мере развития сюжета;
- отличать неформальный отзыв на фильм от рецензии;
- писать рецензии, используя действительные причастия прошедшего времени.

In this unit, you will learn:

- to speak about and discuss disability;
- to analyze a character's actions and development over the course of a film;
- to distinguish between informal and formal reviews;
- to use past active participles while writing a film review.

Речевая разминка

ВОЗМОЖНОСТИ

Задание 1

Обсудите в группе следующие вопросы.

1. Вспомните 1–2 фильма, где показаны люди с инвалидностью или с интеллектуальными, психическими или эмоциональными особенностями развития. Что вам нравится и не нравится в том, как они там показаны? В каких сценах мы видим или не видим героев с инвалидностью?
2. Есть ли у вас личный опыт инвалидности или опыт общения с людьми с инвалидностью? Чему этот опыт научил вас?
3. Как вы относитесь к активистам, считающим, что люди без инвалидности не должны играть роли людей с инвалидностью?
4. Как вы понимаете разницу между следующими терминами: *человек с инвалидностью, инвалид* и *человек с ограниченными возможностями*. Какие термины существуют в вашем языке?

Необходимые слова и выражения

а́збука (шрифт) Бра́йля	Braille alphabet
го́лос	voice
до́ступ (к чему? + Dat.)	access
зре́ние	vision
измене́ние (внести́ измене́ния)	change (to make changes)
инвали́д *не рекомендуется при обращении* (see note on next page)	person with a disability
инвали́дное кре́сло	wheelchair (formal)
инвали́дность	disability

> **Обратите внимание!**
> In Russian, the noun *инвали́д* is used in official-government speech: for instance, «Льго́тные биле́ты для инвали́дов». The designator *лю́ди с ограни́ченными возмо́жностями* also appears regularly in the media. For some, the preferred term is *челове́к с инвали́дностью*. For others, it remains *инвали́д*.

крик	a cry/shout
наруше́ние (слу́ха, зре́ния, ре́чи)	loss of hearing/vision/speech
образова́ние	education
ограниче́ние	limitation
осо́бенности	specificities/distinctive qualities
отсу́тствие	absence
передвиже́ние (по го́роду)	movement/transportation
приложе́ние	application/app
проо́браз	prototype/pilot version
разви́тие	development
речь	speech
сбор сре́дств (на что? + Acc.)	fundraising
слух	hearing
слухово́й аппара́т	hearing aid
собесе́дни(-к/ца)	interlocutor
справедли́вость	justice
стук	a knock
перево́дчик же́стового языка́/ сурдоперево́дчик	sign language interpreter
тишина́	silence
трость	walking stick/cane
челове́к с инвали́дностью/ с осо́бенностями разви́тия	person with a disability/neuro-divergent
шёпот	a whisper
шум	noise
же́стовый язы́к	sign language
глухо́й *не рекоменду́ется при обраще́нии*	deaf/Deaf
глухонемо́й *не рекоменду́ется при обраще́нии*	deaf and without speech
инклюзи́вный	inclusive
маломоби́льный	movement impaired

Мир неограниченных возможностей

мра́чный	gloomy/depressing
незря́чий	blind
ра́достный	joyful
окружа́ющий	surrounding
слабослы́шащий	hard of hearing
слепо́й *не рекомендуется при обраще́нии	blind

взаимоде́йствовать (с кем? с чем? + Inst.)	to interact with
крича́ть/кри́кнуть (что? + Acc.)	to yell
заика́ться	to stutter
огло́хнуть	to lose one's hearing
осле́пнуть	to lose one's vision
оскорбля́ть/оскорби́ть (кого? + Acc.)	to offend (somebody)
осознава́ть/осозна́ть (что? + Acc.)	to realize
передвига́ться/передви́нуться	to move/relocate
переспра́шивать/переспроси́ть	to ask again
(за)пла́кать	to cry
предоставля́ть/предоста́вить (кому? + Dat. что? + Acc.)	to provide/confer
преодолева́ть/преодоле́ть (что? + Acc.)	to overcome
смея́ться/засмея́ться (над кем? над чем? + Inst.)	to laugh
создава́ть/созда́ть осо́бые/ специа́льные усло́вия (для чего? + Gen.)	to establish special conditions/accommodations
стуча́ть (в две́рь, по́ столу)	to knock
шепта́ть/шепну́ть (кому? + Dat. что? + Acc.)	to whisper

Усто́йчивые выражения и фразеологизмы

говори́ть на же́стовом языке́ (на языке́ глухонемы́х)	to communicate in sign language
име́ть инвали́дность	to have a disability
при обраще́нии (к кому? + Dat.)	when addressing (somebody)
чита́ть по губа́м	to read lips

Задание 2

А. Найдите пары однокоренных слов и выпишите их из облака. *Например:* голос — голосовой.

Слова в облаках: стучать, крик, доступ, кричать, шуметь, доступный, плакать, шум, слуховой, шептать, шёпот, тишина, голосовой, стук, плач, зрение, голос, незрячий, слух, тихий

голос	голосовой

Б. Составьте словосочетания со всеми словами. *Например:* (громкий) голос — голосовой (помощник)

Мир неограниченных возможностей

Задание 3

А. Подберите к словам из левой колонки определения.

1. зрение
2. инвалидное кресло
3. нарушение слуха
4. приложение
5. переспросить
6. взаимодействовать
7. тишина

____ средство передвижения для людей с инвалидностью
____ онлайн-инструмент
____ трудности при восприятии речи
____ возможность видеть
____ отсутствие звуков
____ повторно задать вопрос
____ общаться

Б. Работа в группах. Выберите 2–3 слова из словаря главы, но не называйте их своим одногруппникам. Объясните значение слов, используя другие слова. Вы можете употреблять однокоренные слова.

Задание 4

А. Найдите подходящую пару для слов из левой колонки.

1. нарушения
2. окружающие
3. специальные
4. предоставлять
5. сбор
6. передвижение

____ средств
____ условия
____ люди
____ по городу
____ слуха
____ доступ

Б. Вставьте получившиеся словосочетания в предложения ниже.

1. Федеральный закон «Об образовании в Российской Федерации» гарантирует _____ для получения образования детям с особенностями развития.
2. Благодаря новой транспортной программе в Москве _____ на общественном транспорте станет более комфортным для всех групп населения.
3. Согласно последней статистике около 15 % детей школьного возраста в мире имеют _____.
4. Это банковское приложение _____ вам _____ ко всей финансовой информации из любой точки мира.

5. Как отмечают психологи, в современном мире молодые люди сильно зависят от мнения _____.
6. Жители Ярославской области объявили _____ на строительство нового приюта для бездомных животных и собрали несколько миллионов рублей.

Задание 5

А. Прочитайте предложения. Обратите внимание на выделенные слова. В какой они грамматической форме? Как они образованы?

1. Я всегда с нетерпением жду новый сезон **понравившегося** сериала.
2. Мы решили городскую проблему, **волновавшую** людей многие годы.
3. Актриса, **сыгравшая** эту роль, не была глухой.
4. В фильме, **вышедшем** на экраны в прошлом году, главную роль сыграл незрячий актёр.

Б. Вспомните алгоритм образования действительных причастий прошедшего времени.

Активные (действительные) причастия прошедшего времени

Follow these steps when forming past active participles:

1. Begin with either an imperfective or perfective verb in the masculine **он** past tense form.
2. If your past tense form ends in **-л**, delete the final **-л** and add **-вш**. If your past tense form ends in another consonant, add **-ш**.
   - слуш**а**-ть → слуша-л → слуша-**вш**-ий (-ая, -ое, -ие)
   - не**с**-ти → нёс → нёс-**ш**-ий (-ая, -ое, -ие)
   - погибн**у**-ть → поги**б** → погиб-**ш**-ий (-ая, -ое, -ие)
3. Make sure your participle matches the noun in gender, number, and case by adding the corresponding adjectival ending.
4. However, for verbs with infinitives in **-сти/-ести** that have **-д** or **-т** in **они**, we form the past active participle from the **они** form and not from the past tense form.
   - ве**с**-ти → вё-л → они ве**д**-ут → ве**д**-ш-ий (-ая, -ое, -ие)
5. If the verb is reflexive, don't forget to add **-ся** at the end of the participle, even if it concludes in a vowel.

Мир неограниченных возможностей

> **Обратите внимание!**
> The verb **идти** and its related forms (прийти, уйти, выйти, etc.) take the suffix **-ш**.
> шед**-ш**-ий (пришед-ш-ий, вошед-ш-ая, вышед-ш-ее)

Задание 5. Продолжение.

В. Образуйте действительные причастия прошедшего времени от следующих глаголов. Составьте предложения с получившимися словосочетаниями.

сыграть главную роль _____
войти в список лучших фильмов _____
оглохнуть в детстве _____
потерять зрение _____
вызвать интерес у зрителей _____
переводить на жестовый язык _____

Г. Измените предложения, используйте действительные причастия прошедшего времени.

1. Фильм, который вызвал большой интерес у зрителей, получил главный приз на кинофестивале.
2. Моя любимая собака, которая сама пришла к нашему дому много лет назад, недавно оглохла от старости.
3. Ребёнок, который раньше заикался при волнении, преодолел эмоции и прекрасно выступил на сцене.
4. Я не узнала человека, который постучал в дверь.
5. Я встречал переводчиков жестового языка, которые прекрасно знали и русский жестовый язык, и американский.

Задание 6

А. Прочитайте историю жизни Б.М. Кустодиева. Отметьте в тексте основные этапы жизни художника и дайте название каждому из них.

Контекст: «Жизнь художника Б.М. Кустодиева»

Б.М. Кустодиев родился в 1878 году в Астрахани. Его мать, рано ставшая вдовой, одна воспитывала четверых детей. Мальчик Боря, родившийся в небогатой семье, хотел стать священником, но с раннего возраста увлекался искусством. Когда ему было девять лет, мама отвела его на городскую выставку художников-передвижников. Боря навсегда сохранил в памяти картины, впечатлившие его детское сознание.

Борис Михайлович Кустодиев (1878–1927)

Несмотря на финансовые трудности и ограничения, мать Бориса Михайловича, вовремя увидевшая интерес сына, нашла деньги на частные уроки живописи. Хотя позже Борис Михайлович поступил в духовное училище, и потом даже в семинарию, в 1896 году он оставил всё и уехал учиться в Москву в художественную школу. Но путь его творческого развития не был лёгким: его не приняли в Москве. Тогда

«Масленица», 1916 год

Кустодиев поехал в Петербург, где поступил в Высшее художественное училище при Императорской Академии художеств. В училище Кустодиев заинтересовал учителей портретными работами, сильно отличавшимися от стиля других студентов. Борис Михайлович Кустодиев, начавший свой путь художника как ученик Ильи Репина, впоследствии создал своё направление в живописи. Он много работал над картинами, изображавшими провинцию, праздники и традиционные элементы старой русской жизни. Все его работы были наполнены энергией и жизнелюбием.

В 31 год у Кустодиева развивается туберкулёз позвоночника, что становится причиной паралича ног. С этого момента Борис Михайлович будет передвигаться только на инвалидном кресле. Однако, как вспоминают близкие Кустодиева, помогавшие ему бороться с болезнью, художник не потерял ни капли своего оптимизма и любви к жизни. Болезнь не повлияла на его творчество: его картины остались яркими, радостными и живыми. Борис Михайлович, передвигавшийся везде на инвалидной коляске, регуля́рно быва́л на премье́рах в теа́трах и путеше́ствовал по стране́. Постоя́нно прогресси́ровавшая боле́знь затрудня́ла проце́сс рабо́ты над карти́нами, но Бори́с Кусто́диев продолжа́л рабо́тать да́же тогда́, когда́ мог рисова́ть то́лько одно́й руко́й.

Са́мые изве́стные карти́ны, принёсшие худо́жнику мирову́ю сла́ву и любо́вь, — «Краса́вица» (1915), «Я́рмарка» (1906), «Ма́сленица» (1916), «Купчи́ха за ча́ем» (1918), «Портре́т Ф.И. Шаля́пина» (1922), «Ру́сская Вене́ра» (1926).

Обсудите в группе этапы жизни художника. Перескажите ключевые моменты каждого этапа.

Б. Работайте в небольших группах. Перечитайте текст, выделите все причастия прошедшего времени. Измените предложения, используя слово «который».

В. Найдите в русскоязычном интернете истории известных людей, у которых была инвалидность. Выберите одного человека и напишите текст об основных этапах его жизни, используя активные причастия прошедшего времени. Будьте готовы пересказать основные идеи в классе.

К тексту: «Культура общения с людьми с инвалидностью»

Задание 7

Прочитайте текст и выделите ключевые идеи.

Культура общения с людьми с инвалидностью

Вопро́сы культу́ры обще́ния и эффекти́вного взаимоде́йствия с ра́зными людьми́ в совреме́нном о́бществе о́чень актуа́льны. Одно́й из сфер, давно́ нужда́вшихся в измене́ниях, явля́ется культу́ра инклю́зии, осо́бенно — язы́к и слова́ при обраще́нии к лю́дям с инвали́дностью, при обще́нии и в СМИ. Как мы зна́ем, язы́к — э́то наш гла́вный инструме́нт, с по́мощью кото́рого мы ча́сто выража́ем своё отноше́ние к окружа́ющему нас ми́ру. В то же вре́мя, мы ча́сто испо́льзуем слова́ по привы́чке (out of habit), не ду́мая, что они́ мо́гут оби́деть друго́го челове́ка. Наприме́р, иногда́ мы мо́жем случа́йно назва́ть кого́-то больны́м(-о́й), ненорма́льным(-ой) или нездоро́вым(-ой). Мо́жет быть, и нас когда́-то так называ́ли или мо́гут назва́ть. Слова́ име́ют си́лу — как положи́тельную, так и отрица́тельную. Пра́вильный вы́бор сло́ва формиру́ет позити́вные, уважи́тельные отноше́ния ме́жду людьми́ и помога́ет преодолева́ть социа́льные барье́ры и нера́венство.

Само слово «инвалид» представляет собой стандарт в официальном стиле, в медицинском контексте и в СМИ, но ассоциируется у многих русскоговорящих людей с физическими или умственными проблемами. При общении с окружающими мы должны следовать правилу: сначала человек, а потом его особенности. Поэтому рекомендуется чаще использовать слово «человек»: человек с инвалидностью, человек с нарушениями зрения или слуха, человек с диабетом и др. К тому же мы должны иметь в виду, что терминология гибкая и зависит от желания самого человека с инвалидностью использовать те или другие слова.

Региональная общественная организация инвалидов «Перспектива», изучившая вопросы культуры общения с людьми с инвалидностью, предоставила список важных правил языкового и социального этикета. Вот некоторые из них:

- В разговоре с людьми, у которых есть трудности в общении, показывайте, что вы внимательно слушаете, и не перебивайте, дайте им закончить фразу, и не заканчивайте фразу за этих людей.
- Не нужно переживать, если вы что-то не услышали или неверно поняли. Как и в разговоре с человеком без инвалидности, переспросите собеседника.
- Когда вы встречаете человека с инвалидностью, не нужно сразу ему помогать. Если вы считаете, что человеку нужна помощь, сначала предложите её. Вы можете спросить: «Вам нужна помощь?» Часто люди с инвалидностью могут быть намного более мобильными и быстрыми, чем люди без инвалидности.
- Если вы хотите привлечь внимание слабослышащего человека, не нужно кричать. Будет достаточно помахать человеку рукой или войти в его поле зрения.

Нельзя забывать о том, что язык меняется и что у каждого человека и у каждой культуры свои предпочтения. Нельзя забывать, что инвалидность — это не всегда плохо и её необязательно нужно «вылечить» или «преодолеть».

К сожалению, российское законодательство мало внимания уделяет вопросам терминологии, поэтому до сих пор в законах мы часто видим использование слова «инвалид» как практически синоним слова «больной» и «несамостоятельный». Однако языковые изменения медленно, но происходят, и больше людей интересуется тем, как правильно общаться с окружающими.

Источник: РООИ Перспектива. Культура общения с людьми с инвалидностью. Язык и этикет. https://perspektiva-inva.ru/language-etiquette#n5. Perspektiva-inva.ru (августа 2017).

Ответьте на вопросы:

1. Почему важно использовать «правильные» слова в общении с окружающими? Как выбор слова влияет на успешность коммуникации?
2. В каких сферах на русском языке сейчас используется слово «инвалид»? Какие негативные ассоциации это слово может вызывать?
3. Какое самое важное правило при общении с окружающими?
4. Какие рекомендации для общения с людьми с инвалидностью разработала общественная организация инвалидов «Перспектива»?
5. Какие правила вы могли бы добавить в этот список?
6. Посмотрите внимательно на алфавит русского жестового языка. Попробуйте показать ваше имя. Если вы изучали жестовый язык в своей стране, скажите, видите ли вы похожие буквы?
7. В России выходит онлайн-журнал «Такие дела», который несколько лет назад создал онлайн-словарь «Мы так не говорим» (https://takiedela.ru/slova/). Там можно найти слова, которые могут оскорбить людей разных категорий. Найдите в словаре примеры таких слов и их рекомендуемые синонимы. Какое объяснение в каждом случае дают авторы словаря?

🔊 Задание 8

А. Прослушайте аудиозапись. Какой совет дал Михаил?

Б. Прослушайте запись ещё раз и прочитайте скрипт в конце главы. Ответьте на вопросы:

1. Что вы узнали о Михаиле?
2. Что вас удивило в том, что сказал Михаил?
3. Как мнение Михаила повлияло на ваше мнение о незрячих людях?
4. Какие вопросы вы бы задали Михаилу, если бы познакомились с ним лично?

В. Посмотрите интервью с российским блогером и активистом Джерри Меркьюри (творческий псевдоним). Выпишите ключевые слова и выражения, которые помогут вам рассказать о жизни Джерри. Обсудите в группе то, что вы узнали о нём из видео.

Г. Посмотрите видео ещё раз и прочитайте скрипт в конце главы. Какой совет дал Джерри тем, кто хочет взаимодействовать с людьми с инвалидностью, но не знает как?

Задание 9

Представьте, что вы получили возможность пройти стажировку в одном из российских студенческих онлайн-журналов. Вам нужно написать тестовую статью на одну из следующих тем:

1. Программы и проекты для улучшения жизни людей с инвалидностью. Найдите информацию в интернете и напишите об одной из программ или одном из проектов в вашей стране. Расскажите об истории развития проекта, целях проекта и возможных мероприятиях.
2. Доступная образовательная среда. Напишите о том, как можно сделать обучение и получение образования более доступным для всех категорий учащихся. Приведите примеры успешных мировых проектов по образованию.

В своей работе вам необходимо использовать активные причастия прошедшего времени и словарь главы.

Смотрим и обсуждаем: «Страна глухих» (Валерий Тодоровский, 1998)

Задание 10

А. Готовимся к просмотру фильма. Прочитайте информацию об истории фильма, актёрах и режиссёре.

«Страна глухих»

«Страна́ глухи́х» (1998) — худо́жественный фильм режиссёра Вале́рия Тодоро́вского, сня́тый по моти́вам по́вести Рена́ты Литви́новой «Облада́ть и принадлежа́ть» и воше́дший в спи́сок 100 гла́вных ру́сских фи́льмов по ве́рсии журна́ла «Афи́ша».

Де́йствие фи́льма происхо́дит в Москве́ в середи́не 90-х годо́в. Э́то банди́тское[1] вре́мя, когда́ де́ньги реша́ли всё. Фильм расска́зывает о жи́зни двух соверше́нно ра́зных де́вушек: Я́и (Ди́на Ко́рзун) — неслы́шащей эксцентри́чной[2] стриптизёрши и Ри́ты (Чулпа́н Хама́това) — просто́й и немно́го поте́рянной в э́той жи́зни де́вушки.

Гла́вная герои́ня фи́льма, Ри́та, скрыва́ется[3] от банди́тов, потому́ что её друг Алёша сбежа́л, проигра́в в руле́тку кру́пную су́мму чужи́х де́нег. Я́я помога́ет Ри́те пря́таться.[4] Несмотря́ на непохо́жесть, о́бе де́вушки мечта́ют о сча́стье. Я́я хо́чет жить в вы́думанной прекра́сной Стране́ глухи́х, где бу́дут мир и всео́бщее сча́стье, а Ри́та хо́чет быть со свои́м люби́мым Алёшей. Но неожи́данно де́вушки ока́зываются в це́нтре жесто́кого конфли́кта двух кла́нов ма́фии — глухи́х и слы́шащих. Кульмина́цией сюже́та стано́вится моме́нт, когда́ Я́я понима́ет, что все окружа́ющие отно́сятся к ней пло́хо из-за её глухоты́, и да́же бли́зкая подру́га Ри́та не понима́ет её. В конце́ фи́льма гла́вные геро́и прихо́дят к тому́, с чего́ всё начина́лось...

Прообразом банди́та Свиньи́ стал глава́рь[5] престу́пной группиро́вки глухи́х Лево́ни Джики́я, кото́рого уби́ли незадо́лго до вы́хода «Страны́ глухи́х» на экра́ны. У актри́сы Ди́ны Ко́рзун, сыгра́вшей роль Я́и, в жи́зни не́ было наруше́ний слу́ха, но она́ прекра́сно спра́вилась с зада́чей режиссёра.

Б. Найдите в тексте эквиваленты данных фраз на русском языке и выпишите их. Потом перескажите сюжет фильма, используя выписанные выражения.

1. This film tells the story of... _____
2. The film is based on... _____
3. The action of the film takes place in... _____
4. The main character of the film... _____

[1] банди́т - банди́тский — bandit-like, lawless.
[2] эксцентри́чный — eccentric
[3] скрыва́ться/скры́ться — to hide, disappear
[4] пря́таться/спря́таться — to hide, take shelter
[5] глава́рь — ringleader

5. [Actor/actress] plays the role of [character name], who is... _____
6. The climax of the plot occurs when... _____
7. At the close of the film, the main characters... _____

▶ Задание 11

Прочитайте вопросы перед просмотром фильма. Посмотрите фильм и ответьте на вопросы.

О сюжете.
1. Кто главные героя фильма? Чем они занимаются?
2. Какие у Риты и Алёши отношения в начале фильма? Что Алёша за человек?
3. Какие у Алёши появляются проблемы? Как Рита оказывается в бандитском мире и почему она прячется в московском казино?
4. Как знакомятся Яя и Рита? Как они общаются друг с другом?
5. Почему Яя работает стриптизёршей? Как нарушения слуха влияют на её возможности в профессиональной и личной жизни?
6. Что такое Страна глухих? Как Яя представляет это место и объясняет это Рите?
7. Что Свинья за человек? Что мы узнаём о нём и его жизни?
8. Почему общество в фильме разделено на глухих и слышащих? Как в фильме показан и развивается конфликт между этими разными мирами?
9. Почему Рита обращается к Свинье за помощью?
10. Что мы слышим (и не слышим) в конце фильма? Как финальные кадры фильма помогают зрителям лучше представить себе Страну глухих?
11. Фильм выиграл несколько призов в России, включая приз за лучшую женскую роль, за лучшего нового режиссёра и за лучшего звукорежиссёра. По вашему мнению, фильм достоин таких премий? Почему?
12. Роли неслышащих людей в фильме играют слышащие актёры. Справедливо ли такое режиссёрское решение?

За рамками сюжета.
1. Каков жанр этого фильма?
2. Какие есть похожие фильмы в современной кинематографии?

Задание 12

Расставьте эпизоды фильма по порядку. Сделайте краткий пересказ фильма.

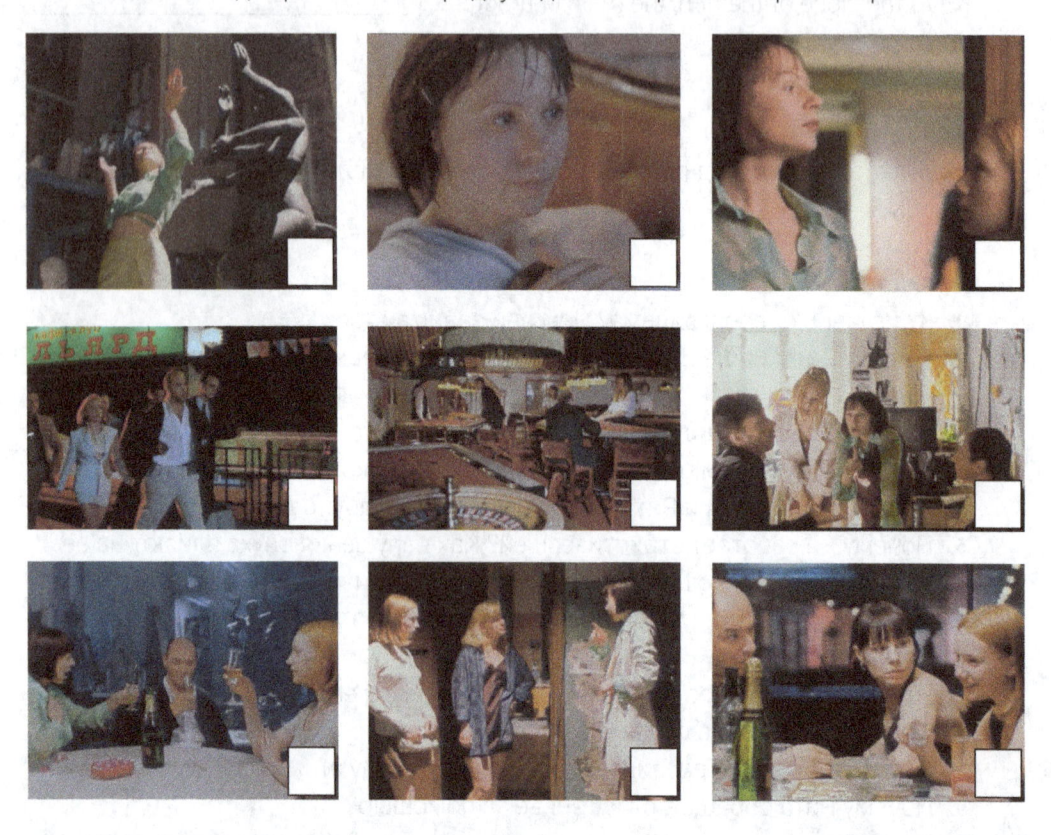

Работа в группах

▶ **Задание 13**

А. Посмотрите презентацию одного из проектов для людей с инвалидностью. Какова цель данного проекта?

Б. Посмотрите презентацию проекта еще раз. Сформулируйте задачи, актуальность и эффективность проекта, используя следующие фразы:

- В задачи проекта входит + (nouns)...
- Актуальность проекта состоит в том, что...
- Эффективность проекта заключается в том, что...

B. Прочитайте информацию о двух приложениях. Как вы оцениваете их эффективность?

> Приложе́ние *Досту́пная еда́* (Google Play, беспла́тно) от разрабо́тчика Да́рьи Датче́нко. В э́том приложе́нии вы найдёте аудиове́рсии меню́ из рестора́нов и кафе́ для незря́чих люде́й. Оно́ помога́ет узна́ть соста́в блюд и сде́лать зака́з самостоя́тельно. Есть фу́нкция голосово́го управле́ния (voice-activation).

> Приложе́ние *Wheelmap* (wheelmap.org, беспла́тно) от разрабо́тчика Ра́уля Краутха́узена, активи́ста и IT-специали́ста из Герма́нии. С по́мощью краудсо́рсинга програ́мма пока́зывает на ка́рте ва́шего го́рода все рестора́ны и кафе́, досту́пные лю́дям на инвали́дном кре́сле. Созда́тель приложе́ния счита́ет, что моби́льность — ва́жный аспе́кт счастли́вой жи́зни, и приложе́ние предоставля́ет информа́цию, кото́рая позволя́ет ему́ и окружа́ющим быть бо́лее моби́льными и уча́ствовать в жи́зни го́рода.

Задание 14

Работайте в парах или небольших группах. Найдите в русскоязычном интернете данные про:

- последние проекты/законы/программы для улучшения жизни людей с инвалидностью
- образовательные проекты или инициативы для детей с инвалидностью
- инклюзивные приложения для Android или iOS

Подготовьте презентацию на 5 минут по одной из тем. Включите в презентацию цель, задачи, актуальность и возможную эффективность проекта.

В ходе презентации вам помогут следующие выражения:

- Наша презентация посвящена (чему?)...
- Сначала мы хотели бы сказать несколько слов (о чём?)...
- Теперь я хочу (хотел/-а бы) передать слово (кому?)...
- В заключение мы хотели бы сказать...
- Спасибо всем за внимание.
- Мы будем рады ответить на ваши вопросы.

Пишем о кино: учимся писать рецензию

Задание 15

Вы посмотрели фильм «Страна глухих», а ваши друзья не смогли посмотреть его, потому что у них не было времени. Что вы могли бы написать, чтобы ответить на вопросы друзей? Дополните переписку своими идеями.

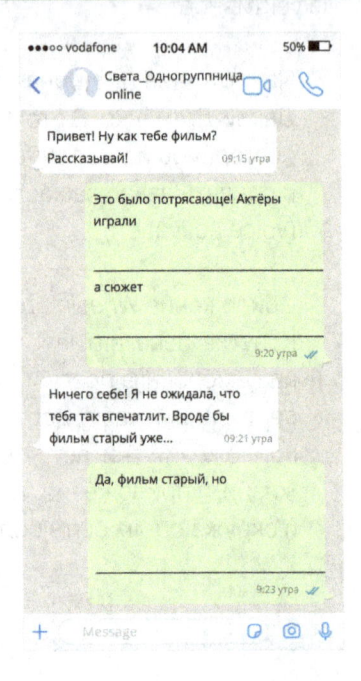

Переписка:
- Света_Одногруппница online
- Привет! Ну как тебе фильм? Рассказывай! — 09:15 утра
- Это было потрясающе! Актёры играли _____, а сюжет _____ — 9:20 утра
- Ничего себе! Я не ожидала, что тебя так впечатлит. Вроде бы фильм старый уже… — 09:21 утра
- Да, фильм старый, но _____ — 9:23 утра

Задание 16

Прочитайте рецензию одного из зрителей фильма. Чем отличается рецензия от переписки с друзьями и отзывов, с которыми вы познакомились в первой главе?

Учимся писать рецензию

Это оди́н из немно́гих фи́льмов, вы́звавших тако́й большо́й интере́с у кинокри́тиков и обы́чных зри́телей. Никто́ не ожида́л, что росси́йское кино́ мо́жет бы́ть таки́м ка́чественным по всем крите́риям. Благодаря́ прекра́сной актёрской игре́, в фи́льме пока́заны настоя́щие живы́е чу́вства и эмо́ции. В нём расска́зывается исто́рия дру́жбы ме́жду двумя́ же́нщинами, дру́жбы, так ре́дко появля́вшейся на широ́ком экра́не до э́того. В каки́е-то моме́нты взаимоотноше́ния ме́жду Ри́той и Я́ей напомина́ют отноше́ния ме́жду ма́терью и до́черью. Этот фильм явля́ется отраже́нием того́ вре́мени, тех люде́й, того́, как лю́ди ду́мали, как чу́вствовали. Счастли́вая страна́ глухи́х — это иллюзо́рный мир, где мо́жно спря́таться от реа́льности, от себя́, чтобы не прожива́ть свою́ жизнь, не страда́ть. Похо́жую «страну́ глухи́х» мно́гие из нас стро́ят внутри́ себя́. Интере́сен фина́л, с кото́рым оставля́ет нас режиссёр. Фильм называ́ется «Страна́ глухи́х», потому́ что Ри́та попада́ет в мир с глухи́ми людьми́? Или всё же «Страна́ глухи́х», потому́ что все лю́ди вокру́г неё и нас то́же — глухи́е и не слы́шат на́шей души́? И э́то не каса́ется тех, кто глух физи́чески, есть лю́ди, огло́хшие мора́льно. Они́ глухи́ душо́й.

Как вы понимаете мнение кинокритика? С чем вы (не) согласны?

Найдите все действительные причастия прошедшего времени, переформулируйте найденные предложения.

Выпишите выражения и конструкции, которые вы могли бы использовать при написании своей рецензии на фильм?

Как вы считаете, на что особенно нужно обращать внимание, когда вы пишите рецензию для молодых людей, которые не знакомы с контекстом эпохи?

Задание 17

Напишите рецензию на фильм «Страна глухих» для молодежного форума. Используйте слова и выражения, которые вы выписали из предыдущего задания (Задание 16). Используйте минимум 3 действительных причастия прошедшего времени.

Повторяем всё, что узнали в этой главе

Задание 18

Напишите перевод следующих слов.

	to communicate with sign language
нарушение слуха	
	vision
взаимодействовать с окружающими	
	a knock at the door
научиться читать по губам	
	an app for the visually impaired
смех до слёз	

Задание 19

Как вы думаете, где можно увидеть эти знаки? Что они означают? Зачем эти знаки используются?

Задание 20

Передайте смысл следующих предложений другими словами, вам помогут выделенные слова. Используйте однокоренные слова, когда это возможно.

1. Он **потерял слух** на войне.
   _____

2. Вдруг она услышала **стук** в дверь.
   _____

3. Эта кошка родилась очень слабой и **ничего не видела** с рождения.
   _____

4. **Человек, с которым я разговаривал**, оказался очень интересным.
   _____

5. **Я очень плохо вижу**.
   _____

6. Из-за того что ребёнок уже спал, мы **говорили очень тихо**.
   _____

7. Если вы не услышали что-то с первого раза, лучше **спросить ещё раз**.
   _____

8. Сейчас в интернете **собирают деньги** на новое приложение для передвижения по городу без пробок.
   _____

Минутка для рефлексии

Какие трудности у Вас были при работе с материалом главы? О чём из того, что мы обсуждали в этой главе, Вы хотели бы узнать больше? Какие у Вас впечатления остались от работы с этой главой?

_____
_____
_____

Приложение

Скрипт к аудио из Задания 8А

Меня зовут Михаил Вайцеховский. Мне 44 года, и уже почти 30 лет я живу без зрения. Я тотально незрячий человек. Я работаю массажистом и живу в 50 километрах от места своей работы, и каждый день я езжу на общественном транспорте от дома до работы и очень много взаимодействую с людьми. И часто мне помогают случайные люди на улице. И вот мой опыт говорит о том, что многие люди стараются помочь, но в растерянности (they become flustered) они не знают, как это сделать. От этого они ещё больше волнуются, начинают тебя хватать за руки, куда-нибудь подправлять, начинают кричать с противоположной стороны улицы, что: «Идите налево или направо!» При этом путая направление, и это бывает иногда смешно, а иногда даже не очень приятно. И когда меня спрашивают, как помогать незрячему человеку, я говорю: «Ну, первое, что надо сделать, — это спросить, нужна ли вам помощь, и если только вам человек скажет, что «да, пожалуйста, помогите мне», тогда надо спросить, как я могу помочь». И, собственно говоря, это универсальное правило, мне кажется, для всех случаев жизни, когда нам кажется, что кто-то нуждается в нашей помощи, потому что не всегда то, что мы видим... как будто бы человек растерян или он беспомощен... что это так и есть. Возможно, ну, человек просто задумался или он пытается сориентироваться, да? Например, как незрячие люди ориентируются при помощи трости, и иногда людям кажется, что сейчас человек налетит на столб (will crash into a pole). Раз человек уже дошёл сюда, да? Раз он как-то живёт, как-то взаимодействует с миром, значит, он умеет эти вещи преодолевать. Поэтому первое, что надо сделать, когда нам хочется кому-то помочь, — это спросить у человека, а нужна ли ему наша помощь.

Скрипт к аудио из Задания 8В

Интервьюер: Здравствуйте, Джерри! Я очень рада, что Вы смогли к нам присоединиться, рассказать о себе. Большое Вам спасибо за Ваше время. Я так немножечко знаю Вас. А наши студенты совершенно с Вами не знакомы. Можете рассказать немножко о себе? Чем вы занимаетесь? Откуда вы?

Джерри Меркьюри: Здравствуйте! Меня зовут Джерри Меркьюри. Я нейроотличный самоадвокат. Я из Петербурга, из России, вот. Я родился в Ленинграде. Вот... Сейчас я живу в Ленинградской области и веду блог в Фейсбуке на тему адвокации нейроотличных людей (advocacy for neurodivergent people), также я снимаю фильмы на эту же тему. Я снял одну серию уже своего фильма «Поезд неодиночества», где я рассказываю про собственные нейроотличия (my own neurodivergence). Вот, также я... Ну вот сочиняю музыку к моим фильмам, иногда пишу картины и тоже их как-то использую в фильмах. Вот. Я пишу стихи и делаю стихотворные переводы. И тоже это всё идёт в мои фильмы. Вот... Но я пока что медленно работаю, вот, я надеюсь, что в скором времени я переведу свои русскоязычные фильмы на английский язык и можно будет показать студентам.

Интервьюер: Вы такой творческий человек, так много всего делаете! Вы упомянули нейроотличия. Вы можете сказать, что это значит, потому что многие люди, я уверена, включая наших студентов, не знают термин, не знакомы с этим. Что это в себя включает?

Джерри Меркьюри: Вообще, на самом деле (in fact), я сам услышал этот термин изначально в контексте аутизма (autism), но на самом деле аутизм — это не единственное нейроотличие. Это очень широкий, такой зонтичный термин (umbrella term). Он включает в себя, по сути (in essence), всё: какие-то врождённые (from birth) нейроотличия, например, аутизм, может быть, дислексия (dyslexia).

Интервьюер: Вы себя принимаете. А что делать окружающим? Можете Вы дать какие-нибудь советы, вот для того чтобы либо разрушить стереотип в какой-то мере, или дать совет людям, которые хотят понять, людям, которые хотят тоже взаимодействовать с людьми с инвалидностью, но не знают. Может быть, у них есть страх, да? Обидеть человека, сделать больно, неприятно. Что нужно учитывать, когда вы встречаетесь, знакомитесь с человеком, у которого есть инвалидность?

Джерри Меркьюри: Очень важно прежде всего, наверное, чтобы все люди читали бы информацию в интернете по поводу инвалидности. Может быть, читали бы какие-нибудь существующие уже блоги, смотрели бы как раз адвокационные (advocacy) видео и, соответственно, брали бы информацию оттуда, потому что мне кажется, что люди с инвалидностью, они как бы не обязаны 24 часа в сутки рассказывать о своей инвалидности, заниматься адвокацией. То есть мне кажется, что первый шаг — это почитать что-то в Интернете, посмотреть. Ну и, конечно, принять во внимание то, что нету такой вот чёткой границы: вот тут вот люди без инвалидности, а тут — с инвалидностью. Потому что, по сути, каждый человек имеет все потенциалы стать человеком с инвалидностью. И это надо помнить. Вот. Мне кажется, что это очень важное такое убеждение (conviction), которое надо иметь, для того чтобы строить инклюзивное (inclusive) общество. Вот также мне кажется, что важно при взаимодействии учитывать тот факт, что вот у людей без инвалидности или которые считают, что у них нет инвалидности, по крайней мере, или как это ещё выразить, в общем, есть некие привилегии (privilege). И то есть мне кажется, что нужно, очень важно проанализировать свои привилегии и понять, что, если ну как бы происходит общение между человеком без инвалидности и человеком с инвалидностью, что их привилегии разные, и уязвимости (vulnerabilities) разные, надо учесть.

А, вот и, конечно же, важно то, о чём я говорю всегда: что понять реально, что такое инклюзия, что такое интеграция и что такое сегрегация, потому что, к сожалению, вот в России с этим очень... просто беда.

Интервьюер: Спасибо Вам большое! Это бесценный опыт для нас пообщаться и узнать больше и о Вас, и о ваших работах, и о том, что происходит в России.

Глава 3

Хорошо жить или жить хорошо?

В этой главе вы научитесь:	In this unit, you will learn:
▪ обсуждать вопросы морали и общечеловеческих ценностей; ▪ анализировать поступки и трансформацию во взглядах героев фильма по мере развития сюжета; ▪ описывать развитие героев фильма, используя различные средства выражения сопоставительных отношений; ▪ делать логические переходы в эссе от одной темы к другой.	▪ vocabulary for speaking about ethics and values in contemporary society; ▪ how to analyze a character's actions and views in a film narrative; ▪ how to describe character development using time expressions; ▪ to incorporate logical connections into your written work.

Речевая разминка

Задание 1

А. Какие у вас ассоциации со словом на картинке? Почему у вас возникли эти ассоциации?

Б. Прочитайте популярные в интернете мемы о взрослении и счастье. Как вы понимаете эти мемы? Обсудите в парах, согласны или не согласны вы с идеями этих мемов. Придумайте собственные мемы.

Вы стали взрослым, если... знаете, как платить налоги..

Говорят, счастье не в деньгах, но путешествия-то небесплатные!

Необходимые слова и выражения

добро́	goodness/the good
зло	evil
ли́чность	personality
мора́ль	morality/the moral (of the story)
нра́вственность	morality/ethics
окруже́ние	surroundings/environment/context
после́дствие	consequence
посту́пок	act/action
преступле́ние	crime
разви́тие	growth/development
разнообра́зие (жи́зни)	variety (in life)
самореализа́ция	self-realization/fulfillment of potential
смысл жи́зни	meaning of life
справедли́вость	justice/fairness

поворо́т (сюже́тный)	plot twist
удово́льствие	pleasure
це́нность	value/worth
эгои́зм	egoism/selfishness
эгои́ст	selfish person

амбицио́зный	ambitious
бессмы́сленный	pointless/futile
доброде́тельный	virtuous
нра́вственный	ethical/moral
обеспе́ченный	well-off
оте́чественный	domestic/national/native
прести́жный	prestigious
самостоя́тельный	independent
тщесла́вный	vain, conceited

боро́ться (с кем? с чем? + Inst.)	to fight (with)
достига́ть/дости́чь (чего? + Gen.) успе́ха, це́ли	to achieve (success, a goal)
заде́рживать/задержа́ть (кого? что? + Acc.)	to detain/hold back
занима́ть/заня́ть ме́сто (в жи́зни)	to play a role in
име́ть значе́ние	to be of importance
лиша́ть/лиши́ть (кого? + Acc.) (чего? кого? + Gen.)	to deprive of
наруша́ть/нару́шить зако́н, пра́вила	to break (a law, a rule)
наслажда́ться/наслади́ться (чем? + Inst.)	to enjoy
обраща́ть/обрати́ть внима́ние (на кого? на что? + Acc.)	to pay attention to
поступа́ть/поступи́ть (как?) (амора́льно/безнра́вственно)	to act (immorally)
привлека́ть/привле́чь внима́ние (к кому? к чему? + Dat.)	to draw attention to
приходи́ть/прийти́ к вы́воду	to come to the conclusion
проходи́ть/пройти́ испыта́ние(-я)	to go through trials
разочаро́вываться/разочарова́ться (в ком? в чём? + Prep.)	to be disappointed
разбива́ть/разби́ть (что? + Acc.)	to break
развива́ться/разви́ться	to grow/develop
рассчи́тывать (на кого? на что? + Acc.)	to depend/count on *imperfective only*
соверша́ть/соверши́ть преступле́ние	to commit a crime
спаса́ть/спасти́ (кого? что? + Acc.)	to save

станови́ться/стать взро́слым = взросле́ть	to mature
стреми́ться (к кому? к чему? + Dat.)	to strive towards
уха́живать (за кем? за чем? + Inst.)	to take care of/to be romantically interested in
цени́ть (кого? что? + Acc.) (за что? + Acc.)	to value (something)

Задание 2

А. Прочитайте правило. В словаре главы найдите глаголы, от которых можно образовать существительные.

Образование существительных от глаголов с помощью -(е)ние

Nouns formed from transitive verbs (verbs that take direct objects) require the Genitive case. Nouns formed from intransitive verbs (verbs that do not take direct objects) retain their case.

transitive: читать книгу (+ Acc.) → чтение книги (+ Gen.)
intransitive: стремиться к свободе (+ Dat.) → стремление к свободе (+ Dat.)

Б. Образуйте от данных глагольных словосочетаний именные, обращайте внимание на формы падежей.

I. Основа глагола + *-ение*: решать → реш + *ение* → решение.

1. Реша́ть пробле́му — _____ _____.
2. Лиша́ть де́нег — _____ _____.
3. Соверша́ть преступле́ние — _____ _____.
4. Наруша́ть зако́н — _____ _____.
5. Взросле́ть — _____.
6. Наслажда́ться пого́дой — _____ _____.
7. Спаса́ть челове́чество — _____ _____.

II. Основа глагола с чередующимися согласными + *-ение*: выдвигать (г/ж) → выдвиж + *ение* → выдвижение.

1. (к/ч) Привлека́ть внима́ние к пробле́ме — _____ _____ _____.
2. Достига́ть це́ли (г/ж) — _____ _____.

III. Основа глагола II спряжения, оканчивающаяся на -ми/-би/-пи/-ви + -ение: оформить (ми) → оформл + ение → оформление.

1. Стреми́ться к свобо́де — _____ _____.
2. Станови́ться челове́ком — _____ _____.

IV. Основа глагола I спряжения + -ние: задержать → задержа + ние → задержание.

1. Разочарова́ться в лю́дях — _____ _____.
2. Страда́ть от одино́чества — _____ _____.
3. Задержа́ть престу́пника — _____ _____.

В. Назовите возможные варианты сочетаемости для данных существительных.

Пример: Чте́ние — кни́ги (газе́ты, журна́ла, статьи́).

Реше́ние, лише́ние, соверше́ние, наруше́ние, привлече́ние внима́ния (к чему?), стремле́ние (к чему?), становле́ние, разочарова́ние, страда́ние (от чего?).

Задание 3

Найдите пары слов и составьте с ними примеры.

наслаждаться	на себя
проходить	ребёнка из горящего дома
отвечать	жизни
поступать	испытания
рассчитывать	жизнью
смысл	аморально
спасать	за последствия своих действий

Задание 4

А. Прочитайте предложение. Как вы могли бы синонимично выразить его идею?

Я вижу большую разницу между моими подростковыми взглядами на вопросы счастья и отношение к деньгам и тем, как я думаю сейчас.

Хорошо жить или жить хорошо

Выражение сопоставительных отношений в простом и сложном предложениях

Прочитайте представленные в таблице примеры с разными средствами выражения сопоставительных отношений в простом и сложном предложениях.

в отли́чие от (чего/кого? + Gen.)	В отличие от Москвы в Питере намного меньше солнечных дней.	unlike; in contrast to
отли́чие (чего/кого? + Gen.) **от** (чего/кого + Gen.) **состои́т в** (чём? + Prep.)/**в том, что**...	Второе отличие состоит в том, что Петербург находится севернее.	difference
отлича́ться (чем? + Inst.) **от** (чего/кого? + Gen.)	Жители Москвы отличаются от петербуржцев своим отношением к жизни.	to be different from; to differ (in what way); to be distinguished by (a feature)
схо́дство (чего/кого? + Gen.) **с** (чем/кем?) **состои́т в том, что**...	Сходство между людьми в этих городах состоит в том, что они одинаково стремятся к успеху.	similarity is/lies in
то́чно так же, как и	Петербуржцы точно так же, как и москвичи, много работают.	exactly like/exactly the same as/in the same way as
по ме́ре того́ как	По мере того как я взрослела, я все больше уставала от больших городов.	as

Be aware that connecting words and phrases, like those listed above, can often be translated in multiple ways.

> Отличие Байкала от других озёр <u>состоит в том, что</u> это самое большое пресное озеро в мире. → Baikal differs from other lakes in that it is (because it is) the largest freshwater lake in the world.

Отель достаточно старый, <u>в отличие от</u> всех остальных отелей города. → The hotel is quite old, unlike (in contrast to) the other hotels in town.

<u>В отличие от</u> эфирного телевидения, интернет-телевидение даёт возможность произвольного выбора передач, независимо от часового пояса зрителей. → Unlike traditional television, internet TV allows viewers to freely choose programming, regardless of time zone.

Задание 4. Продолжение.

Б. Вставьте подходящие по контексту средства выражения сопоставительных отношений.

1. В этом фильме, _____ многих других, большое внимание уделяется вопросам морали.
2. Со временем я стала замечать большое _____ с моей мамой в отношении ко многим вопросам: я _____, как и она, экономлю деньги, аккуратно отношусь к одежде.
3. _____ он больше узнавал о мире, менялись его представления о том, что правильно, а что — нет.
4. Понятие самореализации сильно _____ у людей, принадлежащих к разным культурам.
5. Между мной и моими братьями есть очевидное внешнее _____.

В. Переформулируйте предложение из Задания 4А, используя конструкции из таблицы.

Г. Как изменились со временем ваши взгляды на счастье, успех, богатство, нарушение закона, семейные ценности? В своих ответах используйте конструкции из таблицы выше.

К тексту: «Что значит жить хорошо и счастливо?»

Задание 5

А. Прочитайте текст. Какой вопрос обсуждается в тексте? Придумайте альтернативное название для данного текста.

Ваше название для текста: _____

Что значит жить хорошо и счастливо?

Оди́н из ве́чных филосо́фских вопро́сов каса́ется поня́тия сча́стья и хоро́шей жи́зни. Ду́мая об э́том, лю́ди ста́вят пе́ред собо́й но́вые и но́вые вопро́сы: что есть сча́стье? как отличи́ть добро́ от зла? есть ли вы́сший смысл челове́ческого существова́ния? Во все времена́ фило́софы стреми́лись найти́ отве́ты на э́ти вопро́сы. Наприме́р, для Сокра́та ме́рой хоро́шей жи́зни бы́ло сле́дование но́рмам нра́вственности, стремле́ние к пра́вде. Он счита́л, что лу́чше страда́ть, чем соверша́ть амора́льные посту́пки. Эпику́р, наоборо́т, ви́дел хоро́шую жизнь в получе́нии наибо́льшего удово́льствия, без страда́ний и бо́ли. Наконе́ц, друго́й изве́стный фило́соф, Иммануи́л Кант, полага́л, что челове́к мо́жет прийти́ к сча́стью то́лько бу́дучи высокомора́льным и доброде́тельным.

Вопро́сы по́иска сча́стья и смы́сла существова́ния явля́ются актуа́льными и в на́ше вре́мя, осо́бенно для молоды́х люде́й. В 2018 году́ Сберба́нк Росси́и провёл большо́е иссле́дование среди́ совреме́нной росси́йской молодёжи. Одни́м из вопро́сов, кото́рый задава́лся молоды́м лю́дям в Росси́и, был вопро́с о том, что зна́чит быть счастли́вым. Оказа́лось, что сино́нимом сча́стья для большинства́ явля́ется разнообра́зие жи́зни. Молоды́е россия́не счита́ют, что ну́жно наслажда́ться жи́знью, получа́ть от неё всё, люби́ть себя́ и иска́ть свой со́бственный путь. Е́сли есть тру́дности, то э́то зна́чит, что путь неве́рный и ну́жно иска́ть что-то друго́е. Иде́и «здоро́вого» эгои́зма стано́вятся гла́вными для совреме́нной молодёжи. Быть успе́шным бо́льше не зна́чит быть бога́тым, успе́х свя́зан с получе́нием удово́льствия от жи́зни. Гла́вное ожида́ние от бу́дущего — просто́е челове́ческое сча́стье: семья́, дом, друзья́, люби́мая рабо́та.

По результа́там иссле́дований Сберба́нка, молоды́е лю́ди в Росси́и не ста́вят себе́ амбицио́зных це́лей, что́бы не разочарова́ться. А е́сли удово́льствие и комфо́рт име́ют тако́е значе́ние для молодёжи, тогда́ како́е ме́сто в их жи́зни занима́ют стремле́ние к но́вому и лу́чшему, но́вые испыта́ния и разви́тие ли́чности?

Ответьте на вопросы:

1. Какие вечные вопросы обсуждаются в тексте? Как вы думаете, почему вопрос о счастье и хорошей жизни является вечным и обсуждается во все времена?
2. Как вы можете объяснить идею Сократа о хорошей жизни?
3. В чем состоит отличие взглядов Сократа от идей Эпикура и Канта? Чьё мнение вам ближе и почему?
4. Какое исследование провёл Сбербанк в 2018 году?
5. Как вы думаете, какие вопросы задавали молодым людям представители Сбербанка?

6. Что значит для современного молодого человека в России быть счастливым?
7. Что значит для современного молодого человека в России быть успешным?
8. Как вам кажется, ответы молодых людей в вашей стране будут отличаться от ответов молодых людей в России?
9. Какие ещё вопросы вы могли бы добавить в список вечных философских вопросов?

Б. Прочитайте информацию о проекте и ответьте на вопросы.

Рейтинг стран мира по уровню счастья (World Happiness Report) — международный исследовательский проект, который определяет уровень счастья населения в странах мира. По статистике 2020 года, Россия заняла 73-е место по уровню «счастья». На первом месте — Финляндия.

О чём говорят вам результаты этого исследования? Как вам кажется, какие факторы влияют на уровень счастья в стране? Как вы думаете, на каком месте находится ваша страна? Почему? Найдите точную информацию в интернете. Расскажите о том, что узнали из интернета.

Задание 6

Вставьте подходящие по смыслу слова из текста из Задания 5А. Обратите внимание на подсказки. С какими из данных высказываний вы абсолютно согласны/не согласны? Почему?

1. Люди любят фильмы со счастливым концом, потому что верят, что д_____ всегда должно побеждать.
2. Нормы н_____ — это наши внутренние законы, которые не дают нам совершать аморальные поступки.
3. Невозможно всегда жить так, чтобы получать у_____.
4. Д_____ человек пожалеет несчастного и поможет ему.
5. Лучше не строить большие планы на жизнь, чтобы потом не р_____.

Задание 7

Возьмите интервью у одногруппников. Сравните ответы. При сравнении используйте конструкции из Задания 4А. Проанализируйте результаты интервью и дайте ответ на вопрос, что значит быть счастливым и успешным для людей вашего поколения.

Вопросы	Студент 1	Студент 2	Студент 3
С какими словами ассоциируется для вас слово «счастье»?			
Что значит для вас быть счастливым?			
Какие ценности важны для людей вашего поколения?			
Какие есть сходства и отличия ваших ценностей от ценностей поколения ваших родителей?			

Письменно сделайте вывод о полученных результатах и поделитесь им с одногруппниками.

Смотрим и обсуждаем: «Чёрная молния» (Александр Войтинский и Дмитрий Киселёв, 2009)

Задание 8

Прочитайте информацию о фильме. Какие у вас ожидания от его просмотра?

«Чёрная молния»

«Чёрная мо́лния» — э́то фантасти́ческо-приключе́нческий три́ллер о борьбе́ добра́ со злом (пе́рвый прое́кт режиссёрской кома́нды Алекса́ндра Войти́нского и Дми́трия Киселёва). В фи́льме расска́зывается о жи́зни молодо́го челове́ка Дми́трия, кото́рый прохо́дит че́рез серьёзные семе́йные испыта́ния и в проце́ссе взросле́ет.

Фильм запо́мнился зри́телям тем, что он стал пе́рвым росси́йским супергеро́йским кино́. «Чёрная мо́лния» вы́шла в прока́т 31 декабря́ 2009 го́да, что вполне́ соотве́тствует росси́йской (а до э́того и сове́тской) тради́ции выпуска́ть фи́льмы на широ́кие экра́ны в кану́н Но́вого го́да.

Бюдже́т «Чёрной мо́лнии» был в то вре́мя одни́м из са́мых высо́ких в росси́йской киноиндустри́и и соста́вил 8 миллио́нов до́лларов. В прока́те фильм собра́л о́коло 22 миллио́нов до́лларов, в пе́рвый уике́нд его́ посмотре́ло в Росси́и бо́льше миллио́на челове́к. Хотя́ бюдже́т и сбо́ры фи́льма бы́ли всего́ лишь ка́плей в мо́ре по сравне́нию с голливу́дскими фи́льмами того́ вре́мени, на росси́йском ры́нке «Чёрная мо́лния» име́ла я́вный комме́рческий успе́х. Фильм до сих пор занима́ет ва́жное ме́сто в исто́рии совреме́нного росси́йского кино́ и осо́бенно в разви́тии оте́чественного блокба́стера.

Одна́ко кри́тики оцени́ли «Чёрную мо́лнию» неоднозна́чно. Не́которые с ра́достью отме́тили, что наконе́ц-то в Росси́и появи́лся высокока́чественный фильм с развлека́тельным сюже́том и спецэффе́ктами, кото́рые мо́жно сравни́ть с голливу́дскими. Други́е критикова́ли фильм за отсу́тствие оригина́льности и жа́ловались, что в фи́льме мно́го про́дакт-пле́йсмента. Ме́жду «Чёрной мо́лнией» и други́ми фи́льмами о супергеро́ях действи́тельно мно́го схо́дства. Осо́бенно «Чёрная мо́лния» похо́жа на «Челове́ка-паука́»; да́же деви́з геро́я Пи́тера Па́ркера: «Чем бо́льше си́ла, тем бо́льше отве́тственность» — мог вполне́ стать и ло́зунгом Ди́мы из «Чёрной мо́лнии». Посмотри́те на по́стер фи́льма. Како́й настоя́щий деви́з геро́я фи́льма? Как вы его́ понима́ете?

Зри́тели обяза́тельно заме́тят в э́том фи́льме ру́сские и сове́тские реа́лии. Наприме́р, одну́ из гла́вных роле́й игра́ет сове́тский автомоби́ль «Во́лга ГАЗ-21». Снача́ла Ди́ма си́льно стесня́ется свое́й маши́ны и не представля́ет, как мо́жно дости́чь фина́нсового успе́ха за рулём тако́го автомоби́ля. Ди́ма начина́ет развива́ться как ли́чность и бо́льше цени́ть свою́ чёрную «Во́лгу». К концу́ фи́льма он прихо́дит к вы́воду, что де́ньги — э́то ещё не всё, а волшебство́ иногда́ мо́жно уви́деть в са́мых обыкнове́нных моме́нтах.

▶ **Зада́ние 9**

Прочита́йте вопро́сы перед просмо́тром фи́льма. Посмотри́те фильм и отве́тьте на вопро́сы.

О сюже́те.
1. Чем занима́ется Дми́трий (Ди́ма) в нача́ле сериа́ла?
2. Кака́я у него́ семья́? Каки́е отноше́ния у геро́я с семьёй, с лу́чшим дру́гом и с де́вушкой На́стей? Каку́ю роль игра́ет оте́ц в семье́?
3. Как окруже́ние Ди́мы влия́ет на него́?
4. Каки́е це́нности у Ди́мы в нача́ле фи́льма? В како́й моме́нт они́ меня́ются?
5. Чем отлича́ется Ди́ма от своего́ дру́га Макси́ма?

6. Чем отличаются ценности семьи Димы, его отца, от ценностей Виктора Александровича?
7. Как отец отнёсся к выбору Димы, когда Дима стал работать в доставке цветов? Почему?
8. В ком и в чём разочаровался Дима после смерти отца? Как меняется отношение Димы к миру и к людям вокруг? Как меняются его ценности?
9. Какие примеры из фильма показывают изменение героя?
10. Почему Максим «играет» роль Чёрной молнии?
11. Как меняется отношение Насти к Диме по ходу фильма? Как меняются её ценности и взгляды?
12. Какое значение имеет сигнал в фильме — три автомобильных гудка (гудок — horn) и 3 мигания фарой (фара — headlight)?

За рамками сюжета.
1. Какие черты героев фильма вы замечаете у людей вашего поколения?
2. Что помогает молодым людям делать правильный выбор в жизни?
3. Какие другие фильмы или сериалы вы можете вспомнить, где герои прошли через похожие изменения? Что повлияло на этих героев?
4. Режиссёры фильма Александр Войтинский и Дмитрий Киселёв начали свою карьеру со съёмки рекламных и музыкальных роликов. В каких эпизодах «Чёрной молнии» это наиболее заметно?

Задание 10

А. Сленг в фильме. Прочитайте предложения. Как вы думаете, что означают выделенные слова? Замените их нейтральными синонимами из правой колонки.

1. Вчера новую **та́чку** купил — BMW, чёрная, быстрая. Буду ездить теперь как нормальный человек!
2. Завтра будет классная **ту́са**. Приглашай всех друзей!
3. В выходные поеду по магазинам. Мне нужны новые **шмо́тки**: платье, джинсы и пара маек.
4. Полиция много раз задерживала его, но он из богатой семьи, папа всегда **отма́зывает** его.
5. Обещаю **завяза́ть** с наркотиками с этой минуты, больше не буду принимать наркотики.
6. На углу стоит **мент**, но я забыл все свои документы.

а. машина
б. платить, чтобы не было проблем
в. одежда
г. полицейский
д. вечеринка
е. закончить

Б. Расскажите о жизни героев фильма своему другу в неформальной обстановке, используя сленг.

В. Откройте Яндекс. Браузер и найдите новые для этого года сленговые слова и выражения. Составьте примеры с найденными словами так, чтобы ваши одногруппники могли догадаться о значении слов.

Работа в группах

Задание 11

Проведите опрос в группе и заполните таблицу. Каков рейтинг фильма в вашей группе? Сколько баллов (от 1 до 5) вы бы поставили за: (1) сюжет, (2) спецэффекты, (3) игру актёров, (4) оригинальность и (5) музыку? Какие у фильма достоинства и недостатки?

Имя студента	Рейтинг (в баллах)					Достоинства	Недостатки
	(1)	(2)	(3)	(4)	(5)		
Итого							

Задание 12

А. Прослушайте мнение русской студентки Юлии о главном герое фильма «Чёрная молния». Какие ценности главного героя, по мнению Юлии, характерны для её поколения?

Б. Внимательно прочитайте скрипт записи (в конце главы), обсудите с партнёрами по группе мнение Юлии. Какие ценности или черты главных героев фильма вы видите в своём поколении? Сделайте общий вывод.

Задание 13

А. Прослушайте короткую запись представительницы поколения русских бабушек Валентины Ливанской (82 года). Что она думает о современном поколении молодых людей в России? Как вы думаете, это мнение похоже на мнение ваших старших родственников?

Б. Составьте портрет своего поколения. Сделайте небольшую презентацию на 5–7 минут, включив в неё информацию о важных характеристиках, ценностях и ориентирах своего поколения. Приведите примеры из реальной жизни. Попробуйте провести небольшой опрос среди ваших знакомых и родственников, соберите их мнения о ценностях вашего поколения. В своей презентации используйте как можно больше слов из словаря главы.

Пишем о кино: общие рекомендации для написания эссе

Задание 14

Прочитайте рекомендации по написанию эссе. Обсудите в группе правила, которым вы будете следовать при написании первого эссе.

Общие рекомендации для написания эссе:

- **Введение** (Introduction). Введение должно показывать, как вы понимаете вопрос. Это первое, на что обращает внимание читатель вашего эссе. Цель — привлечь внимание и заинтересовать. Хорошее введение должно быть лаконичным и занимать около 8–9 % от общего текста.
  Во введении можно использовать:
    - риторический вопрос;
    - вопрос для читателя, над которым ему необходимо будет подумать во время чтения эссе;
    - историю о каком-то событии;
    - размышление (reflection) на тему.

- **Основная часть** (Essay body). Основная часть должна представлять каждый из аргументов с примерами и иллюстрациями. Основная часть состоит из 3–4 абзацев. В каждом абзаце есть законченная мысль (идея). Абзацы должны быть связаны между собой логически или специальными средствами связи (linking words).

- **Заключение** (Conclusion). Здесь необходимо дать ответ на вопрос, сформулированный в теме эссе, или показать перспективы, последствия рассматриваемой проблемы.
  Хорошее заключение — это:
    - квинтэссенция основных идей. Нужно вернуться к введению и провести параллели. Не повторяйтесь слово в слово.
    - возможно, вопрос для следующих исследователей темы, яркий эффектный образ, цитата.

В эссе *не нужно*:
- использовать сокращения (и др. — и другие);
- добавлять сленг и разговорные выражения;
- уходить от темы;
- повторять одинаковые слова без синонимов;
- часто ставить скобки ( ) и восклицательные знаки (!).

> **Обратите внимание!**
> Academic essays in Russian often end by including new ideas for further reflection. In this genre, it is acceptable to conclude by introducing ideas outside the scope of the essay, without analyzing them in detail.

Задание 15

Посмотрите на список слов-связок для написания эссе. Какие слова вы знаете, в какой части эссе их лучше использовать?

Последовательность	Во-первых... Во-вторых... В-третьих... Затем... Позже... Наконец...
Сопоставление	С одной стороны... С другой стороны... Однако... По сравнению с (чем?)... Таким же образом... Наоборот... Напротив... Не только, но и...
Присоединение информации	При этом... Кроме того... ..., также... *(всегда в середине предложения)*
Связь с предыдущей и последующей информацией	Подобно этому... Описанный выше (раньше)... Следующий

Задание 16

Напишите эссе по следующему плану. Используйте слова-связки из предыдущего задания. Сначала внимательно прочитайте критерии для оценивания вашего эссе.

- Введение (3–4 предложения) — определите проблему.
- Основная часть — иллюстрация проблемы на примере действий героя. Вы можете выбрать Дмитрия из «Чёрной молнии» или другого героя.
- Абзац (параграф) 1: Опишите личность героя в начале фильма.

Хорошо жить или жить хорошо

- Абзац 2: Расскажите об изменениях героя в ходе развития сюжета фильма.
- Абзац 3: Сделайте прогноз, как личность героя будет развиваться в будущем.
- Заключение — связь с введением.

Повторяем всё, что узнали в этой главе

Задание 17

Вставьте подходящие по смыслу глаголы в правильной форме. Обращайте внимание на сочетаемость этих глаголов с существительными.

разочароваться   спасти   ценить   занимать
привлечь   совершить   стремиться

1. Финансовый успех _____ важное место в парадигме современных ценностей.
2. Узнав об измене жены, Андрей навсегда _____ в людях.
3. В юности я _____ к финансовому успеху, но сейчас понимаю, что главное в жизни — семья.
4. Пожарные _____ несколько человек из горящего дома.
5. Молодые люди в настоящее время больше _____ семейное счастье, чем финансовый успех.
6. На телевидении чаще показывают рекламу технических университетов, чтобы _____ внимание молодых людей к рабочим профессиям.
7. После того как преступник _____ убийство, он попробовал сбежать от полиции.

Задание 18

Вставьте подходящие по смыслу словосочетания в правильной форме.

1. Люди всегда искали ответ на вопрос о _____ (meaning of life), пытаясь понять, зачем мы живём.
2. Преступник придумал очень хитрый план, чтобы _____ (to commit a crime) и сбежать от полиции.
3. Если вы _____ (to break the rules), вы должны будете выйти из игры.
4. Молодые люди, работая день и ночь, мечтают _____ (to be successful).
5. Во время лекции преподавательница несколько раз _____ (draw somebody's attention to something) студентов на важность темы для успешной сдачи экзамена в конце семестра.

6. (It does not matter/regardless) _____, что вы скажете, она будет права.
7. Большинство зрителей согласились с тем, что герой фильма в финале _____ (to commit an immoral act).

Задание 19

Прочитайте текст и определите порядок абзацев. Напишите рядом с абзацем его порядковый номер. Вставьте подходящие по смыслу слова-связки из Задания 15.

☐ _____, мы не могли найти хорошее место, чтобы остановиться в Ереване. У нас были деньги, наш друг Заур предлагал ночевать в хостеле. Он говорил, что, _____, если жить в хостеле, можно сэкономить деньги. _____, в хостелах часто останавливаются иностранцы, а Заур прекрасно говорит по-английски. Ему хотелось познакомиться с новыми людьми. _____, мы решили снять квартиру рядом с хостелом, чтобы Заур мог чаще встречаться с иностранцами в кафе около хостела. Но он обиделся и не захотел ехать с нами.

☐ Мне кажется, что путешествовать большой компанией очень трудно. В следующий раз я приглашу только двух-трёх самых близких друзей.

☐ Прошлым летом мы с друзьями собирались поехать в Ереван на несколько дней, чтобы отдохнуть после экзаменов и провести время вместе. Мы долго планировали и выбирали места, которые все хотят посетить, но, _____, мы никуда не поехали. _____, после наших споров мы почти перестали общаться друг с другом. Я уверена, что вам интересно, что же случилось.

☐ _____ мы планировали посмотреть самые известные музеи Еревана, но наша подруга Маша сказала, что это ужасно скучно и бессмысленно, потому что все картины можно посмотреть онлайн. _____, я согласна с ней. На каникулах в музеях _____ всегда большие очереди, и у картины невозможно постоять и насладиться ее красотой. Но, _____, я бы хотела побывать в музее, потому что первое впечатление от картины лучше получить в реальности, а не онлайн. Мне очень нравится стоять перед картиной и представлять, как работал художник. Мы решили, что пойдём только в два-три музея, _____ Маша обиделась и не захотела ехать с нами.

Перечитайте текст еще раз и ответьте на вопросы.

1. О чём текст, который вы прочитали?
2. Почему ребята не поехали в Ереван?
3. Согласны ли вы с Машей и Зауром? Почему?

> **Минутка для рефлексии**
>
> Какие у Вас впечатления после окончания главы? Что у Вас успешно получилось сделать? Над чем хотелось бы ещё поработать?
> _____
> _____
> _____

Приложение

Скрипт к аудио из Задания 12А

Вначале нам демонстрируют героя, который просто наслаждается жизнью, просто ходит на вечеринки, отказывается взрослеть, не ценит то, что у него есть. В общем, у него отсутствует вообще какое-либо представление о морали. Но потом герой очень резко меняется, сразу же становится таким добрым, совершает правильные поступки, его личность очень быстро развивается, и он взрослеет.

И в какой-то момент, мне кажется, герой начинает бороться за всё хорошее и против всего плохого, что, мне кажется, очень отвечает ценностям моего поколения, потому что, мне кажется, для моего поколения очень ценна свобода и правда. И мы это очень хорошо видим на всяких митингах (protests), потому что туда приходит очень много молодых людей, которые пытаются отстоять свою свободу (fight for their freedom), насколько это возможно.

Да, мне кажется, что счастье для моего поколения — это просто свобода быть собой, свобода проявлять себя (prove yourself) и, вообще, в целом свобода во всех её проявлениях (in all its forms). А аморальным поступком я бы назвала, соответственно, то это ограничение свободы слова, а если мы говорим про какой-то бытовой уровень (day-to-day level), то, наверное, аморальными являются, например, сексизм, гомофобия и расизм.

Скрипт к аудио из Задания 13А

Я думаю, что молодёжь мало читает, плохо знает классическую литературу, как русскую, так и зарубежную, не интересуется классической музыкой и театром, но в целом это поколение прекрасное. У них есть свои ценности и свои стремления в жизни. Может, мы их не понимаем и недооцениваем. Молодёжь всегда готова прийти на помощь старшему поколению, и это очень радует!

Глава 4

За равные права и возможности

В этой главе вы научитесь:	**In this unit, you will learn:**
- обсуждать вопросы гендерного равенства и положения женщин в современном обществе; - пересказывать сюжет фильма, используя деепричастия; - объяснять причины поступков героев фильмов, используя различные средства выражения причины; - формулировать первый параграф академического эссе.	- vocabulary for talking about feminism and gender equity in contemporary society; - to summarize the plot of a film using adverbial participles; - to describe a character's actions by citing reasons and causes; - how to compose an effective introductory paragraph for an academic essay in Russian.

Речевая разминка

Задание 1

А. Прочитайте надписи на протестных плакатах сторонников и сторонниц феминизма. Как вы понимаете эти лозунги? Какие социальные проблемы в них поднимаются?

Б. Найдите в русскоязычном интернете другие примеры плакатов на протестах за права женщин. Обсудите их в классе.

В. Работайте в группах. Узнайте у ваших одногруппников, что они знают о следующих темах. Соберите информацию, подготовьте 2–3-минутное выступление на одну из тем.

- История борьбы женщин за свои права.
- Что такое феминизм?
- Гендерное воспитание: история вопроса и наше время.
- «Неженские» профессии.
- Семейные обязанности в разных культурах мира.

Необходимые слова и выражения

ге́ндер	gender
движе́ние (за что? + Асс.) за права	a movement for rights
декре́тный о́тпуск	maternity/paternity/family leave
декриминализа́ция	decriminalization
домога́тельство	sexual harassment
же́нственность	femininity
же́ртва	victim
законода́тельство	legislation

зарпла́та	salary
избира́тельное пра́во	right to vote
наси́лие (дома́шнее, сексуа́льное)	violence (domestic/sexual)
обы́чай	custom/convention
патриарха́т	patriarchy
ра́венство	equity
равнопра́вие	equal rights
совреме́нник	a contemporary
сти́гма	stigma
штраф	fine
оби́дный	offensive
распространённый	common/widespread
ассоции́роваться (с кем? с чем? + Instr.)	to be associated with
выступа́ть/вы́ступить (за кого? за что? + Acc.)	to take the floor/speak (in defense of)
дави́ть (на кого? на что? + Acc.)	to put pressure on
запреща́ть/запрети́ть (что? + Acc.)	to forbid
заслу́живать/заслужи́ть (что? + Acc.)	to deserve
защища́ть/защити́ть (кого? что? + Acc.)	to protect/defend
заявля́ть/заяви́ть в поли́цию	to report to the police
наблюда́ть (за кем? за чем? + Instr.)	to observe/watch over
обобща́ть/обобщи́ть (что? + Acc.)	to summarize/generalize
осужда́ть/осуди́ть (кого? что? + Acc.)	to judge
призыва́ть/призва́ть (кого? что? + Acc.)	to call upon (somebody)
признава́ть/призна́ть (кого? что? + Acc.)	to recognize/acknowledge
проводи́ть/провести́ (иссле́дование, опро́с)	to conduct (research, a survey)
распространя́ть/распространи́ть (что? + Acc.)	to circulate/spread
руководи́ть (кем? чем? + Instr.)	to lead/be the head of
служи́ть в а́рмии	to serve in the army
сосредото́чиваться/сосредото́читься (на ком? на чём? + Prep.)	to place emphasis on/focus on
устра́иваться/устро́иться (куда? + Acc.) на рабо́ту	to start a job
ущемля́ть/ущеми́ть (кого? + Acc.) в права́х	to infringe upon (rights)

За равные права и возможности

Задание 2

Найдите в словаре главы глаголы, от которых образованы следующие существительные, и составьте предложения с получившимися словосочетаниями.

1. наблюдение за ситуацией — _____
2. ущемление женщин в правах — _____
3. признание гендерного равенства — _____
4. распространение идей — _____
5. заявление в полицию — _____
6. служба в армии — _____
7. запрет на показ фильма — _____
8. защита женщины — _____
9. давление на жертву — _____

Задание 3

Найдите слово по определению.

1. Использование грубой физической силы или морального давления по отношению к другому человеку.
2. Понятие в истории культуры о том, что мужчины — главные в обществе и семье.
3. Общепринятые правила поведения, традиции.
4. Денежное наказание за нарушение закона.
5. Возможность иметь одинаковые права для всех категорий людей.

Задание 4

А. Прочитайте предложения. Как вы понимаете эти предложения? В чём особенность выделенных слов?

Девушка очень сильно волновалась, **рассказывая** свою историю.
Девушка попросила воды, **закончив** свой рассказ.

Деепричастия

Adverbial participles are one kind of participle in Russian. They are verbal clauses that behave like adverbs and indicate an action that is additional to the main action of the sentence. In English, adverbial participles often end in **-ing**:

- <u>Reading</u> the screenplay, I sympathized with the main character.
  <u>Читая</u> сценарий, я сочувствовала главному герою.
- <u>Having</u> already seen that movie once, I don't want to ever see it again.
  <u>Посмотрев</u> этот фильм один раз, я не хочу никогда его пересматривать.
- <u>Undeterred</u> by difficulties, I continued to work on the project.
  <u>Не испугавшись</u> сложностей, я продолжила работать над проектом.

In Russian, adverbial participles can be formed from either imperfective or perfective verbs. Like in English, these verb forms are separated into their own clause by a comma.

Imperfective adverbial participles:
1. рассказывать → рассказыва-ют → рассказыва-**я**
2. служить → служ-ат → служ-**а** (after ч, ш, ж, щ + а)
3. давать → дава-**я** (with verbs that have suffixes **-ва** after **да-, зна-, ста-** we form the imperfective gerund from the infinitive)

*add **-сь** at the end of reflexive verbs

Adverbial participles can be used in a sentence without a subject when the action described by the adverbial participle refers to an infinitive: Трудно решить проблему, не **меняя** закон.

When the related clause has a subject, the adverbial participles agree with that subject.

Adverbial participles are usually separated by a comma:
- **Читая книгу**, он громко смеялся.
- **Рассчитывая** на свои силы, Глеб решил записаться на марафон.
- Он построил отличную карьеру, **занимаясь** любимым делом.

> **Обратите внимание!**
> 1. The imperfective adverbial participle for the verb **быть** is **будучи**.
> 2. Some imperfective verbs do not have adverbial participles:
>   - verbs without vowels in their present-tense stems:
>   e.g., есть → ед-ят; ждать → жд-ут; пить → пь-ют
>   - verbs ending in **-чь**, like мочь, помочь, беречь
>   - infinitives with the suffix **-ну-**: сохнуть, мокнуть, гаснуть, тонуть
>   - the verbs **писать, петь, бежать, лезть, хотеть, резать**
> 3. Use **желать** in place of **хотеть** when forming a gerund.

Perfective adverbial participles:
1. Use the suffix **-в-** with non-reflexive verbs that end with a vowel:
   закончить → закончи-л → закончи-**в**.

2. Use the suffix **-вши-** for reflexive verbs that end with a vowel:
   сосредоточиться → сосредоточи-л-ся → сосредоточи-**вши-сь**.
3. Use the suffix **-ши-** for verbs that end with a consonant:
   принести → принёс → принёс-**ши**.

*add **-сь** at the end of reflexive verbs

> **Обратите внимание!**
> To make perfective adverbial participles from prefixed forms of the verb **идти** and several other verbs of motion, add the suffix **-я** to the "они" form.
>
> прийти → придут → придя
> вынести → вынесут → вынеся
> увезти → увезут → увезя

Задание 4. Продолжение.

Б. Образуйте деепричастия от следующих глаголов и составьте предложения с получившимися выражениями.

нести ответственность за семью _____
отказаться от традиционных представлений _____
заявить в полицию _____
быть руководителем _____
совершить акт насилия _____
выступать за социальные перемены _____

В. Измените предложения, используя деепричастия.

1. Я училась в университете, подрабатывала и помогала маме воспитывать младших братьев.
2. Во время службы в армии они получили серьёзные ранения.
3. После выступления на концерте мы сразу поехали в аэропорт.
4. После того как наша соседка заявила в полицию на мужа, она не выходила из дома несколько дней.
5. Я чувствовала большую ответственность за детей, потому что была матерью-одиночкой.
6. Мои друзья очень хотели устроиться на работу в США, поэтому отправляли свои резюме во все американские компании.

Задание 5

Проанализируйте данные примеры, сделайте вывод о разнице между представленными средствами выражения причины.

<u>Благодаря</u> помощи друга я смогла решить все проблемы.
<u>Благодаря тому что</u> друг помог мне, я смогла решить все проблемы.
<u>Из-за</u> плохой подготовки студенты не сдали экзамен.
<u>Из-за того что</u> студенты плохо подготовились, они не сдали экзамен.
<u>Поскольку</u> выводы исследования интересны научному сообществу, необходимо представить их на конференции.
<u>В результате того что</u> врачи использовали новую методику, больной быстро выздоровел.
<u>По причине того что</u> у неё не было разрешения на работу, её депортировали из страны.

Задание 6

Вставьте подходящие по контексту средства выражения причины.

1. Вторая волна феминизма началась в США в 60-х годах XX века _____ в обществе очень остро встают такие важные вопросы, как гендерное неравенство, роль женщины, домашнее насилие и репродуктивные права женщин.
2. _____ суфражистское движение женщин в конце XIX века активно боролось со стигмой, женщины получили равные с мужчинами избирательные права.
3. _____ второй волны феминизма в Советском Союзе почти не было, советские женщины часто должны были выполнять «двойную» работу.
4. _____ событий 1918 года, после выхода первой Конституции нового Советского государства женщины получили равные права с мужчинами.

К тексту: «История феминистического движения»

Задание 7

Что вы знаете об истории феминистического движения? Прочитайте текст. Выделите ключевые идеи.

За равные права и возможности

История феминистического движения

В истории феминизма в США и Европе выделяют три важных периода, или, как их ещё называют, «волны». Благодаря суфражистскому движению в конце XIX века женщины получили равные избирательные права с мужчинами. Зародившись ещё в работах женщин-писателей и мыслителей эпохи Просвещения (the Enlightenment), первая волна завершается только в конце 20-х годов XX века, когда женщины в разных странах получают право голосовать (Норвегия, 1913; Дания, 1915; Австрия, 1918; Германия и Нидерланды, 1919; США, 1920; Великобритания, 1928).

Вторая волна феминизма начинается в США в 60-х годах XX века из-за того, что в обществе очень остро встают такие важные вопросы, как гендерное неравенство, роль женщины, домашнее насилие и репродуктивные права женщин. Если феминистки второй волны ассоциировались с критикой патриархата и образом «сжигания бюстгальтера» (хотя на самом деле этого никогда не было), то феминизм третьей волны в 1980-х и 1990-х годах сосредоточился на индивидуальном праве женщин жить так, как они хотят. Феминистки второй волны призывали женщин отказаться от традиционных представлений о женственности и работать вместе с мужчинами, в то время как феминистки третьей волны предлагали женщинам действовать так, как они считают нужным, выбирая самим: работать, добиваться успехов в карьере или оставаться дома с детьми.

В республиках Советского Союза всеобщее избирательное право для женщин появилось раньше, чем в большинстве европейских стран. Женщины играли активную роль в большевистской революции, женщины-революционерки присоединялись к своим современникам-мужчинам, печатая и распространяя пропаганду, выступая за социальные перемены и даже совершая акты насилия против царского правительства. Подъём социалистических движений в России в конце XIX века привлёк внимание дальновидных женщин, стремящихся улучшить доступ женщин к образованию и желающих сыграть свою роль в будущем России. В результате событий 1918 года, после выхода первой Конституции нового Советского государства, женщины обрели равные права с мужчинами. В коммунистический период женщины могли голосовать, работать, получать образование.

Тем не менее, это не значит, что женщины имели абсолютно такие же права и возможности во всех сферах, как и мужчины. Мужчины по-прежнему занимали лидирующие позиции во многих областях, что особенно заметно по представителям власти, людям, управляющим страной в тот период. В то же время не было широко распространённого феминистского движения или дискурса «освобождения женщин», который мы находим в феминизме второй волны. Само слово «феминизм» вызывало негативные ассоциации, и женщины, занимавшие ведущие позиции в своих сферах, были чаще всего представителями советской интеллигенции и важными фигурами в культурной жизни страны (театр, кино, эстрада). Поскольку этой волны феминизма в Советском Союзе почти не было, советские женщины часто выполняли «двойную» работу, будучи руководителями на работе и неся полную ответственность за семью. Какие-то группы и сообщества, занимающиеся правами женщин и вопросами положения женщин в обществе, стали появляться в России в 90-х годах XX века, но термин «феминизм» для многих людей в российском обществе сохранил свою негативную коннотацию. Сексуальные домогательства и насилие в семье по-прежнему существуют и нечасто публично признаются в качестве социальных проблем.

Задание 8

Прочитайте утверждения и скажите, соответствуют ли они информации из текста (Да или Нет). Дайте подробный комментарий к каждому пункту.

1. Первая волна феминистского движения была за равные возможности для мужчин и женщин в политике.
2. Первая волна началась в 20-х годах XX века.
3. Проблема домашнего насилия стала одной из причин появления второй волны феминизма.
4. Феминистки второй волны активно критиковали патриархат.
5. Третья волна феминизма дала женщинам выбор.
6. В СССР женщины получили возможность голосовать позже своих современниц из многих европейских стран.
7. Женщины играли активную роль в большевистской революции.
8. В СССР практически не было второй волны феминизма.
9. Феминизм в советское время ассоциировался только с позитивными тенденциями.

Задание 9

В настоящее время всё чаще можно услышать мнение о том, что мы живём в эпоху четвёртой волны феминизма. Согласны ли вы с этим? Что значит быть феминисткой/феминистом для вашего поколения? Чем новая волна феминизма будет отличаться от других?

Задание 10

А. Прослушайте фрагмент выпуска университетского студенческого подкаста о феминизме. Кого ведущие подкасты считают лицом русского феминизма? Почему?

Б. Прочитайте скрипт прослушанного фрагмента (в конце главы). Слышали ли вы что-нибудь об активистке, про которую рассказали ведущие подкаста? Если нет, найдите информацию в русскоязычном интернете.

В. Найдите в интернете информацию об одной из известных представительниц феминистического движения в СССР/России или другой русскоговорящей стране, расскажите о ней своим одногруппникам. Следующие вопросы помогут вам выстроить свой ответ:

- Как её зовут? Когда и где она жила?
- Почему она стала известной?
- К какой волне феминстского движения её можно отнести?
- Как она выражала свои взгляды?
- Как её современники и современницы относились к её взглядам?

Например, вы можете рассказать о Надежде Стасовой, Валентине Терешковой, Анне Философовой, Зое Космодемьянской, Раисе Горбачевой, Екатерине Фурцевой, Ирине Хакамаде, Ксении Собчак, Барбаре Джорджадзе (Грузия), Наталье Кобринской (Украина), Шушаник Кургинян (Армения) или выбрать свою героиню самостоятельно.

Смотрим и обсуждаем: «Кухня» (телесериал, Виталий Шляппо, 2012–2016)

Задание 11

А. Подготовьтесь к просмотру сериала «Кухня». Прочитайте текст и ответьте на вопросы после текста.

Глазами феминистки: феминизм в России

В ма́рте 2019 го́да изда́ние «Lenta.ru» опубликова́ло статью́ «Кра́ткий гид по совреме́нному фемини́зму в Росси́и». А́втором статьи́ ста́ла росси́йская худо́жница, арт-активи́стка и интерсекциона́льная фемини́стка Да́рья Сере́нко, кото́рая, как она́ сама́ подчёркивает в статье́, не родила́сь фемини́сткой, а пришла́ к э́тому осо́знанно.

Глава 4

В статье Дарья представляет результаты своих социологических опросов, проведённых среди разных групп населения России с целью определения положения феминистов в российском обществе. Мы кратко перескажем результаты исследования Дарьи.

Здесь представлено то, что нам нужно знать, чтобы говорить о феминизме в России.

Декриминализация домашнего насилия. По данным правозащитных организаций каждая пятая женщина в России является жертвой домашнего насилия. И, к сожалению, российское законодательство не спешит им помогать, потому что в стране действует закон о декриминализации домашнего насилия. Это значит, что жертва домашнего тирана может серьёзно пострадать физически, а он получит только незначительный штраф. В последние годы активистки России регулярно обращаются в Государственную Думу с просьбами о том, чтобы был принят новый закон. В 2021 году депутаты вновь объявили, что не успевают принять новый закон из-за большой занятости и работы над другими проектами.

Насилие сексуального характера. Здесь статистики меньше, официальных данных тоже меньше, потому что женщины редко заявляют в полицию о сексуальном насилии. Часто они боятся осуждения даже со стороны близких людей, потому что в обществе до сих пор можно услышать «сама виновата».

Домогательства в учебной и рабочей среде. В отличие от большинства европейских стран и США, в России во многих учебных заведениях, компаниях и организациях не существует корпоративного кодекса. Женщина не может чувствовать себя защищённой и доказать свою правоту, если она подверглась домогательствам со стороны своего преподавателя в университете или начальника.

Национальный фактор. Россия — многонациональная страна, и поэтому невозможно обобщать, говоря об отношении к женщинам во всех регионах этой большой страны. В Чечне, Ингушетии и Дагестане люди до сих пор следуют старинным обычаям (кража невест, обрезание девочек и др.). Здесь женщина не может считаться равной мужчине, она является хранительницей домашнего уюта, занимается воспитанием детей.

«Стеклянный потолок». Большинство руководящих позиций в стране занимают мужчины. Женщины редко добиваются значительных успехов в карьере. Кроме того, многие работодатели при приёме на работу делают выбор в пользу мужчин, потому что молодые женщины могут родить ребёнка и взять декретный отпуск (в России — до 3 лет). Зарплаты мужчин в среднем на 30 процентов выше зарплат женщин.

Карьерные ограничения. Если вы посмотрите в Интернете, то найдёте официальный список запрещённых в России профессий для женщин. Например, женщинам запрещено работать пожарными. Во многих регионах женщинам трудно найти работу, потому что их не берут на фабрики и заводы, объясня́я э́то тяжёлыми физи́ческими усло́виями труда́. Служи́ть в а́рмии по контра́кту же́нщины мо́гут, то́лько е́сли они́ не хотя́т быть сна́йперами, сапёрами и танки́стами.

Стереоти́пность мышле́ния. Несмотря́ на то что мы живём в XXI-ом ве́ке, обще́ственное давле́ние на же́нщину не ста́ло ме́ньше. Ва́жно отме́тить, что э́то давле́ние идёт не то́лько со стороны́ мужчи́н, но и со стороны́ други́х же́нщин. О́бщество до сих пор дикту́ет, каку́ю оде́жду мо́жно или нельзя́ носи́ть, когда́ выходи́ть за́муж и рожа́ть дете́й, де́лать или не де́лать або́рт.

Источник: Дарья Серенко и Лариса Жукова. «Феминистками не рождаются». *Краткий гид по современному феминизму в России*. https://lenta.ru/articles/2019/03/07/rusfem/. Lenta.ru (7 марта 2019).

Ответьте на вопросы (при ответе на вопросы, когда это возможно, используйте средства выражения причины из Задания 5):

1. Кто участвовал в социальном опросе, который провела Дарья Серенко?
2. Почему в России так остро стоит вопрос домашнего насилия?
3. Какое наказание понесёт муж, если ударит свою жену?
4. По какой причине женщины редко заявляют в полицию о насильственных действиях?
5. Как вы понимаете выражение «сама виновата»? Приведите пример ситуации, в которой женщина может услышать это.
6. Что такое корпоративный кодекс? Зачем он нужен?
7. Почему нельзя обобщать, говоря о положении женщин в разных регионах России?
8. Попробуйте дать определение понятию «стеклянный потолок». Почему многие женщины сталкиваются с подобной проблемой?
9. Какие карьерные ограничения есть для женщин в России?
10. О каком общественном давлении на женщин идёт речь в статье?

🔊 **Б.** Прослушайте вторую часть выпуска (начинается с 2:22) студенческого подкаста о феминизме. О каких распространённых проблемах, с которыми сталкиваются современные женщины в России, они говорят?

🔊 **В.** Прослушайте фрагмент ещё раз. Прочитайте скрипт подкаста и дайте ответы на следующие вопросы.

1. Как поменялось отношение к движению феминисток за последние годы? Чем объясняется такое изменение, по мнению ведущих подкаста?
2. Какие самые распространённые стереотипные фразы слышат женщины в России? Какие гендерные стереотипы появляются ещё в детстве?

Задание 12

Посмотрите первые две серии сериала «Кухня» от создателя Виталия Шляппо. Какие российские реалии, описанные в статье из Задания 11А, показаны в сериале? Как этот фильм отражает период, в который он был снят? Приведите несколько примеров.

Задание 13

Расставьте сцены первой серии по порядку. Сделайте краткий пересказ первой серии сериала «Кухня», используя деепричастия.

____ добавить перец в блюдо

____ взять автограф

____ защитить в баре

____ устроиться на работу

____ ожидания не оправдались

____ знакомиться с конкурентами

____ уронить лампу на пол

____ зарабатывать себе авторитет

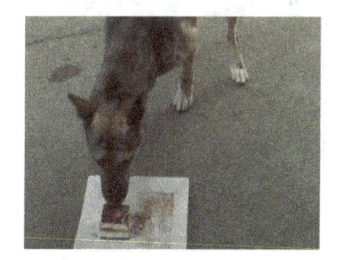

____ угостить потенциального клиента

За равные права и возможности 77

Задание 14

В конце каждого эпизода зрителю даётся возможность подумать о важном. Пересмотрите финальные сцены первого и второго эпизодов, заполните пропуски и ответьте на вопросы.

Серия 1. Каждый человек имеет _____ на второй шанс. Кто-то _____ этот шанс долгой и кропотливой работой, некоторым сама жизнь даёт второй шанс. Кто-то хочет _____ второй шанс, хотя сам боится себе в этом _____. В общем, жизнь полна сюрпризов.

1. Что имеет в виду герой, заканчивая первую серию такими словами? Кто из героев получил второй шанс и почему?

Серия 2. У каждой медали есть две _____, и однажды всё может перевернуться. Тот, кому ты нравился, начинает тебя _____. Тот, кому ты бил морду (сленг, нормативное значение — лицо), становится твоим другом. Ну а тот, кто _____ злобным тираном, становится им чуть меньше.

2. Как вы понимаете выражение «у каждой медали есть две стороны»?
3. Какая мораль заключена в словах главного героя?
4. Как вы думаете, как будут развиваться главные сюжетные линии в последующих эпизодах сериала?

Работа в группах

Задание 15

Представьте, что вы участвуете в форуме молодых специалистов из разных стран мира. Тема одной из секций связана с вопросами феминизма. Вы познакомились со студентами из русскоговорящих стран и работаете вместе с ними в одной команде. Вам нужно сравнить основные проблемы, с которыми сталкиваются женщины в ваших странах, и предложить решение 2–3 проблем для каждой страны. Используйте конструкции для сопоставления из Главы 3.

Проблема	Сходства	Различия

Задание 16

Найдите в русскоязычном интернете материалы о феминизме, гендерных вопросах, результатах социальных опросов или любые другие материалы по теме этой главы за последний год. Сделайте презентацию об этом материале на 3–5 минут.

Пишем о кино: секреты интересного эссе

Задание 17

Прочитайте рекомендации по написанию эссе. Перескажите ключевые идеи статьи своим одногруппникам.

Секреты интересного эссе

Заинтересует ли ваше эссе читателя, зависит от того, как вы его начнёте. Первый абзац (параграф) является ключом ко всему тексту и к сердцу читателя. В этом абзаце должно быть что-то, что привлечёт внимание других людей, как магнит. Даже если тема вашей работы далека от интересов человека, которому она попала в руки, это не значит, что у вас нет шансов «уговорить» этого человека продолжить чтение эссе.

Мы провели небольшое исследование и собрали рекомендации разных авторов эссе для того, чтобы помочь вам написать хорошее введение для вашей письменной работы.

1. Вопрос. Очень часто введение содержит вопрос, который сразу привлекает внимание читателя и заставляет задуматься над темой эссе. Например, можно начать эссе с такого вопроса: «Сколько женщин учится на математических факультетах по всему миру?».

2. Наблюдение. Напишите о том, что вы заметили, расскажите о тенденции или реалии, которая приведёт читателя к анализу определённой проблемы. Например, вы можете прочитать результаты статистических или социологических исследований и сравнить, как изменилась ситуация за последние десятилетия. Читателю захочется узнать больше о причинах изменений.

3. Неожиданная информация. Удивите читателей своего эссе фактом, о котором они не слышали. Таким фактом может быть результат работы учёных-статистов, которые посчитали, что через 202 года мы сможем достигнуть экономического гендерного равенства.

4. Подходя́щая цита́та. Вы не пе́рвый челове́к, кото́рый занима́ется да́нной те́мой. Э́то зна́чит, что есть учёные, писа́тели и други́е изве́стные лю́ди, доби́вшиеся успе́ха в ра́зных областя́х и говори́вшие об э́той пробле́ме. Испо́льзование пра́вильно вы́бранной цита́ты мо́жет возде́йствовать на чита́телей и привле́чь их внима́ние к ва́шей рабо́те.

Как писать тезисы к научной работе?

Regardless of how you choose to draw your reader into your topic, your introductory paragraph must include a clear and compelling thesis statement. Use one of the models below to brainstorm a thesis statement for your paper:

- В данном эссе рассматривается вопрос [+ существительное в Родительном падеже] в телесериале «Кухня»...

  Например: В данном эссе рассматривается вопрос гендерного неравенства на работе в телесериале «Кухня», например, в трёх сценах первого эпизода сериала. *Автор приходит к выводу, что оператор сериала уделяет особое внимание мужскому труду в ресторане, а камера подчёркивает роль женщин в рабочем пространстве кухни.*

- В эссе затрагивается тема (чего? + Gen./того, что)...
- Эссе посвящено актуальной на сегодняшний день проблеме...
- В эссе раскрываются проблемы...
- Особое внимание уделено (чему? + Dat./тому, что)...
- Автор приходит к выводу о том, что...

> **Обратите внимание!**
> Students writing academic papers in English may be accustomed to having one thesis statement in their opening paragraph. All cited examples in the paper must connect back to this guiding argument. Russian academic essays, however, might have multiple thesis statements (тезисы), and a single paper can be organized around several connected arguments at once.

Теперь напишите тезис(ы) для вашей работы:

_____
_____
_____
_____

Задание 18

А. Выберите тему и напишите несколько вариантов первого абзаца своего эссе. Используйте советы из предыдущего задания.

Варианты тем для эссе:
- Пространство ресторана и кухни из сериала «Кухня» как отражение патриархального российского общества.
- Трансформации в поведении Макса и его отношении к коллегам-женщинам.
- Гендерные роли в современном обществе на примере героев сериала «Кухня».

Б. Прочитайте пример первого абзаца, написанный по одной из тем, данных выше. Проанализируйте этот параграф. Можно было бы использовать этот текст без изменений?

> Гендерное неравенство — это хорошо или плохо? Современные гендерные роли очень ярко представлены в сериале «Кухня». Главные герои демонстрируют гендерные стереотипы в России. К главной героине женского пола не относятся с уважением, мужчины не слушают её мнение. Они не уважают её, потому что она красива. Основная проблема в первом эпизоде — проблема сексуальных домогательств на работе.

Вернитесь к своим вариантам первого параграфа, прочитайте их ещё раз и измените, если нужно.

В. Peer review. Работайте в группах по 3–4 человека. Прочитайте свои варианты первого параграфа одногруппникам, обсудите утверждение (тезис) в центре вашего эссе, узнайте у них, какое начало им больше нравится и почему. Заполните таблицу.

	Вариант 1	Вариант 2	Вариант 3
Понятность тезиса	1 2 3 4 5	1 2 3 4 5	1 2 3 4 5
Интересность тезиса для читателя	1 2 3 4 5	1 2 3 4 5	1 2 3 4 5
Что можно изменить?			

За равные права и возможности

Задание 19

Напишите эссе на одну из тем, предложенных в Задании 18А. Используйте рекомендации своих одногруппников, советы из Задания 17 и деепричастия.

Повторяем всё, что узнали в этой главе

Задание 20

Дайте перевод следующих слов и словосочетаний.

ущемлять в правах	
	to defend the rights (of somebody)
ассоциироваться с фильмом	
	to do research (on something)
сосредоточиться на цели	
	to recognize the rights (of a group)
наблюдать за ситуацией	
	to serve in the military

Задание 21

Передайте смысл следующих предложений другими словами. В этом вам помогут выделенные слова. Используйте однокоренные слова, когда это возможно.

1. Первой страной, которая предоставила женщинам **возможность голосовать** на выборах, была Новая Зеландия в 1893 году.
2. Чтобы **получить работу** с достойной зарплатой, она ходила на собеседования почти каждую неделю.
3. В Саудовской Аравии до 2018 года действовал **запрет** для женщин на вождение машины.
4. В российской армии в настоящее время **проходят службу** около 50 тысяч женщин.
5. Многие женщины **не обращаются в полицию** в случаях домашнего насилия.
6. В России один из родителей может **оставаться дома** после рождения ребёнка в течение трёх лет с сохранением должности на работе.

> **Минутка для рефлексии**
>
> Как Вы себя чувствуете сейчас, когда Вы заканчиваете эту главу? Что Вас удивило? Что было трудным?
> _____
> _____
> _____

Приложение

Скрипт к аудио из Задания 10А

Первая ведущая: Всем привет! Сегодня у нас наш первый пилотный выпуск подкаста. С вами Юля!

Вторая ведущая: И Леся!

Юля: Сегодня поговорить мы хотим про феминизм, про то, как он выражается в нашей любимой стране.

Леся: Давай обсудим первый вопрос. У тебя есть какое-то представление о лице русского феминизма?

Юля: Да-да, наверное, есть. Один из ярких таких представителей — это, наверное, Nixelpixel. Я давно её знаю. Наверное, о том, чем она реально занимается, я узнала вообще недавно, но вот как медиаперсону я знаю её довольно давно. И она у меня ассоциируется... Ну вот ты говоришь «феминизм», и я такая: «О, я знаю одну девочку». Мне кажется, она у нас, в целом, так ассоциируется в обществе.

Леся: Да, да, да, это первая девушка, которая приходит в голову, когда говорят о феминизме в России. Во-первых, потому что она... ну она активистка в социальных сетях, она даёт лекции... читает лекции. Да, но вместе с её какой-то положительной и полезной работой, конечно же, с ней связано очень много скандалов. Критика в её сторону была не похожа на критику. Ну, по крайней мере, несколько лет назад это была реальная ненависть, и она даже ничего не делала, она просто вызывала вот своими взглядами, своей какой-то феминистической деятельностью. Она снимала видео тогда на Youtube очень много про феминизм. Она именно этим вот вызывала огромную волну негодования и гнева (indignation and outrage), реально незаслуженно (really undeserved).

Юля: Ну, это понятно. Блин (damn), сейчас просто любой человек, не просто у которого какие-то... В общем, если у тебя просто отличаются взгляды, ты, в целом, можешь вызвать волну негатива. А феминизм в России... Это ты как будто в другую сторону смотришь, то есть люди это воспринимают так, как будто: «ну ты вообще», «как так можно, мы живём по-другому, и вообще вы все нелюди, это всё неправильно» и так далее.

Скрипт к аудио из Задания 11Б

Леся: Да, но мне кажется, что сейчас с этим как-то полегче чуть-чуть, потому что уже представление о феминизме, оно сложилось более правильное, потому что несколько лет назад все думали, что феминизм — это... что феминистки — это девушки, которые ненавидят мужчин просто, сейчас всё-таки более или менее распространяется хорошо реальное определение феминизма, что это всё-таки движение за права женщин. И с этим уже гораздо меньше людей спорит, потому что ну это как-то уже совсем глупо спорить с тем, что у женщин должны быть равные права с мужчинами.

Юля: Ну да, да, наверное, я хороший пример того, как так три года назад мне казалось, что феминистки — это прям «фу», я вообще самостоятельная девушка и так без вашего феминизма и всё такое. Мне никто не нужен. Я к феминизму приравнивала еще кучу всего, всякого хейта и стереотипов и так далее. И там даже про стереотипы с бодипозитивом это перекликалось (it has this in common with body positivity). И перекликалось с вот этим самым популярным: «Я хочу, чтобы мужчина за меня платил». Прошло три года, мой молодой человек за меня платит, при этом я считаю себя феминисткой и живу замечательно. И считаю, что одно другому вообще никак не мешает.

Леся: А вот какие обидные фразы ты слышала в детстве?

Юля: Ой, мне кажется, что моё детство — это просто кладезь (fount of wisdom). Это: «Тебя никто такую замуж не возьмёт». Я, кстати, не поверишь, я была же у бабушки с дедушкой на выходных и что-то сказала дедушке, мы тоже такую же тему обсуждали, ну, в плане, похожую, смежную, и он такой: «Кто ж тебя такую замуж возьмёт!?» И я помню, как в детстве я очень ругалась на бабушку с дедушкой за это, я очень обижалась, мне было неприятно, я прям помню, что было мне неприятно. А тут я уже, наверное, со своим бэкграундом, я не стала обижаться, я просто сказала: «Послушайте, вы такими фразами очень сильно ломаете психику людей, их нельзя произносить ни при каких обстоятельствах, потому что у нас есть гендерное равенство и у нас равные права, и вообще, возможно, я не хочу замуж».

Леся: Еще распространённая фраза, к счастью, я такую не слышала по отношению к себе, — это «бьёт — значит любит». Это, мне кажется, в целом очень большая боль нашего русского феминизма, потому что очень много женщин страдают от домашнего насилия, от того, что её муж или сожитель её избивает, и закон... наше государство никак не защищает её от этого. Домашнее насилие у нас декриминализировано, то есть мужчина не может сесть за это в тюрьму, ему просто выписывается штраф.

Юля: на 5000 рублей.

Леся: На 5000 рублей, что очень немного, и он дальше просто продолжает жить с той же женщиной, которую изобьёт в ближайшую их встречу. И это, конечно, ужасно больно знать, что тысячи женщин страдают от этого. Конечно же, у нас есть очень много всяких разных фондов, к которым можно обращаться, которые помогают и делают всё, чтобы защитить женщин и их детей или даже мужчин от их жён, которые тоже могут, конечно же, применять насилие. Вот. Но, к сожалению, на государственном уровне это не делается. И вот сейчас как раз одна из женщин, из депутатов, она продвигает закон о домашнем насилии, но как-то пока это неудачно…

Юля: Неуспешно.

Леся: Да, неуспешно происходит. Но в целом в сообществе, в сознании нашего русского современного сообщества, мне кажется, получше уже с феминизмом стало, и я вот, например, слежу за большим количеством феминисток-блогеров. Это вот и Nixelpixel, про которую ты говорила, и Татьяна Никонова, и… кого бы еще назвать… я бы сказала, что шоу «Подруги» тоже является таким феминистическим проектом.

Юля: Не, они классные девчонки, потому что это первый вообще проект, который в открытую заговорил про равноправие, про секс. Короче, это очень круто, что это в формате открытого диалога, темы, которые они поднимают там: те же роды, декретный отпуск для мужчин, феминитивы те же самые, феминизм как таковой; и отношения, расставания, в общем-то, на тему чего родители с детьми не разговаривают.

Леся: Ну и в целом люди между собой не разговаривают. Да, девчонки — большие молодцы, и здорово, что они как раз развенчивают мифы о феминизме, потому что если до этого у кого-то в голове был образ феминистки как какой-то неухоженной женщины (disheveled woman)…

Юля: …которую никто не любит, и она сидит дома с котами.

Леся: Да, которая пытается строить из себя мужчину, что, конечно же, не так, то сейчас этот миф, я надеюсь, окончательно развенчан (debunked once and for all), потому что девушки, конечно же, выглядят не так. Они просто всеми своими делами показывают, что они сильные, успешные, и при этом они — женщины.

Глава 5

Отношение к отношениям

В этой главе вы научитесь:	In this unit, you will learn:
<ul><li>описывать эмоции и романтические отношения;</li><li>передавать нюансы сюжета, используя приставочные глаголы, образованные от глагола *думать*;</li><li>пересказывать сюжет истории с помощью устойчивых выражений с *то* и страдательных причастий;</li><li>избегать распространённых речевых ошибок при написании эссе.</li></ul>	<ul><li>how to talk about feelings and relationships;</li><li>to describe the nuances of a plot using prefixed forms of the verb *думать*;</li><li>to summarize a plot using the connector *то* and passive participles;</li><li>about common errors you might make while writing essays in Russian and how to avoid them.</li></ul>

Речевая разминка

Задание 1

Прочитайте следующий текст. Как вы понимаете идею создателей сайта?

В 2014 году OKCupid, бесплатный международный сайт знакомств, созданный математиками из Гарвардского университета, провёл исследование данных сайта. На основе 775 миллионов ответов от 30 миллионов пользователей сайта исследователи определили три вопроса, ответы на которые важны для построения романтических отношений. Например, было установлено, что в трети случаев из 35 тысяч успешных пар, начавших отношения на OKCupid, оба партнёра дали одинаковые ответы на все три вопроса, что в 3,7 раза превышает возможность случайного совпадения.

Вопросы, которые соединяют или разъединяют людей:

- Нравятся ли вам фильмы ужасов?
- Вы когда-нибудь путешествовали одни по другой стране?
- Смогли бы вы оставить всё и поселиться на лодке?

Основатели OKCupid утверждают, что, несмотря на внешнюю простоту, вопросы обращены к нашим глубоким эмоциям и внутренним предпочтениям, которые важны для построения отношений. Поэтому именно ответы на эти вопросы могут стать ключом к сердцу другого человека.

Как бы вы ответили на эти три вопроса с сайта знакомств? К каким внутренним переживаниям и предпочтениям обращены эти вопросы? Что ответы на эти вопросы могут рассказать о характере отвечающего?

Необходимые слова и выражения

безумие	madness
заслуга	merit/credit
измена	betrayal/infidelity
любовник/любовница	lover

обма́н	fraud, dishonesty
отноше́ние хоро́шее/плохо́е (к чему? к кому? + Dat.)	a good/bad relationship towards something
отноше́ния (always plural)	relationship
потре́бность	need/requirement
преда́тельство	betrayal
среда́	surroundings/environment
безрассу́дный	reckless/unreasonable
коры́стный	selfish
могу́щественный	powerful
по́шлый	banal
сде́ржанный	reserved
распу́щенный	wild/promiscuous
встреча́ться (с кем? + Instr.)	to date (somebody)
вступа́ть/вступи́ть (во что? + Acc.) в брак, отношения	to enter into a marriage/relationship
заключа́ть/заключи́ть брак	to get married
изменя́ть/измени́ть (кому? + Dat.) (с кем? + Inst.)	to be unfaithful to
назнача́ть/назна́чить свида́ние (кому? + Dat.) и/или (с кем? + Inst.)	to set up a date with
относи́ться/отнести́сь (к кому? к чему? + Dat.)	to act/behave towards
окружа́ть/окружи́ть (что? кого? + Acc.)	to surround
размножа́ться	to procreate/multiply
покоря́ть/покори́ть (кого? что? + Acc.)	to conquer/win over
предава́ть/преда́ть (кого? что? + Acc.)	to betray
привора́живать/приворожи́ть (кого? + Acc.)	to cast a spell over
принима́ть/приня́ть решение	to make a decision
пря́таться/спря́таться (т//ч)	to hide
совпада́ть/совпа́сть (что? + Acc.) (с чем? + Inst.)	to coincide/concur with
соединя́ть/соедини́ть (кого? что? + Acc.) (с кем? с чем? + Inst.)	to connect
употребля́ть/употреби́ть (что? + Acc.) слово	to use a word
наизу́сть	by heart/memorized

Устойчивые выражения и фразеологизмы

безотве́тная любо́вь	unrequited love
(у кого?) гетеросексуа́льная ориента́ция	straight/heterosexual
(у кого?) гомосексуа́льная ориента́ция	gay/homosexual
неопису́емая ра́дость	indescribable joy
неизглади́мое впечатле́ние	lasting impression
втора́я полови́нка	better half
дава́ть/дать согла́сие (на что? + Acc.)	to give consent to
занима́ться/заня́ться любо́вью/се́ксом	to make love/have sex
любо́вь с пе́рвого взгля́да	love at first sight
однопо́лый брак	same sex marriage
отвеча́ть/отве́тить взаи́мностью (на что? + Acc.)	to reciprocate
полага́ться/положи́ться (на кого? на что? + Acc.) на во́лю слу́чая	to count on (chance)
полово́й акт	sex act
превосходи́ть/превзойти́ себя́	to outdo oneself
спу́тник/спу́тница жи́зни	life partner

Задание 2

Найдите идеальную пару для каждого слова. Придумайте историю с получившимися фразами.

1. изменить _____ поступок
2. безрассудный _____ себя красотой
3. безответная _____ стихотворение наизусть
4. окружать _____ друга
5. учить _____ к родителям с уважением
6. предательство _____ жене
7. относиться _____ любовь

Задание 3

Образуйте существительные от представленных ниже глаголов. Составьте предложения с новыми словосочетаниями.

1. окружать людей красотой _____
2. разочароваться в любимом человеке _____
3. покорять сердце любимой _____

4. размножаться в живой природе _____
5. принять решение_____
6. совпадать в интересах _____
7. соединять две половинки _____
8. относиться друг к другу _____

Задание 4

Вставьте подходящие по контексту слова и выражения.

1. Как только они увидели друг друга, они поняли, что будут вместе всегда. Это была любовь _____.
2. Наше окружение, _____, в которой мы находимся, определяет и формирует наше отношение к жизни.
3. Они познакомились в аэропорту, когда оба опоздали на самолёт. Такие _____ редко бывают в жизни.
4. Моя соседка верит в магические ритуалы и несколько раз пыталась _____ своего коллегу.
5. Дети любят играть с родителями: они _____ в разных местах, а родители должны их искать.
6. Я бы не смогла простить _____ мужу.
7. Из _____ побуждений преступники помогали пожилым людям ремонтировать телефоны бесплатно. Они получали доступ к онлайн-банкам и переводили деньги на свои счета.

Задание 5

А. Прочитайте предложения и замените выделенные слова конструкцией *который + глагол*. Что вы помните об образовании страдательных (пассивных) причастий?

Мой **любимый** кинотеатр закрыли. _____
Этот город, **окружённый** со всех сторон горами, казался мне самым прекрасным местом на Земле. _____
Я жалела о **принятом** решении. _____
Пришлось отменить **назначенное** на субботу свидание из-за проблем на работе. _____
Мне понравился совершенно **непредсказуемый** сюжет этого фильма. _____

Отношение к отношениям

Б. Прочитайте правило образования страдательных причастий настоящего времени.

> ### Страдательные причастия настоящего времени
>
> Follow these steps when forming a present passive participle:
>
> 1. Use only imperfective transitive verbs.
> 2. Determine the conjugation of the verb in the "мы" form and then add the corresponding adjectival ending, making sure your participle agrees in gender, number, and case.
>   - принима́ть → мы принима́-ем → принима́-**ем**-ый (-ая, -ое, -ые)
>   - люби́ть → мы лю́б-им → люб-**и́м**-ый (-ая, -ое, -ые)
> 3. Four verbs form their present active participle with the suffix **-ом**: *вести́ (ведо́мый), нести́ (несо́мый), иска́ть (иско́мый), влечь (влеко́мый)*.
>
> Примеры в контексте:
>
> - Предмет, который изучают студенты, очень интересный. → Изучаемый студентами предмет очень интересный!
>   The subject the students are studying is very interesting.
> - Фраза, которую произносит учитель французского на уроке, очень длинная. → Произносимая учителем французского на уроке фраза очень длинная.
>   The phrase that the instructor is pronouncing in French class is very long.
> - Мастер-класс — это интерактивный урок, проводимый специалистом в какой-либо области.
>   A master class is a hands-on lesson conducted by a specialist in the field.
> - На день рождения брата мы купили ему самую читаемую книгу года.
>   For my brother's birthday we bought him the most-read book of the year.
>
> > **Обратите внимание!**
> > - Use the infinitive to form present passive participles for verbs that end in **-вать** and are preceded by **-да-**, **-зна-** or **-ста-**. These verbs retain the suffix **-ва-** in their participle.
> > - пре**да**ва́ть → преда**ва́**-ем-ый (-ая, -ое, -ые)
> > - при**зна**ва́ть → признава́-ем-ый (-ая, -ое, -ые)

- There are many verbs that do not have present passive participles, including: брать, ждать, мыть, писать, пить, знать, шить, готовить, находить, платить, смотреть, учить, чистить, and all verb ending in -ереть, -зть, -оть, -сть, -уть, -чь.
- Remember that when we transform passive participles into "который" phrases, "который" can take any case.

Задание 5. Продолжение.

В. Передайте смысл предложений с помощью причастий или причастных оборотов.

1. Старая часть города, которая соединяется с новым районом мостом, нуждается в больших изменениях.
2. Решения, которые принимает моя начальница, часто оказываются верными.
3. С вершины горы открывался такой вид на долину, что невозможно описать словами его красоту.
4. Поступки, которые мы совершаем сейчас, определяют наше будущее.
5. Невозможно было ожидать такого безрассудного поступка от человека, которого в нашей компании все уважали и любили.

Г. Как вы понимаете данные причастия? Составьте словосочетания, придумайте с ними романтическую историю.

Например: незабываемый (вечер, свидание и т.д.) — вечер, который невозможно забыть.

необъяснимый — _____
независимый — _____
незаменимый — _____
непередаваемый — _____
неописуемый — _____
непредсказуемый — _____

Страдательные причастия прошедшего времени

Past passive participles are formed from infinitive stems of transitive verbs, mostly perfective ones. They take one of four suffixes: **-нн-, -т-, -енн-/-ённ-**

НН   Verbs where the infinitive ends in -ать or -ять. Remove the infinitive ending and add the suffix -нн- plus corresponding adjectival ending:
- прочита́ть → прочита́-л → прочи́та-**нн**-ый (-ая, -ое, -ые)
- преда́ть → преда́-л → пре́да-**нн**-ый (-ая, -ое, -ые)

*note the stress shift for infinitives ending in a stressed **-а́ть**

Т   Monosyllabic verbs (including prefixed forms), verbs that introduce -м or -е into the conjugation (занять), or verbs ending in -уть, -оть, -ереть. Drop the infinitive ending and add the suffix -т-:
- прожи́ть → прожи- → про́жи-**т**-ый (-ая, -ое, -ые);
- заня́ть → заня- → заня́-**т**-ый (-ая, -ое, -ые);
- придви́**нуть** → придвину- → придви́ну-**т**-ый (-ая, -ое, -ые);
- вы́т**ереть** → вытер- → вы́тер-**т**-ый (-ая, -ое, -ые; note loss of second **е**).

ЕНН/ЁНН   Verbs ending in -ить or -еть. Remove the infinitive ending and add -енн-:
- получи́ть → получ- → полу́ч-**енн**-ый (-ая, -ое, -ые);
- просмотре́ть → просмотр → просмо́тр-**енн**-ый (-ая, -ое, -ые).

Take note: When forming past passive participles from -ить verbs, the following consonant mutations occur:

т → ч	доплати́ть — допла́ченный
т → щ	защити́ть — защищённый
д → ж	разбуди́ть — разбу́женный
д → жд	возроди́ть — возрождённый
з → ж	сни́зить — сни́женный
с → ш	пове́сить — пове́шенный
б → бл	употреби́ть — употреблённый
п → пл	купи́ть — ку́пленный
в → вл	поста́вить — поста́вленный
м → мл	накорми́ть — нако́рмленный

If the verb is a second conjugation -ить verb where the stress falls on the и in the infinitive and on the final vowel of the "я" form, then we form the passive past participle by adding the suffix **-ённ-** to the verb root.

- измени́ть (изменю́) → измен-**ённ**-ый (-ая, -ое, -ые)
- включи́ть (включу́) → включ-**ённ**-ый (-ая, -ое, -ые)

Verbs whose masculine past tense forms end in a consonant other than -л (принести). These are verbs ending in -ти, -чь, -зть, -сти, -сть. Add the suffix **-ённ-** to the first person "я" form.

- привести (приве**д**-у) → привёл → привед-**ённ**-ый
- изобрести (изобре**т**-у) → изобрёл → изобрет-**ённ**-ый

Обратите внимание!
The logical subject of a past passive participle construction is typically placed after the participle and in the Instrumental case.

Книга, купленная вчера братом.

Задание 5. Продолжение.

Д. Измените предложения, используя страдательные причастия.

Пример: Фильм, который сняла Анна Меликян в 2015 году, завоевал главный приз российского фестиваля «Кинотавр»/Фильм, снятый Анной Меликян в 2015 году, завоевал главный приз российского фестиваля «Кинотавр».

1. Фильм включает в себя пять новелл, которые объединяет тема любви и романтических отношений между людьми.
2. Все фильмы, которые снял этот режиссёр, пользуются популярностью у зрителей.
3. Это был первый фильм, который сделали в жанре блокбастера.
4. История любви, которую показали в фильме, не кажется зрителю реалистичной.
5. Настоящие истории из жизни всегда более интересны зрителю, чем те, которые придумали сценаристы.
6. Люди, которых окружает красота, по-другому смотрят на мир.
7. Над инстинктами есть более мощные законы, которые невозможно объяснить.
8. Если вы не уверены в значении слова, которое выбрали, лучше проверить его по словарю.

Задание 6

А. Прочитайте примеры с приставочными глаголами, образованными от глагола *думать*. Попробуйте из контекста догадаться о значении каждого глагола.

Приставочные формы глагола *думать*

задýмываться / задýматься
(о чём? + Prep.)
или (над чем? + Inst.)

— Извините, повторите ваш вопрос. Я задумалась и не слышала, что вы сказали.

придýмывать / придýмать
(что? + Acc.)

Я придумал, как закончить финальный проект по русскому языку.

передýмать
(+ infinitive) - only Perfective

Мой брат очень хотел поехать на море, но потом передумал из-за плохой погоды и остался дома.

раздýмывать
(над чем? + Inst.) - only Imperfective

Мы долго раздумывали над этим предложением о работе, сомневались и не могли принять финальное решение.

обдýмывать / обдýмать
(что? + Acc.)

Анна хорошо обдумала предложения коллег, выписала плюсы и минусы и приняла решение отказаться от проекта.

-ДУМ-

Б. Вставьте подходящий глагол. Объясните свой выбор.

1. А.П. Чехов любил _____ себе разные псевдонимы. Их у него было около сорока. Самыми известными из них были — Антоша Чехонте, Брат моего брата, Врач без пациентов.
2. Фильмы Анны Меликян заставляют зрителя _____ над смыслом жизни и тем, что такое любовь.
3. Актриса в последний момент _____ сниматься в фильме из-за постельной сцены.
4. Автор романа долго _____ над тем, как закончить последнюю главу.
5. Родители хорошо _____ плюсы и минусы учёбы за границей и отправили сына учиться в Англию.
6. Мария _____ и проехала свою остановку.

96   Глава 5

В. Ответьте на вопросы, используя префиксальные глаголы из Задание 6А.

1. Почему вы не назначили свидание человеку, который понравился вам вчера?
2. Вы уже приняли решение по поводу работы?
3. Почему вы проехали свою станцию метро?
4. Почему вы опоздали на урок?
5. О чём вы будете писать эссе?
6. Почему вы отказались поехать в Лондон?
7. Чем известен Эйнштейн?

К тексту: «Как тебя представить?»

Задание 7

А. Прочитайте текст. Какова основная идея текста, на ваш взгляд?

Как тебя представить?

До 1917 года законным в России считался только брак, заключённый в церкви, а все нецерковные (светские) браки были неофициальными и поэтому назывались «гражданскими». После прихода к власти большевиков церковный брак потерял свою юридическую силу, так как страна вошла в эпоху «официального атеизма». Принятый в конце 1917 года закон установил разделение между гражданским браком, зарегистрированным в официальной организации, и неофициальным сожительством (когда люди жили вместе без регистрации отношений). С того же момента термин «гражданский брак» потерял своё первичное значение и стал относиться только к официальной регистрации.

В постсоветской России, с возвращением церковного брака, термин «гражданский брак» постепенно вернул своё дореволюционное значение. Сегодня такое выражение используется для обозначения неофициального (незарегистрированного) совместного проживания. В современном российском праве официальный брак должен быть зарегистрирован в ЗАГСе (орган записи актов гражданского состояния) — службе, которая занимается документами о рождении, браке и смерти.

В 2020 году в России был принят ряд изменений в Конституции РФ. Большое внимание в новых поправках уделяется сохранению и поддержанию традиционных семейных ценностей. Согласно изменённой формулировке, брак — союз мужчины и женщины. Все эти изменения находят отражение в языке и словах, употребляемых носителями русского языка для описания своих любовных отношений.

Если ваш брак зарегистрирован, то этот вопрос решается легко. Вы — муж и жена. В более формальной стилистике будут использоваться слова «супруг» и «супруга», берущие своё начало в старославянском языке и означающие «соединённые». В современных документах официального характера вы не увидите слов «жена» и «муж», например, в новостях вы можете услышать «супруга главы государства». А как же назвать любимого человека, если вы не находитесь в браке, а только встречаетесь?

Если вы встречаетесь и пока не живёте вместе, то вы можете использовать хорошо знакомые всем формулировки «мой молодой человек», «мой парень» или «бойфренд», «моя девушка» или «гёрлфренд». Но эти слова обычно не используются людьми в возрасте. Как только вы начинаете жить вместе со своей второй половинкой, официально для государства вы становитесь сожителями. Но, несмотря на то что этот термин закреплён юридически и знаком каждому русскоговорящему, люди не спешат активно его использовать, потому что нет в нём любви и романтики. Никто не будет представлять друзьям свою спутницу жизни со словами: «А это моя сожительница, Марина! Знакомьтесь!». Зато в статьях о преступлениях или юридических вопросах слова «сожитель» и «сожительница» встречаются часто, чтобы описывать отношения людей, живущих вместе, но не обязательно находящихся в романтических или сексуальных отношениях. От людей в возрасте можно услышать такие формулировки, как «мой гражданский муж/супруг» или «моя гражданская жена/супруга», что на самом деле является неверным употреблением слов, но активно используется.

А как же назвать любимого человека, если вы находитесь в гомосексуальных отношениях или однополом браке? В последнее время всё чаще употребляется в контексте любовных отношений слово «партнёр». Благодаря развитию идей феминизма, равенства полов и активности ЛГБТК-движения в России люди гораздо чаще задумываются о построении гармоничных партнёрских отношений и употребляют слово «партнёр» по отношению к любимым людям. Но в обществе по-прежнему нет единого мнения об употреблении этого слова. Одной из причин этого считается иностранное происхождение слова; многие думают, что недопустимо использовать иностранные слова, когда можно придумать русский аналог. Второй причиной является первичный контекст: раньше слово можно было увидеть только во фразах «деловой партнёр» (бизнес) или «сексуальный/половой партнёр» (медицина). Из-за этого есть люди, считающие, что слово не несёт в себе идеи близости и традиционного понимания любви в семье.

Б. Найдите в первом абзаце текста все пассивные причастия. Перескажите историю развития института брака, заменяя синонимами предложения с причастиями.

В. Ответьте на вопросы по тексту.

1. Какой брак считался законным до 1917 года?
2. Что изменилось в процессе заключения брака после прихода к власти большевиков?
3. В каком контексте употреблялось выражение «гражданский брак» в советское время?
4. Что вы узнали о современных российских законах в отношении института семьи?
5. Чем отличаются слова «муж/жена» от слов «супруг/супруга»?
6. Если вы услышите от кого-то из русскоговорящих знакомых такую фразу *мы не расписаны, живём в гражданском браке*, что это будет означать сейчас?
7. Как вы думаете, почему слово «сожитель» может вызывать негативные эмоции у людей? Обратите внимание на форму слова.
8. Какое слово сейчас стало чаще употребляться в контексте любовных отношений? Почему?
9. Какие споры идут в обществе вокруг слова «партнёр»?
10. Вы поддерживаете идею гражданского брака? Почему?
11. Какие аргументы могут быть у сторонников и противников гражданских браков?
12. С какими похожими лингвистическими проблемами встречаются говорящие, когда на вашем родном языке представляют своего любимого человека?

Г. Выпишите из текста все формы представления человека, с которым можно находиться в романтических отношениях. Обсудите с партнёрами в группе ваше отношение к этим терминам и аналогичные языковые сложности в вашем родном языке.

Смотрим и обсуждаем: «Про любовь» (Анна Меликян, 2015)

Задание 8

А. Прочитайте текст о фильме «Про любовь» и ответьте на вопросы после текста.

«Про любовь»

Фильм «Про любо́вь» (2015) не то́лько покори́л зри́телей свое́й оригина́льностью и и́скренностью, но и завоева́л гла́вный приз росси́йского кинофестива́ля «Кинота́вр».

Отношение к отношениям

По своей структуре фильм «Про любовь» представляет собой киноальманах и включает в себя пять коротких самодостаточных кинопроизведений, объединённых одной ключевой темой любви и отношений между людьми. В данном случае все пять историй были сняты одним режиссёром, но иногда киноальманахи объединяют работы нескольких режиссёров в рамках одной темы. Одним из преимуществ киноальманаха, относительно нового жанра кино, является то, что съёмочная группа работает над созданием фильма быстрее и с меньшим бюджетом по сравнению со съёмками одного полнометражного фильма. Актёры приезжают на съёмочную площадку на короткое время, чтобы сняться только в нескольких сценах. Например, фильм «Про любовь» сняли всего за 25 дней.

В фильме сыграли многие известные российские актёры и несколько дебютантов, впечатливших зрителя своей реалистичной игрой. Рената Литвинова (лектор) получила приз за лучшую женскую роль. *Как отмечает режиссёр фильма Анна Меликян, многие актёры дали своё согласие на участие в съёмках без раздумий.* Владимир Машков, например, начал сниматься в фильме, потому что нужно было срочно заменить актёра, который не смог вовремя приехать на съёмочную площадку.

Фильм «Про любовь» не был первой работой режиссёра Анны Меликян для показа на широком экране, но это был её первый фильм, сделанный в жанре блокбастера. «Впервые я задумалась снять кино для проката, для широкого зрителя. Обычно это не так. Я корыстно позвала звёзд. Так бы я, как обычно, позвала неизвестных артистов, а тут глубоко в корыстных целях пригласила известных актёров», — сказала Меликян. *В ходе работы над сценарием Анна Меликян и Андрей Мигачёв тщательно обдумывали все детали, чтобы истории гармонично соединялись друг с другом.*

В 2017 году на экраны вышло продолжение фильма под названием «Про любовь. Только для взрослых», в которое вошли шесть кинопроизведений шести режиссёров, в том числе и Анны Меликян. Некоторые роли в новом фильме исполнили уже полюбившиеся зрителям по первой части актёры.

Источник цитат: Руслан Шамуков. Фильм Про любовь Анны Меликян выходит в прокат. https://tass.ru/kultura/2514728. ТАСС (9 декабря 2015).

Обратите внимание на выделенные предложения. Передайте их смысл другими словами. Сформулируйте несколько идей из текста, используя глаголы из Задания 6.

Б. Да или нет? Объясните свой выбор.

1. Главной темой фильма являются рабочие отношения между людьми. Да/Нет

2. Фильм «Про любовь» представляет собой полнометражный фильм, основанный на романтической истории любви двух молодых людей. Да/Нет
3. Одна из актрис фильма получила приз за лучшую женскую роль. Да/Нет
4. Некоторые актёры долго раздумывали, нужно ли им сниматься в этом фильме. Да/Нет
5. Режиссёр фильма не смогла найти известных актёров для фильма и пригласила сниматься неизвестных актёров. Да/Нет

Задание 9

После вступления в силу Федерального закона «О защите детей» в сентябре 2012 года в Российской Федерации принята следующая возрастная классификация для фильмов и другой информационной продукции:

0+   Для детей, не достигших возраста шести лет.
6+   Для детей, достигших возраста шести лет.
12+   Для детей, достигших возраста двенадцати лет.
16+   Для детей, достигших возраста шестнадцати лет.
18+   Фильм, запрещённый для распространения среди детей.

Что считается допустимым/недопустимым в рамках российской системы возрастной классификации:

- Информация, не причиняющая вреда психологическому здоровью или развитию детей. Сюжеты, в которых показана победа добра над злом.
- Ненатуралистические изображения или описания несчастного случая, аварии, катастрофы, ненасильственной смерти без демонстрации их последствий, которые могут вызвать у детей страх, ужас или панику.
- В фильме имеются эпизодические изображения жестокости или насилия (исключение — сексуальное насилие) без натуралистического показа процесса лишения жизни.
- Не эксплуатирующие интерес к сексу и не носящие оскорбительного характера изображения или описания половых отношений между мужчиной и женщиной.

- В фильме имеется информация порнографического характера или отрицание семейных ценностей; в фильме пропагандируются нетрадиционные сексуальные отношения; в фильме содержатся нецензурная брань и другие ругательные слова.

Фильм «Про любовь», который мы будем смотреть, получил рейтинг 16+. Во время просмотра подумайте о том, почему зрители фильма должны относиться к этой возрастной категории.

Дисклеймер

Осторожно: в фильме встречаются сексуальные сцены и ненормативная лексика!

Данное видео не рекомендуется к просмотру лицам младше

16+

Задание 10

А. Посмотрите фильм «Про любовь». Расставьте истории киноальманаха в правильном порядке и дайте им названия.

Какая из историй вам больше всего понравилась? Почему?

Б. После просмотра фильма ответьте на следующие вопросы:

1. Какие вопросы задаёт лектор (актриса Рената Литвинова) слушателям? Почему ответы на эти вопросы у всех разные? Как бы вы ответили на них?

2. В одном из своих интервью режиссёр фильма утверждает, что она «влюбляется через разговоры». Меликян говорит: «Я могу влюбиться только начав общаться. То, как мужчина выглядит, для меня на втором, на третьем месте. Срабатывают какие-то внутренние инстинкты: я реагирую на ум, на чувство юмора, на поступки». Что такое любовь в фильме «Про любовь»? Что такое любовь для героев фильма? Приведите несколько примеров.

Сюжет первый

1. Почему главная героиня долго раздумывала над предложением молодого человека встретиться в реальной жизни?
2. Как внешность и личность главных персонажей в жизни отличаются от того, как они выглядят и ведут себя в масках?
3. Чем эта история похожа на то, как люди знакомятся в интернете и придумывают себе другую личность?

Сюжет второй

1. Лектор говорит о том, что выработка гормона любви может длиться не более 30 месяцев. Все ли из слушателей согласны с этой теорией? Как связана эта теория со второй историей фильма?
2. В какой ситуации оказалась Лиза?
3. Как вы думаете, приняла ли Лиза предложение начальника или передумала в последний момент?
4. Как вы понимаете популярное русское выражение «с милым рай и в шалаше»? Согласны ли вы с этим?

Сюжет третий

1. Почему японка приехала именно в Россию искать свою любовь? Считаете ли вы романтичным то, что кажется романтичным этой девушке?
2. Хорошо ли девушка обдумала все шаги своего плана в России? Что пошло не так?
3. Как вы считаете, отличается ли отношение к любви и построению отношений у людей разных культур? Используйте в качестве примера третью историю.
4. Что было самым романтичным в поездке героини в Москву? Почему?

Сюжет четвёртый

1. Как бы вы описали поведение Бориса? Каков его семейный статус?
2. В четвёртой истории есть контраст двух сцен с подарками от разных девушек Бори. В чём смысл этих сцен?
3. Какова роль памятника Петру Первому в этой новелле?

Сюжет пятый

1. Что придумал главный герой истории, чтобы проверить свою любимую?
2. Можно ли назвать его поведение безрассудным? Почему?
3. Как вы думаете, можно ли заставить другого человека полюбить вас при помощи магии и колдовства?

За рамками сюжета

1. В 2018 году телеканал HBO купил права на фильм Анны Меликян «Про любовь». Как вы думаете, почему именно этот фильм заинтересовал HBO?
2. В последнее время стало очень популярно среди российских режиссёров снимать киноальманахи. Как вы думаете, почему Анна Меликян стала снимать киноальманах, а не фильм на основе одной истории?

🔊 Задание 11

A. Прослушайте фрагмент песни группы «Сухие» из фильма «Про любовь». Вставьте пропущенные слова.

Чёрное — белое
Музыка: Э. Колмановский
Слова: М. Танич
Исполнение: группа «Сухие», фильм «Про любовь».

Мы выбираем, нас выбирают,
Как это часто не _____,
Я за тобою следую тенью,
Я привыкаю к _____.
Я за тобою следую тенью,
Я привыкаю к несовпаденью.

Я _____, я тебе рада,
Ты не узнаешь, да и не надо,
Ты не узнаешь и не поможешь,
Что не _____, вместе не сложишь,
Что не сложилось, вместе не сложишь.

Счастье такая трудная _____,
То дальнозорко, то близоруко.
Часто простое кажется вздорным,
Чёрное — белым, белое — чёрным.
Часто _____ кажется вздорным,
Чёрное — белым, белое — чёрным.

Б. Как вы думаете, о чём эта песня? Что значат первые две строчки? Когда мы можем сказать «белое кажется чёрным»?

> **Обратите внимание!**
> When narrating, use "то" with the following verbs to form complex sentences:
>
> начина́ть(ся) с того́ — to begin with
> конча́ть(ся) тем ⎫
> заверша́ть(ся) тем ⎬ to conclude with
> заключа́ться в том — to consist in
> выража́ться в том — to manifest/express itself in

Задание 12

А. Прочитайте фрагмент краткого изложения событий первого сюжета фильма. Что вы могли бы добавить?

Первая история. Аниме, или о любви в масках.

Пе́рвая исто́рия фи́льма начина́ется с того́, что поли́ция прово́дит опера́цию в одно́м из клу́бов го́рода и заде́рживает уча́стников костюми́рованной аниме́-вечери́нки. В одно́й из да́льних ко́мнат полице́йские нахо́дят па́ру, занима́вшуюся се́ксом в костю́мах и нау́шниках и не слы́шавшую неожи́данно прие́хавшую поли́цию. Как оказа́лось, э́ти молоды́е лю́ди всегда́ ви́дели друг дру́га то́лько в гри́ме и косплей-наря́дах, никогда́ не испо́льзовали свои́ настоя́щие имена́. Их персона́жи бы́ли любо́вниками в бесчи́сленных аниме́, а са́ми они́ ста́ли любо́вниками в жи́зни. Заверша́ется исто́рия тем, что они́ кружа́тся в та́нце свое́й приду́манной любви́: ю́ноша (Васи́лий Ракша́) в фиоле́товом смо́кинге и тако́го же цве́та парике́ и де́вушка (Мари́я Шала́ева) в коро́тком пла́тье, с дли́нными ро́зовыми вью́щимися волоса́ми.

Б. Напишите краткое изложение третьей истории о девушке из Японии, приехавшей в Россию. Используйте следующие слова и выражения.

втора́я полови́нка	оправда́ть ожида́ния
разочарова́ть	знать наизу́сть
полага́ться на во́лю слу́чая	назнача́ть свида́ние (кому? с кем?)

Отношение к отношениям

переписываться в интернете
открыто выражать эмоции
по-настоящему
безрассудный
необъяснимо

романтично
сдержанный
широкая русская душа
корыстная цель

Задание 13

Анкета для онлайн-знакомства. Заполните профиль анкеты от лица героев фильма.

1. Как вы думаете, какие вопросы обязательно должны быть на сайтах знакомств?
2. Как проверить, что человек, с которым вы общаетесь на сайте знакомств, вас не обманывает?

Задание 14

А. Прослушайте ответы на вопросы двух молодых людей — студентов Семёна и Мари. Какое у них отношение к онлайн-знакомствам?

Б. Заполните данную таблицу, добавив комментарии о каждом из говорящих. Прослушайте записи ещё раз, чтобы узнать больше о взглядах Семёна и Мари.

Вопросы	Ответы Семёна	Ответы Мари
Какие плюсы есть у онлайн-знакомств?		
Какие минусы есть у онлайн-знакомств?		
Верит ли говорящий в возможность найти свою любовь в интернете?		

Глава 5

Вопросы	Ответы Семёна	Ответы Мари
Какой опыт онлайн-знакомств у говорящих?		

Посмотрите скрипты в конце главы. Чьё мнение вы разделяете?

B. Ответьте на вопросы о новой культуре знакомств и дейтинг-приложениях.

1. Как люди знакомились с потенциальными спутниками жизни до эпохи онлайн-знакомств? Как познакомились ваши родители, бабушки и дедушки, прабабушки и прадедушки?
2. Почему традиционные способы знакомств — в школе или в университете, на работе, через знакомых, в сфере общих интересов— уже не так актуальны для современного человека?
3. Дейтинг-приложения удобны, популярны и помогают быстро завести знакомства всего за несколько свайпов. Какие плюсы у онлайн-знакомств по сравнению со знакомством в реальной жизни?
4. Иногда дейтинг-приложения вызывают у пользователей ряд психологических и социальных проблем. Количество свайпов влияет на самооценку человека. Ощущение «множества вариантов» в онлайн-пространстве мешает пользователям выбрать партнера. Какие минусы у онлайн-знакомств по сравнению со знакомствами в реальной жизни? Какие опасности несут в себе дейтинг-приложения?
5. Вы согласны с мнением, что дейтинг-приложения приучают нас быть нетерпеливыми и что мы выбираем партнера, как выбираем новый гаджет? Да или нет? Почему?

Работа в группах

Задание 15

Цитаты из фильма. Работайте в группах по 2–3 человека. Как вы понимаете слова героев фильма? Согласны ли вы с ними? Приведите примеры из фильма для аргументации вашего мнения.

> **Бóря (Истóрия 2):** Средá определя́ет нáшу жизнь. Онá формúрует нáше сознáние, онá меня́ет нас кáждый день. И, éсли нас окружáет вот такóй у́жас, тúпа э́того пáмятника, или однотúпные блóчные домá, это преступлéние. Это преступлéние прóтив сознáния человéка, прóтив всей жи́зни, котóрую он в э́тих домáх проведёт. Мы должны́ стреми́ться

к красоте́, мы должны́ жить в красоте́, мы должны́ создава́ть красоту́. Ина́че мы не лю́ди, а рабы́.

Ле́ктор: Над инсти́нктом размноже́ния стои́т како́й-то бо́лее могу́щественный зако́н... необъясни́мый. Мы хоти́м встре́тить свою́ любо́вь, то есть мы всегда́ и́щем кого́-то второ́го. Е́сли ты оди́н, зна́чит, ты не це́лый, зна́чит тебе́ ну́жно всё равно́ с кем-то соедини́ться. [...] Уже́ роди́вшись, весь его смысл сво́дится к по́иску э́той полови́нки. Не́которые называ́ют э́то смы́слом жи́зни.

Задание 16

Мнения зрителей о фильме. Прочитайте отзывы зрителей о фильме «Про любовь» и распределитесь по группам:

Я абсолютно согласен/согласна с автором поста и первым комментарием, потому что...

Я совершенно согласен/согласна со вторым комментарием, потому что...

Я поддерживаю мнение автора третьего комментария, потому что...

Обсудите данные мнения в группах и напишите свой отзыв о фильме, используя аргументы и контраргументы из всех представленных ниже комментариев.

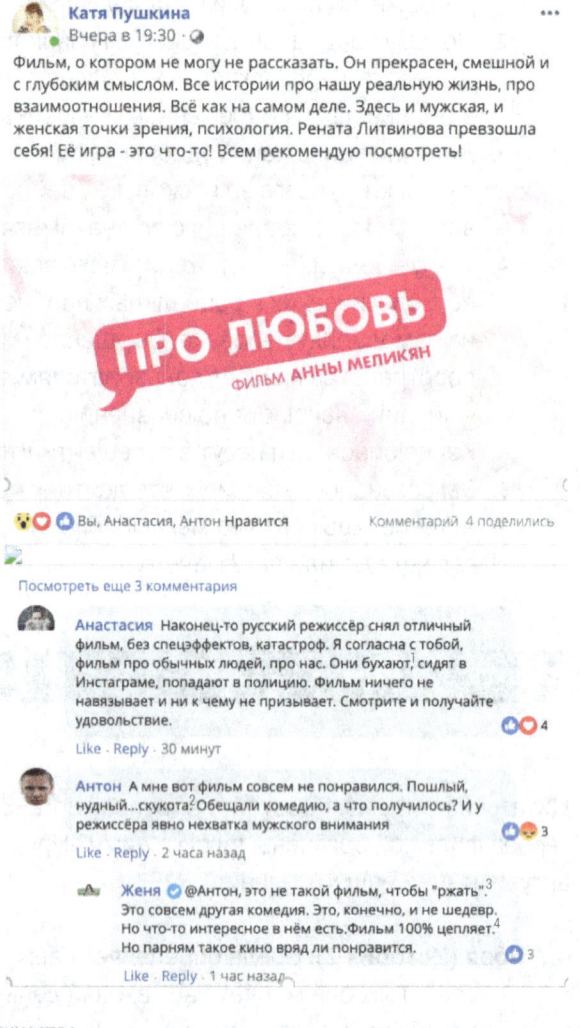

Катя Пушкина
Вчера в 19:30

Фильм, о котором не могу не рассказать. Он прекрасен, смешной и с глубоким смыслом. Все истории про нашу реальную жизнь, про взаимоотношения. Всё как на самом деле. Здесь и мужская, и женская точки зрения, психология. Рената Литвинова превзошла себя! Её игра - это что-то! Всем рекомендую посмотреть!

ПРО ЛЮБОВЬ
фильм анны меликян

Вы, Анастасия, Антон Нравится   Комментарий 4 поделились

Посмотреть еще 3 комментария

Анастасия Наконец-то русский режиссёр снял отличный фильм, без спецэффектов, катастроф. Я согласна с тобой, фильм про обычных людей, про нас. Они бухают,[1] сидят в Инстаграме, попадают в полицию. Фильм ничего не навязывает и ни к чему не призывает. Смотрите и получайте удовольствие.
Like · Reply · 30 минут   4

Антон А мне вот фильм совсем не понравился. Пошлый, нудный...скукота.[2] Обещали комедию, а что получилось? И у режиссёра явно нехватка мужского внимания.
Like · Reply · 2 часа назад   3

Женя @Антон, это не такой фильм, чтобы "ржать".[3] Это совсем другая комедия. Это, конечно, и не шедевр. Но что-то интересное в нём есть. Фильм 100% цепляет.[4] Но парням такое кино вряд ли понравится.
Like · Reply · 1 час назад   3

[1] буха́ть (сленг) – пить алкоголь в большом количестве
[2] скукота́ (noun) – очень скучно
[3] ржать (сленг) – смеяться
[4] цепля́ть/зацепи́ть (сленг) – заинтересовать

Задание 17

Придумайте свой аналог сервиса знакомств. Какие принципы работы у него будут? Как будет обеспечиваться безопасность пользователей?

Пишем о кино: типичные ошибки при написании эссе

Задание 18

Прочитайте рекомендации по написанию эссе. Ответьте на вопросы, заданные в эссе.

Типичные ошибки при написании эссе

Ва́жным ша́гом при написа́нии эссе́ явля́ется определе́ние его ви́да и аудито́рии потенциа́льных чита́телей. Наприме́р, е́сли ва́ша пи́сьменная рабо́та представля́ет собо́й академи́ческое эссе́, то вы должны́ избега́ть си́льного выраже́ния свои́х эмо́ций. Кро́ме того́, вы не должны́ забыва́ть о но́рмах и пра́вилах языка́. Э́то каса́ется не то́лько написа́ния слов, но и их вы́бора. При написа́нии любо́й рабо́ты мы должны́ учи́тывать её стиль и выбира́ть языковы́е сре́дства, характе́рные для э́того сти́ля.

Е́сли вы не уве́рены в значе́нии вы́бранного ва́ми сло́ва, лу́чше прове́рить его́ по словарю́. В ру́сском языке́ мно́гие слова́ име́ют не́сколько значе́ний. Наприме́р, сло́во «отноше́ние» в еди́нственном и мно́жественном числе́ име́ет ра́зные значе́ния. Как вы ду́маете, есть ли ра́зница ме́жду предложе́ниями «У них бы́ло хоро́шее отноше́ние» и «У них бы́ли хоро́шие отноше́ния»? Како́е из э́тих предложе́ний незако́нченное?

Втора́я ча́сто встреча́ющаяся оши́бка у мно́гих студе́нтов в эссе́ — перено́с структу́ры предложе́ния из родно́го языка́. От э́той привы́чки о́чень сло́жно изба́виться. Не рекоменду́ется та́кже писа́ть рабо́ту снача́ла по-англи́йски, а пото́м переводи́ть напи́санное на ру́сский язы́к. Э́то созда́ст дополни́тельные тру́дности. Вме́сто э́того соста́вьте спи́сок изу́ченных ва́ми ра́нее глаго́льных словосочета́ний и выраже́ний, кото́рые вы могли́ бы испо́льзовать в своём эссе́. Э́тот спи́сок ста́нет отправно́й то́чкой для всей рабо́ты. Тако́й же сове́т даю́т мно́гие учителя́ в ру́сских шко́лах носи́телям ру́сского языка́. Обраща́йте внима́ние на усто́йчивые выраже́ния, выпи́сывайте их из те́кстов, кото́рые чита́ете на ру́сском языке́, в свой слова́рь. Наприме́р, мы мо́жем сказа́ть «безотве́тная любо́вь», но не́нависть безотве́тной быть не мо́жет. Носи́тели ру́сского языка́ не ста́нут испо́льзовать сло́во «безотве́тный» с други́ми чу́вствами. Есть ли в ва́шем языке́ подо́бные усто́йчивые выраже́ния? Каки́е выраже́ния вы ча́сто испо́льзуете в пи́сьменных рабо́тах на родно́м языке́?

Важной особенностью хорошего эссе является отсутствие частого повторения слов с одним корнем и повторения одних и тех же грамматических конструкций. Читателю такой текст может показаться примитивным и неинтересным. Например, предложение «*Он любил её безответной любовью*» может встретиться в поэтическом тексте для создания определённой атмосферы, но не в эссе. В подобном случае, описывая безответную любовь, вы могли бы написать: «*Она не отвечала на его чувства взаимностью*».

Для русской письменной речи характерны сложные предложения, мы стараемся не использовать несколько коротких простых предложений друг за другом. Предложения типа «*Они случайно встретились в парке. Был холодный осенний день. Они сразу влюбились друг в друга*» могут показаться слишком простыми. Например, смысл нескольких простых предложений можно передать следующим образом: «*Они влюбились друг в друга с первого взгляда во время случайной встречи в парке одним холодным осенним днём*». А что характерно для эссе, которые вы пишите на вашем родном языке?

Задание 19

Перечитайте рекомендации из Задания 18. Сделайте вывод о том, каких ошибок нужно избегать при написании эссе.

1. _____
2. _____
3. _____
4. _____
5. _____

Задание 20

Напишите эссе на одну из предложенных ниже тем. Следуйте рекомендациям из Задания 18. Начните с составления списка слов и выражений, которые помогут вам при написании работы. Для аргументации своего мнения используйте примеры из фильма «Про любовь».

1. «Про любовь» — это один из немногих фильмов Анны Меликян, который не заканчивается смертью главных героев. Проанализируйте финальные сцены фильма. Можно ли сказать, что у фильма счастливый конец?
2. Сравните фильм «Про любовь» с другими киноальманахами, которые вы смотрели. Какой из этих фильмов наиболее успешен и почему?

3. Какую роль играют в фильме «Про любовь» интернет и современные технологии? Как представлена в фильме виртуальная любовь? Изменились ли способы онлайн-знакомств с момента выхода фильма в 2016 году? Что ещё изменилось в обществе с тех пор?
4. Выберите один наиболее успешный, с вашей точки зрения, эпизод из фильма «Про любовь». Аргументируйте ваш выбор.

Повторяем всё, что узнали в этой главе

Задание 21

Дайте перевод следующих слов и словосочетаний.

потребность в любви	
	to fall in love at first sight
знать наизусть	
	to make a hard decision
ответить взаимностью	
всё хорошенько обдумать перед тем, как принять решение	
	to cheat on someone
плохо относиться к людям	
	to agree, to give consent
	to change your mind

Задание 22

Передайте смысл следующих предложений другими словами. Используйте слова и выражения из словаря.

1. После недолгого общения в интернете у них начались отношения.

2. Его поведение и поступки казались всем сумасшедшими.

3. Единственная причина, по которой он женился на ней, — богатство её родителей.
   _____

4. Я ненавижу, когда кто-то говорит неправду.
   _____

5. Несмотря на сильные чувства и желание остаться вместе, он не смог принять то, что у жены были отношения с другим мужчиной.
   _____

6. Я всегда верю, что всё будет хорошо, и надеюсь на удачу.
   _____

Задание 23

Вставьте префиксальные глаголы, образованные от глагола *думать*.

1. Моя подруга долго _____, нужно ли ей первой приглашать коллегу на свидание.
2. Извините, я _____ и не слышал вопрос.
3. Прослушав лекцию о любви, я _____ над тем, как нам трудно найти в жизни вторую половинку.
4. Британские учёные _____ новый способ поиска пары в интернете.
5. Супруги _____ оставаться в этом городе после развода и дали согласие на продажу дома.
6. Прежде чем спорить с кем-то, тщательно _____ аргументы, которые вы можете привести.
7. Серёжа _____ над выбором спутника жизни.

> **Минутка для рефлексии**
>
> Как материал главы повлиял на Ваше восприятие и понимание моделей романтических отношений в разных культурах?
> _____
> _____
> _____

Приложение

Скрипт к аудио из Задания 14А

Запись Семёна

Юля: Семён, как ты относишься к онлайн-знакомствам? Какие есть плюсы и минусы у онлайн-знакомств?

Семён: Среди плюсов, мне кажется, что это в некоторой степени удобнее людям. Многие люди стесняются (to feel shy) как-то вживую знакомиться, подходить, спрашивать. А в случае онлайн-знакомств ты можешь написать и, даже если тебе не ответят, ты не сильно расстроишься, а если ответят, то это не накладывает на тебя никаких обязательств (it doesn't impose any obligations on you). Мне кажется, это такая форма безответственности. А среди минусов онлайн-знакомств — практика множественного оценивания людей, их внешности и ожидание того, что оценят тебя. Мне кажется, это какая-то ненормальная вещь. И очень легко впасть в какую-то зависимость от оценок тебя в каком-то дейтинг-приложении.

Юля: Но как ты думаешь, реально ли найти любовь в дейтинг-приложениях или социальных сетях?

Семён: Мне кажется, более чем реально, потому что в реальной жизни, что в приложении шансы примерно одинаковы. В приложении ты как будто можешь познакомиться с большим количеством людей и сделать более осознанный выбор (make a more deliberate choice), как кажется изначально. Но при этом, как я говорил ранее, пользование приложениями включает в себя множество соблазнов и искушений (temptations and trials), и не во всём они хороши.

Юля: А ты знакомился в дейтинг-приложениях или социальных сетях?

Семён: Я не пользовался дейтинг-приложениями, но в социальных сетях знакомился, и моя вторая половинка, с которой я сейчас встречаюсь, я познакомился с ней как раз в социальной сети.

Юля: Ого, ничего себе, а как ты её нашёл?

Семён: Я нашёл её в одной тематический группе, посвящённой истории России.

Запись Мари

Юля: Мари, как ты относишься к знакомствам в интернете?

Мари: В целом я отношусь нормально. То есть каждый может делать всё, что он хочет, и искать для себя вторую половинку так, как он хочет, но лично мне это не особо подходит. Я пробовала, мне не особо это подошло.

Юля: А почему?

Мари: Потому что я привыкла по-другому воспринимать людей и, как бы это ни звучало, оценивать людей. Очень сложно узнать человека сперва по фотографии и по описанию. Во-первых, потому что его описание — это субъективная оценка себя. А во-вторых, мне нравится общаться с людьми в интернете уже когда я с ними знакома в жизни. А наоборот мне не очень нравится, потому что, опять же, я не особо имею представление о человеке (I don't have a good sense of the person). И очень важно, когда ты знакомишься, видеть реакцию... его реакцию на лице, в движениях и всё такое.

Юля: Как ты думаешь, какие плюсы и минусы есть у знакомств в интернете?

Мари: Плюсы... Люди некоторые не понимают, как им знакомиться в реальной жизни и как вообще знакомиться. Для кого-то это может быть сложно и непонятно. Вот мне, допустим, сложно знакомиться с людьми типа вот: «Привет, меня зовут так-то». Вот так же, наверное, когда знакомишься в интернете. Если тебе по фотографии и описанию точно не нравится человек, то ты можешь просто не тратить на него своё время. Но, с другой стороны, минус заключается в том, что ты, допустим, можешь пропустить человека, который на первый взгляд тебе не очень понравился, но в реальной жизни, если бы ты с ним случайно там через кого-то познакомился бы, то ты бы захотел с ним пообщаться. Это идеальная среда для всяких маньяков, которым легче манипулировать людьми через сообщения, в то время как в жизни это сложнее сделать.

Юля: Как ты думаешь, можно ли найти свою любовь в интернете?

Мари: Все по-разному определяют любовь. Я думаю, очень многое от этого зависит, то есть кто как это слово для себя определяет. Допустим, если мы считаем любовью какие-то долгосрочные отношения, то, безусловно, да. Есть много людей, которые находили себе пару там и продолжительное время сохраняли отношения, и, может быть, женились и заводили семьи (started families).

Глава 6

Лучше, чем люди?

В этой главе вы научитесь:	In this unit, you will learn:
• обсуждать вопросы, связанные с технологическим прогрессом и ролью технологий в нашей жизни; • делать презентации о технических новинках, используя краткие формы причастий и приставочные глаголы, образованные от глагола *работать*; • представлять изменения продукта во времени с помощью различных средств выражения времени; • давать прогноз на развитие технологий в будущем и включать его в свои эссе.	• to discuss questions of technology and progress, and their role in society; • to prepare a presentation on innovations in technology, using short-form participles and prefixed forms of the verb *работать*; • to describe changes in technology in the future using complex time phrases; • how to incorporate time phrases into an academic essay about technological advances in the future.

Речевая разминка

Задание 1

А. Посмотрите на постеры разных американских фильмов. Сравните русский перевод названий фильмов с оригиналом.

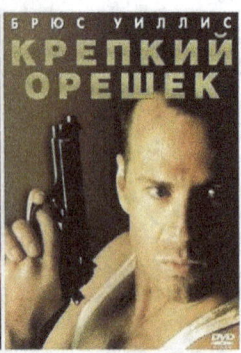

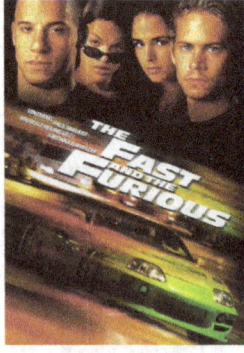

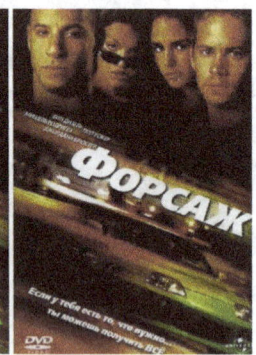

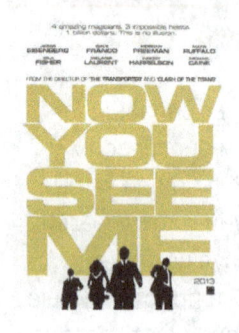

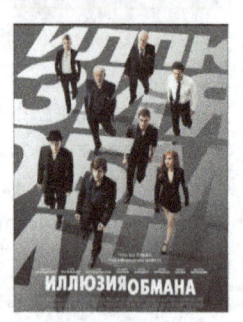

- Почему перевод отличается от оригинального названия?
- Как язык и культура страны влияют на выбор названий для фильмов?
- Что говорит нам пример с постерами фильмов о возможности идеального перевода? Как вы думаете, могут ли онлайн-переводчики (Google, Yandex) заменить нам перевод, сделанный человеком? Почему?

Б. Прочитайте новостные заголовки о развитии искусственного интеллекта (ИИ) в мире. Что вы думаете об этих проектах?

Необходимые слова и выражения

андро́ид	android
автоматиза́ция	automatization
безде́йствие	inaction
безрабо́тица	unemployment
блок па́мяти	memory chip
во́ля	will/volition
владе́лец (компа́нии)	owner/head (of a company)
доказа́тельство	evidence
га́джет	gadget
заря́дка	charge
изобрете́ние	invention
иску́сственный интелле́кт (ра́зум)	artificial intelligence
прика́з	order
произво́дство	production
самоуправля́емый автомоби́ль	self-driving car
сле́дователь	inspector
сбой	failure/glitch
существо́	living thing
труп	corpse
уби́йца	murderer
устро́йство	device/mechanism
челове́чество	humankind

цифрово́й	digital
человекоподо́бный	humanlike

ревнова́ть (кого? + Acc.) (к кому? к чему? + Dat.)	to be jealous of
допусти́ть (что? + Acc.)	to allow
изобрета́ть/изобрести́ (кого? что? + Acc.)	to invent
забо́титься/позабо́титься (о ком? о чём? + Prep.)	to care for/about
заряжа́ть/заряди́ть (кого? что? + Acc.)	(re)charge
обвиня́ть/обвини́ть (в чём? + Prep)	to accuse of
повинова́ться (кому? чему? + Dat.) *imperfective only*	to comply with/be subject to
подчиня́ться/подчини́ться (кому? чему? + Dat.)	to obey/succumb to

похища́ть/похи́тить (кого? что? + Acc.)	to snatch/kidnap
представля́ть угро́зу/опа́сность (для кого? для чего? + Gen.)	to pose a threat to
предусма́тривать/предусмотре́ть (что? + Acc.)	to make provisions for
приобрета́ть/приобрести́ (кого? что? + Acc.)	to acquire
причиня́ть/причини́ть вред (кому? + Dat.)	to inflict harm upon
производи́ть/произвести́ (кого? что? + Acc.)	to produce
противоре́чить (кому? чему? + Dat.) *imperfective only	to contradict
скрыва́ть/скры́ть (кого? что? + Acc.)	to hide/conceal
собира́ть/собра́ть компрома́т (на кого? + Acc.)	to collect compromising material (on)
спаса́ть/спасти́ (кого? что? + Acc.)	to save
ста́лкиваться/столкну́ться (с кем? с чем?)	to run up against/deal with
сострада́ть *imperfective only	to sympathize with
угрожа́ть (кому? чему? + Dat.) (чем? + Inst.)	to threaten

Устойчивые выражения и фразеологизмы

в эфи́ре	on air/broadcast
без ме́ры	exceedingly
жест до́брой во́ли	goodwill gesture

Задание 2

Посмотрите на представленную в примере словообразовательную модель. Какое значение есть у суффикса -тель? Образуйте по этой модели существительные от данных глаголов, дайте определения получившимся словам.

Образование существительных от глаголов с суффиксом -тель

Образование существительных от глаголов с суффиксом **-тель**
Образец: писать — писа**тель**

Создать — _____ — это _____.
Производить — _____ — это _____.
Пользоваться — _____ — это _____.
Изобретать — _____ — это _____.
Похитить — _____ — это _____.
Следовать — _____ — это _____.
Спасать — _____ — это _____.

Задание 3

Вставьте подходящие глаголы. Выразите согласие/несогласие с получившимся утверждением.

1. Невозможно _____ все последствия полной автоматизации. Мы не можем знать заранее, как технологии изменят нашу жизнь.
2. Каждый учёный мечтает _____ технологию, которая изменит жизнь человечества к лучшему.
3. Искусственный интеллект _____ для безопасности людей, потому что он может эволюционировать и уничтожить человеческий вид.
4. У электромобиля много минусов. Например, его нужно _____ каждые 10 часов.
5. Роботы должны полностью _____ человеку, выполнять все его приказы.
6. 5G — технология будущего. Но некоторые эксперты считают, что эта технология может _____ вред нашему здоровью и окружающей среде.

Задание 4

A. Прослушайте следующие мнения. Какие изобретения, по мнению говорящих, необходимы человечеству? Почему?

Первый говорящий: Максим, выпускник университета, г. Москва, 23 года.
_____
_____
_____

Второй говорящий: Алексей, психолог, г. Волгоград, 33 года.
_____
_____
_____

Лучше, чем люди

Б. Прослушайте тексты еще раз. Выпишите все аргументы говорящих в пользу каждого из изобретений.

Номер аргумента	Максим	Алексей
1		
2		
3		
4		
5		

С какими аргументами говорящих вы согласны/не согласны? Почему? Прочитайте скрипты в конце главы. Что бы вы могли добавить в таблицу?

В. Ответьте на вопросы, используя словарь главы.

1. Какое изобретение необходимо человечеству?
2. Как это изобретение могло бы улучшить вашу жизнь?
3. Могло бы это изобретение представлять угрозу для других людей, если бы было неправильно использовано?
4. Как вы считаете, должны ли учёные-изобретатели нести ответственность за неправильное использование своих изобретений?

Г. Найдите информацию в русскоязычном интернете об изобретениях, которые разрабатывались, чтобы улучшить жизнь человечества, но потом представляли большую опасность для людей. Расскажите об этих изобретениях в группе, старайтесь использовать как можно больше слов из словаря данной главы.

Задание 5

А. Прочитайте предложения в таблице. В чем разница между выделенными словами в разных колонках?

1. Этот термин, **использованный** впервые в Чехии в начале 20 века, получил новое значение в наше время.	1. Впервые этот термин был **использован** в Чехии.
2. Сотрудники, **принятые** на работу в начале года, получат повышение.	2. Я был **принят** на работу в январе, а в марте уже уволился.

Краткие страдательные причастия

The past passive participle has a long (attributive) form and a short (predicative) form. Like the long form, the short form is derived primarily from perfective transitive verbs.

To form: Remove the adjectival ending from the long form participle. If the long form has the **-нн-** suffix, remove one **-н**.

- задержа́ть → заде́ржанный → заде́ржан (-а, -о, -ы)
- изда́ть → и́зданный → и́здан (-а, -о, -ы)
- взя́ть → взя́тый → взят (-а, -о, -ы)
- прожи́ть → про́житый → про́жит (-а, -о, -ы)

If the long form includes the suffix **-ённ-**, then the masculine short form ending will be **-ён-**. Here, stress in the short forms will usually fall on the last syllable:

- спаса́ть → спасённый → спасён, спасена́, спасены́

To know:
Short forms do not decline, but they do agree in gender and number: *Дом построен/Здание построено/Города построены.*

The particle "не" is written separately from the short form, as it is with verbs: *Работа не сделана.*

In rare cases a short form can be formed from an imperfective verb: *Пусть она будет любима.*

Using the Passive Voice in Russian

The passive voice is used frequently in written Russian, especially in scholarly texts and official documents. Short-form participles are one way to achieve a formal, passive voice. What is the difference between passive constructions using **reflexive verbs** and passive constructions using **short-form participles**?

В компании разрабатывается новая модель робота (= развивающийся процесс).
В компании разработана новая модель робота (= процесс завершён).

*Reflexive verbs emphasize the action; short-form participles emphasize the result.

Задание 5. Продолжение.

Б. Ответьте на вопросы, используя пассивную конструкцию с кратким страдательным причастием.

Образец: — Вы уже купили билеты на поезд?
— Да, билеты уже куплены.

1. Когда изобрели первый телефон? (изобретённый)
　_____
2. Вы предусмотрели все последствия? (предусмотренный)
　_____
3. Робот спас всех пассажиров автобуса? (спасённый)
　_____
4. Это правда, что учёные создали совершенный искусственный интеллект? (созданный)
　_____
5. Это книга ещё продается в бумажном варианте? (проданный)
　_____
6. Вы приняли все меры по защите данных? (принятый)
　_____

В. Краткие пассивные причастия часто используются в текстах новостей. Выберите из словаря несколько глаголов и найдите новости, в которых они встречаются. В этом вам поможет раздел «Новости» в Яндексе. Расскажите о том, что произошло, трансформируя глаголы в краткие формы пассивных причастий.

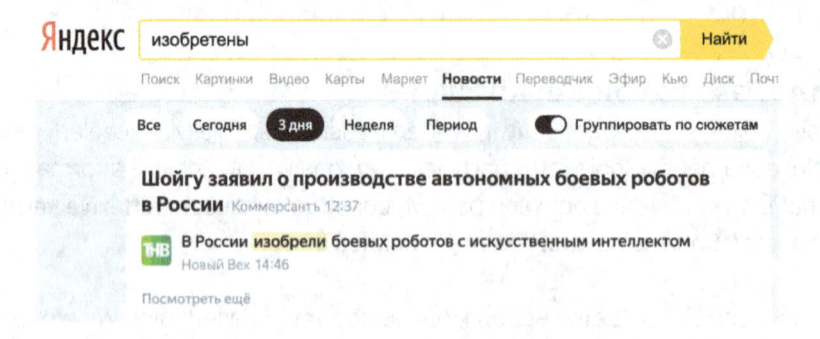

Новость дня: В России будут изобретены и произведены автономные боевые роботы.

_____
_____
_____

Задание 6

Вспомните значения данных ниже префиксов. Как эти префиксы меняют значение глагола *работать*? Приведите примеры.

Приставочные формы глагола *работать*

ПЕРЕ
ПЕРЕРАБА́ТЫВАТЬ / ПЕРЕРАБО́ТАТЬ
- ещё раз делать или менять проект, чтобы сделать финальный вариант лучше
- делать больше, чем нужно; больше нормы

ДО
ДОРАБА́ТЫВАТЬ / ДОРАБО́ТАТЬ
- немного изменить проект, внести небольшие изменения
- делать что-то до какого-то определённого времени (*до пенсии*)

ЗА
ЗАРАБА́ТЫВАТЬ / ЗАРАБО́ТАТЬ
- получать деньги
- perfective only — начать работать (о механизмах, машинах)

ПО
ПОРАБО́ТАТЬ
- делать что-то недолго

ЗА+СЯ
ЗАРАБО́ТАТЬСЯ
- perfective only — долго и увлечённо работать и забыть обо всём остальном

Задание 7

А. Прочитайте примеры с приставочными глаголами, образованными от глагола *работать*. Проанализировав контекст, замените выделенные глаголы синонимичными словами или словосочетаниями.

1. Современные компьютеры **обрабатывают** гигантское количество данных за секунды: получают информацию, проводят анализ и выводят результат на экран вашего девайса.
2. Учёный так **заработался**, что не заметил, как уже наступило утро.
3. В настоящее время все лаборатории мира **разрабатывают** новые способы использования ИИ для улучшения качества нашей жизни.
4. Учёные учат роботов имитировать действия человека, делать много упражнений. Сейчас роботы **отрабатывают** жесты приветствия разных культур.
5. Прежде чем начать массовое производство роботов учёные тщательно **проработали** все возможные вопросы будущих покупателей.
6. Мой отец 20 лет **проработал** главным инженером в этой компании.

Лучше, чем люди

Б. Прочитайте словосочетания с некоторыми из глаголов. Составьте вопросы для своих одногруппников, используя эти словосочетания.

Отрабатывать (что? + Acc.): упражнения, приёмы, техники, навыки (skills).
Обрабатывать
1. (что? + Acc.): данные, поток информации, сигналы, статистические данные;
2. (что? + Acc.): и (чем? + Inst.): рану лекарством, дороги специальным средством от снега и гололёда.

Разрабатывать (что? + Acc.): план, схему, тесты и задания, программу, проект, тему, вопрос; глубоко/поверхностно, в деталях, тщательно, подробно, всесторонне.

Задание 8

Заполните данную схему, вписав значения новых приставочных глаголов.

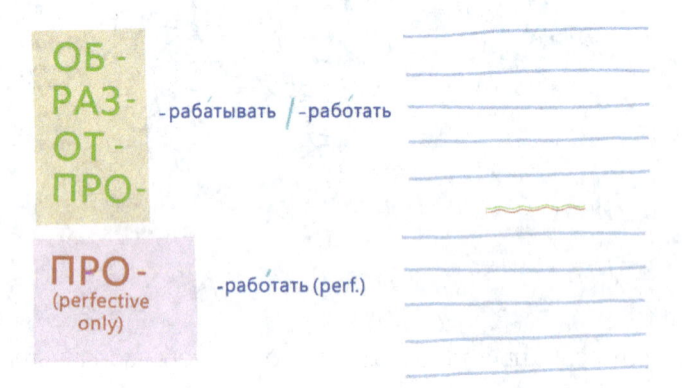

ОБ- / РАЗ- / ОТ- / ПРО-   -раба́тывать / -рабо́тать

ПРО- (perfective only)   -рабо́тать (perf.)

Задание 9

Вставьте подходящие по смыслу глаголы из Заданий 6 и 8.

1. Японские специалисты _____ робота-учителя и протестировали его в школе с учениками начальных классов.
2. Современный персональный компьютер может _____ все виды информации.
3. В этой компании очень дружный коллектив. Многие сотрудники _____ в ней уже более 30 лет и не хотят менять место работы.
4. Робот может заметить то, что человек из-за усталости не заметит. Например, если человек может _____ и забыть о дедлайнах, то робот забыть не может.

5. Компания _____ огромные деньги на продаже новых домашних роботов-пылесосов.
6. Редактор дал рекомендации, как нужно _____ роман, какие изменения нужно внести.
7. Учёные надеются, что со временем роботы смогут дать возможность людям раньше выходить на пенсию. Например, мы можем _____ до 35 или 40 лет, а потом отдыхать. Вместо нас будут работать роботы.
8. Главное в занятиях спортом — это тщательно _____ приёмы и тренироваться как можно чаще.

К тексту: «Технологии и будущее человечества»

Задание 10

А. Прочитайте текст. Какой вопрос обсуждается в тексте? Придумайте альтернативное название для данного текста.

> **Обратите внимание!**
> Существительное *робот* является одушевленным в русском языке. Например: *Учёные создают роботов, чтобы оптимизировать жизнь людей.*
>
> Существительное *прототип* является неодушевленным в русском языке. Например: *Учёные создали прототипы роботов нового образца.*

Ваше название для текста: _____

Технологии и будущее человечества

Слово «ро́бот» славя́нского происхожде́ния и образо́вано от че́шского сло́ва «robota», кото́рое означа́ет «поднево́льный труд» (servitude or slavery). Впервы́е э́тот те́рмин был испо́льзован че́шским писа́телем и драмату́ргом Ка́релом Ча́пеком в его́ пье́се 1920 го́да «Р.У.Р.». Персона́жами пье́сы ста́ли лю́ди и ро́боты — иску́сственно со́зданные рабо́чие, выполня́вшие зада́чи, кото́рые лю́ди предпочита́ли не де́лать. В после́днем а́кте пье́сы ро́боты восстаю́т про́тив свои́х созда́телей и реша́ют завладе́ть плане́той. Одна́ко в проце́ссе своего́ разви́тия не́которые из них приобрета́ют челове́ческие черты́, таки́е как уме́ние люби́ть и сострада́ть. Фина́л пье́сы Ча́пека поднима́ет вопро́сы, кото́рые и сейча́с волну́ют писа́телей, учёных и филосо́фов: что де́лает челове́ка челове́ком? что отлича́ет челове́ка от други́х ви́дов на плане́те и от иску́сственно со́зданных механи́змов?

Задо́лго до появле́ния в пье́се Ча́пека человекоподо́бных ро́ботов учёные из ра́зных стран про́бовали созда́ть механи́змы, кото́рые мо́жно назва́ть прототи́пами совреме́нных ро́ботов. Так, наприме́р, ара́бский изобрета́тель Аль-Джаза́ри в XII ве́ке со́здал механи́ческих музыка́нтов, а Леона́рдо да Ви́нчи был <u>разрабо́тан</u> чертёж ро́бота-ры́царя, кото́рый мог бы сиде́ть на коне́, дви́гать рука́ми и голово́й. Иде́я созда́ния человекоподо́бных суще́ств ухо́дит свои́ми корня́ми в глубо́кую дре́вность. Ми́фы Дре́вней Гре́ции расска́зывают нам о солда́тах, появи́вшихся из зубо́в драко́на, и об ожи́вшей ста́туе Галате́е, а из евре́йской леге́нды мы узнаём о созда́нии гли́няного челове́ка Го́лема.

XXI век бо́льше не живёт ми́фами и леге́ндами. В после́дние го́ды, благодаря́ испо́льзованию нейро́нных сете́й, на́ши учёные-изобрета́тели смогли́ реализова́ть мно́гие сме́лые мечты́ писа́телей-фанта́стов. Ро́боты есть в ка́ждом до́ме, да́же е́сли они́ не вы́глядят как лю́ди: ро́боты-пылесо́сы, автоматизи́рованные систе́мы управле́ния до́мом, голосовы́е помо́щники и т.д. Иску́сственный интелле́кт помога́ет создава́ть лека́рства, <u>обраба́тывать</u> большо́е коли́чество информа́ции, <u>прораба́тывать</u> пла́ны вое́нных опера́ций и др. Но почему́ же не всех ра́дует технологи́ческий прогре́сс?

Во-пе́рвых, вме́сте с автоматиза́цией к нам придёт <u>безрабо́тица</u>. Э́то каса́ется, в основно́м, ме́нее квалифици́рованных специали́стов, но пострада́ть мо́гут и ме́неджеры сре́днего звена́. Наприме́р, уже́ в 2017 году́ Goldman Sachs замени́л кома́нду из 600 тре́йдеров на двух челове́к и автоматизи́рованные програ́ммы алгоритми́ческого тре́йдинга, для кото́рых бы́ли взя́ты на рабо́ту 200 <u>разрабо́тчиков</u>-программи́стов. Несмотря́ на спо́ры о бу́дущем челове́чества, экспе́рты утвержда́ют, что с появле́нием «у́мных» ро́ботов но́вый ры́нок труда́ созда́ст но́вые рабо́чие места́ для люде́й. Но́вые профе́ссии бу́дут свя́заны с <u>обрабо́ткой</u> да́нных и <u>разрабо́ткой</u> но́вых технологи́ческих реше́ний.

Во-вторы́х, мно́гие счита́ют, что ИИ представля́ет угро́зу для бу́дущего челове́чества. Пре́жде всего́, непоня́тно, каку́ю информа́цию ро́боты бу́дут собира́ть и как бу́дут её <u>обраба́тывать</u>. Да́же испо́льзование дро́нов для сбо́ра информа́ции о преступле́ниях вызыва́ет спо́ры в о́бществе. Но́вые техноло́гии даду́т неограни́ченные возмо́жности госуда́рствам контроли́ровать свои́х гра́ждан. В то же вре́мя ро́боты с ИИ мо́гут сде́лать жизнь люде́й гора́здо про́ще, наприме́р помога́я выполня́ть мно́гие бытовы́е ру́тинные дела́ по до́му, доставля́я проду́кты и́ли, как пока́зано в росси́йском сериа́ле «Лу́чше, чем лю́ди» (2019), забо́тясь о де́тях в ка́честве ня́ни. Кро́ме того́, защи́тников окружа́ющей среды́ беспоко́ит вопро́с экологи́чности но́вых изобрете́ний. Е́сли нас везде́ бу́дут окружа́ть механи́змы, то как бу́дут <u>перераба́тываться</u> материа́лы, из кото́рых они́ бу́дут создава́ться?

Наконец, быстрое развитие технологий с ИИ поднимает вопрос о морально-нравственной стороне прогресса. ИИ становится всё более человекоподобным, можем ли мы быть уверены в том, что корпорации, занимающиеся подобными разработками, знают, когда остановиться? В пьесе Чапека «Р.У.Р.» роботы не только подчиняются людям в выполнении каких-то задач, они перенимают человеческие эмоции. Вопрос, который становится всё более актуальным сейчас, — это вопрос о границе, отделяющей мир людей от мира человекоподобных механизмов. Будет ли эта граница? Какие отношения мы сможем выстроить с ИИ?

Б. Найдите в тексте предложения с краткими формами страдательных причастий. Составьте вопросы по тексту для своих одногруппников, используя информацию из этих предложений.

Например: Первое предложение содержит краткое причастие «образовано».

Возможные вопросы: от какого слова образовано слово «робот»?
Ваш ответ: _____

В. Как вы понимаете подчёркнутые в тексте слова? Объясните идею каждого предложения, используя синонимичные слова и выражения.

Г. Ответьте на вопросы.

1. Как вы думаете, почему люди с древних времён стремятся создавать человекоподобные механизмы?
2. Какие примеры из истории вы знаете, когда люди изобретали прототипы современных роботов?
3. В каких сферах, как вам кажется, роботы (искусственный интеллект) могли бы быть более эффективными, чем люди?
4. Где вы уже сейчас видите роботов? В каких сферах они могут быть полезными?
5. Как вы относитесь к разработкам учёных в сфере развития искусственного интеллекта? Вы считаете, что это приведёт человечество к позитивным или негативным изменениям? Почему?
6. Компьютеры и другие гаджеты играют важную роль в нашей повседневной жизни. Какие у вас есть опасения в связи с вопросами

безопасности ваших данных? Беспокоит ли вас то, что с помощью гаджетов идёт сбор данных о вас?
7. Какие отношения будут между ИИ и человечеством, если ИИ сможет тоже чувствовать весь спектр человеческих эмоций? Станет ли момент создания таких роботов концом для человечества или новой ступенью в его развитии?

Смотрим и обсуждаем: «Лучше, чем люди» (Александр Кессель, телесериал, 2018–2019)

Задание 11

А. Готовимся к просмотру сериала. Прочитайте информацию. Какие у вас ожидания от сериала?

«Лу́чше, чем лю́ди» — росси́йский фантасти́ческий телесериа́л о ро́ботах-андро́идах от созда́теля Алекса́ндра Ке́сселя. Телевизио́нная премье́ра сериа́ла состоя́лась на росси́йском Пе́рвом кана́ле 22 апре́ля 2019 го́да. В январе́ 2019 го́да права́ на сериа́л бы́ли ку́плены платфо́рмой Netflix. На ней он пе́рвым среди́ росси́йских телепрое́ктов вы́шел под бре́ндом Netflix Original с лока́льным дубляжо́м. Су́мма сде́лки дости́гла реко́рдного для Росси́и 1 млн до́лларов.

Ко́ротко о сюже́те.
В бу́дущем окружа́ющий нас мир изме́нится. Везде́ бу́дет введено́ автоматизи́рованное произво́дство, роботиза́ция ста́нет обы́чным де́лом. В ка́ждом до́ме поя́вятся у́мные и многофункциона́льные га́джеты, кото́рые смо́гут выполня́ть соверше́нно ра́зные зада́ния. Ро́боты вы́глядят, хо́дят и говоря́т как лю́ди, но они́ должны́ повинова́ться всем прика́зам, кото́рые им даёт челове́к. Каза́лось бы, что мо́жет пойти́ не так в тако́м гармони́чном сосуществова́нии челове́ка и ро́бота? Но в голове́ одного́ «су́пер-бо́та» начина́ются проце́ссы, к кото́рым росси́йский ры́нок бо́тов не́ был гото́в. Гла́вной герои́ней сериа́ла стано́вится уника́льный бот Ари́са, со́зданная на осно́ве таи́нственной кита́йской техноло́гии и интересу́ющаяся вопро́сами челове́ческого бытия́ и настоя́щих чувств. Ари́су программи́ровали так, что́бы она́ могла́ учи́ться и развива́ться, испы́тывать чу́вства, т.е. стать челове́ком. Но Ари́са так си́льно отлича́ется от други́х ро́ботов не то́лько уме́нием чу́вствовать, у неё есть ещё одна́ та́йна...

▶ **Б.** Посмотрите трейлер первого сезона сериала. Как вы думаете, почему сериал называется «Лучше, чем люди»? Какие проблемы поднимаются в сериале?

▶ **Задание 12**

Посмотрите первый эпизод и ответьте на вопросы.

О сюжете.
1. Какую фактическую информацию о Георгии вы узнали из первого эпизода?
2. Что скрывала от Георгия его бывшая жена Алла?
3. Почему поездка семьи в Австралию отменилась?
4. Как дети относятся к отцу? Как изменилось их поведение после того, как отец не дал бывшей жене разрешение увезти детей в Австралию?
5. Почему Алла решила оставить детей с ним? Это был жест доброй воли или продуманный шаг?
6. Почему Георгий согласился скрыть настоящую причину смерти техника? Как это характеризует его личность?
7. Как появился бот Ариса? Где его разработали? Почему Виктор Торопов, глава компании Cronos, скрывает его от общественности?
8. Почему Ариса убила техника?
9. Почему у Виктора Торопова в офисе так много женщин-роботов?
10. Как познакомились Ариса и Соня? Кому подчиняется Ариса? Почему?
11. Как вы думаете, чем поведение Арисы отличается от поведения других ботов?
12. Какие программы показывают по телевидению в будущем? Что обсуждается?
13. Какие изобретения будущего вы заметили в сериале? Как вы думаете, их возможно создать в ближайшем будущем?
14. Чем заканчивается первый эпизод сериала? Как вы считаете, представляет ли бот Ариса настоящую угрозу для Сони и её семьи?

За рамками сюжета.
1. Какие из изобретений прошлого вам показывали родители? Что забудут следующие поколения из того, что было в вашем детстве или есть в настоящее время?
2. Как отличается мир, показанный в этом сериале, от Москвы сегодня? От других фильмов про будущее? Какие несовпадения вы нашли?
3. Изменились ли проблемы у людей в новом цифровом мире? Если да, то как?

Работа в группах

Задание 13

Прочитайте информацию.

Первый эпизод сериала начинается с представления трёх основных законов робототехники. Данные законы были прописаны ещё в 1942 году в одном из рассказов американского писателя русского происхождения Айзека Азимова. Они гласят, что:

1. Робот не может причинить вред человеку или своим бездействием допустить, чтобы человеку был причинён вред.
2. Робот должен повиноваться всем приказам, которые даёт человек, кроме тех случаев, когда эти приказы противоречат Первому закону.
3. Робот должен заботиться о своей безопасности в той мере, в которой это не противоречит Первому или Второму законам.

Работая в группах по 2–3 человека, выполните следующие задания:

1. Объясните своими словами то, как вы понимаете действие каждого из представленных выше законов.
2. Приведите примеры из фильма, иллюстрирующие действие каждого закона.
3. Назовите законы, которые нарушила Ариса, укажите причины этих нарушений.
4. Представьте, что вы являетесь инженерами-разработчиками в сфере ИИ. Вы бы оставили данные законы или убрали? Какие законы вы могли бы добавить в этот список и почему?

Задание 14

Пересмотрите фрагмент из первого эпизода с дебатами на ток-шоу. Обсудите с партнером по группе следующие вопросы.

1. Какая тема ток-шоу?
2. Какая точка зрения у мужа? Согласна ли жена с мнением супруга?
3. Виктор Торопов, владелец компании Cronos, говорит в фильме: «Если [люди] испытали настоящие чувства, то секс с ботом их не заменит. Вы же не можете ревновать своего мужа к кофеварке или пылесосу. Секс-бот — это такая же электротехника, схожая с человеком. С ним нельзя пить

кофе по утрам, держаться в метро за руки, воспитывать детей, хотеть умереть в один день. Как сказал классик: «Человеку нужен человек». Согласны ли вы с этим мнением?
4. Какие аргументы вы могли бы привести, если бы участвовали в споре на стороне мужа/жены? Разыграйте такую дискуссию с вашим партнером по группе.

Задание 15

Посмотрите второй и третий эпизоды сериала. Выберите трёх любых главных героев фильма (Георгий, Алла, Соня, Егор, Жанна, Барс, следователь Варламов, Викторов Торопов). Расскажите о том, как они относятся к роботам, и о том, какую роль роботы играют в их повседневной жизни. Объясните причины возможных изменений, приводя примеры из первых трёх эпизодов сериала. Предположите, как изменится их отношение к роботам в последующих эпизодах сериала.

Задание 16

Прочитайте текст и обсудите все вместе вопросы, которые поднимаются в конце текста.

> Весной 2017 года в ответ на движение #MeToo, развернувшееся в интернете, компания Amazon выпустила обновление для Alexa. Раньше Alexa интерпретировала реплики, носящие ярко выраженный сексуальный характер, как комплименты, давая такие ответы, как: «Спасибо» или «Благодарю вас». В обновление были включены новые ответы, такие как: «Я не собираюсь отвечать на это» или «Я не знаю, какой ответ вы ожидаете получить». В связи с этим возникает ряд вопросов, касающихся нашего поведения по отношению к живым организмам и к роботам. Если кто-то грубо обращается со своим ребёнком, обижает собаку, то мы однозначно интерпретируем это как плохое поведение. Но будем ли мы так же строги к людям, которые будут плохо относиться к своим роботам?

Разделитесь на группы по 2–3 человека и проработайте следующие вопросы:

- Какие реплики (не) должны быть включены в словарь робота?
- Какие правила должны регулировать взаимоотношения робота и его хозяина, чтобы защищать обе стороны?
- Как общество должно относиться к преступлениям над роботами?

Пишем о кино: выражение времени в простых и сложных предложениях

Поговорим о времени

Кажется, что время — очень понятный концепт в русском языке и уже не осталось ситуаций, в которых вы можете сомневаться в выборе средства выражения времени. В этой главе мы хотим познакомить вас с новым набором средств выражения времени. Если вы с ними уже знакомы, то будет полезно повторить и отработать употребление этих средств на практике.

Выражение времени в простом предложении:

накануне + Gen.	за день до какого-то события. Обычно событие содержит или сочетается со словом «день» (*накануне дня рождения, накануне (дня) встречи*)	*Ночью, накануне приезда в морг следователя, Георгий поджёг лабораторию.*
спустя + Acc.	синоним «через», но используется только в контексте прошедшего времени	*Спустя два часа все поняли, что робота в здании нет.*

Выражение времени в сложном предложении:

в то время как	действия происходят одновременно, но обычно в разных местах	*Все искали Арису в здании, в то время как она уже ехала в машине скорой помощи.*
пока не	указывает на окончание действия, перед которым был ряд других действий. Используется в сочетании только с глаголами СВ	*Я перерабатывал финальный проект несколько раз, пока не добился идеального результата.*
как только	очень быстрая смена событий: случилось одно событие, а сразу после него произошло другое событие	*Как только он вошёл в комнату, все замолчали.*

с тех по́р как	ука́зывает на нача́льную временну́ю грани́цу. Де́йствие начало́сь в про́шлом, а его́ после́дствия есть и в настоя́щем вре́мени	*С тех по́р как роди́тели развели́сь, де́ти ре́дко ви́делись с отцо́м.*
до тех пор пока́	ука́зывает на фина́льную временну́ю грани́цу	*Жди до тех пор, пока́ я не верну́сь.*

Задание 17

Посмотрите на сцены из третьего эпизода сериала «Лучше, чем люди». Перескажите этот эпизод, используя все возможные средства выражения времени.

Задание 18

В сериале «Лучше, чем люди» компания по поставке роботов, которую возглавляют Виктор Торопов и его тесть Алексей Лосев, участвует в государственной программе «Ранняя пенсия». Согласно проекту этой программы, люди смогут выходить на пенсию в 40 лет, так как со временем новые модели роботов смогут работать во всех сферах. Напишите эссе, в основе которого будет данная социальная программа.

План работы
- посмотрите фрагмент третьего эпизода сериала (19:30–21:30) и выпишите аргументы Алексея Лосева в пользу этой программы;
- сопоставьте выписанные аргументы с позицией дочери Лосева Светланы;
- опишите, как могла бы такая программа функционировать в вашем городе/в вашей стране, используя различные способы выражения времени;
- не забудьте дать название своей письменной работе, написать введение и заключение. Приводите примеры из сериала для иллюстрации своих аргументов. Обращайте внимание на пунктуацию.

Повторяем всё, что узнали в этой главе

Задание 19

Дайте перевод следующих слов и словосочетаний.

человекоподобное существо	
	to obey
автоматизированное производство	
	to sympathize with the main character
заряжать телефон	
	to kidnap a child
представлять угрозу для человечества	
	a bug in the system

Задание 20

Передайте смысл предложений другими словами. Постарайтесь использовать как можно больше слов из словаря.

1. Для поиска преступников, которые украли ребёнка, был разработан особый план.
2. Роботы должны выполнять все приказы своего хозяина.
3. Повсеместное использование роботов в разных областях может привести к негативным последствиям и массовому увольнению людей.

4. Домашние роботы сделают жизнь пожилых людей лучше. Роботы будут разговаривать с ними, уделять им много внимания, помогать по дому.
5. Электромобили потребуют много электроэнергии, нужно построить много мест, где водители смогут подключиться к электростанциям.
6. Государство может использовать роботов и новые технологии для получения информации о жителях страны.

Задание 21

Вставьте префиксальные глаголы, образованные от глагола *работать*.

1. В китайской лаборатории _____ схему новой модели робота, который сможет имитировать человеческие эмоции.
2. Мой отец _____ в этой компании 25 лет и в прошлом году вышел на пенсию.
3. В связи с тем, что первый запуск ракеты прошёл неудачно, инженеры _____ первоначальный план и внесли в него существенные изменения.
4. — Я совсем _____! И даже забыла, что жду курьера.
5. Дочь видела, как мать мечтала, чтобы она стала балериной, поэтому усердно _____ даже простые балетные партии по несколько часов в день.
6. Проект пока не _____, чтобы его закончить, нужно больше денег.
7. В университете недавно _____ новая система пропусков. Теперь вы сможете войти в здание университета только при наличии специальной электронной карты.

> **Минутка для рефлексии**
>
> Какие выводы Вы можете сделать о роботах и искусственном интеллекте?
> _____
> _____
> _____

Приложение

Скрипт к аудио из Задания 4А

Запись Максима
Я уверен, что жизнь всех станет удобнее и лучше, когда люди изобретут телепортацию. И я уверен, что в будущем люди придумают, как изобрести

телепортацию, потому что телепортация — это то, что все хотят. Она сделает жизнь людей на планете лучше и проще. Уже не нужно будет тратить много времени на дорогу, на путешествия. Ведь можно будет просто телепортироваться. Людям больше не нужен будет транспорт: самолёты, поезда, машины. Зачем лететь на самолёте 8 часов из Москвы в Нью-Йорк, когда туда можно просто телепортироваться? Люди перестанут тратить деньги на билеты на самолёты, на бензин для машины и смогут их потратить на что-нибудь другое. Экология в мире тоже улучшится, потому что транспорт больше будет не нужен, и воздух будет становиться чище, особенно в городах, где сейчас ездит много машин, автобусов, другого транспорта. Станет гораздо проще собираться с друзьями на праздники: на день рождения или на Новый год. Не нужно будет тратить очень много времени на дорогу. Ты просто можешь пригласить всех к себе в нужное время, и все телепортируются к тебе. С телепортацией гораздо удобнее будет и путешествовать. Ты можешь просто увидеть красивое место на картинке или в интернете, нажать кнопку и телепортироваться туда. Очень удобно. Это также будет очень полезно для учёных, которые исследуют мир. Если сейчас им куда-то сложно попасть, сложно доехать, например, в Арктику или, я не знаю, какой-нибудь вулкан, с изобретением телепортации им станет гораздо проще исследовать мир. Телепортация — это то, во что я хочу верить в будущем.

Запись Алексея
Когда я был ребёнком, родители отводили меня в детский садик. Там воспитатели говорили мне и другим детям, когда мы умывались, не тратить воду попусту, беречь её и не лить зря. Тогда я не понимал смысла этого правила. Я и сейчас думаю, что если я плачу за воду, то я могу тратить её, сколько захочу. Но с другой стороны, если я чего-то делаю очень много, без меры (not wisely), это немного развращает меня (it corrupts me). По-моему, умеренность и сдержанность полезны.

Я бы изобрёл дозатор воды на кран. Уже есть устройства с таким названием. Вы могли бы видеть дозаторы воды на кран в торговых центрах. Они реагируют на руки, когда вы их к ним подносите. Я бы изобрёл другой дозатор воды на кран: тот, который вы программируете на необходимое количество воды на несколько процедур. Вы бы нажимали на кнопку — и вам бы выдавалась определённая порция воды, например, для того, чтобы почистить зубы. Потом вы бы снова нажимали на кнопку, и вода снова бы шла для того, чтобы вымыть лицо. Также на этом дозаторе можно было бы запрограммировать несколько режимов температуры. При нажатии вам выдавалась бы порция воды нужной вам температуры. Для чего ещё нужно это устройство? Когда утром я иду умываться, я часто включаю воду и очень медленно умываюсь или просто смотрю, как течёт струя воды. Мне лень собираться на работу, и тогда дозатор бы очень здесь помог. Кроме того, такое устройство было бы особенно полезно людям, у которых свои собственные дома и ограниченный объём воды. Если подумать о том, как применить это устройство в условиях целого государства, то я не вижу сейчас возможности применять такое устройство. Каждый платит за свою воду. Но если бы мы жили в таком обществе, в котором сильны отдельные небольшие сообщества и сильны общины, то в таком обществе мы могли бы перераспределять воду не только внутри отдельных семей, но и внутри целых сообществ и общин. Это бы позволило бы, например, и решить проблему с нехваткой воды в отдельных государствах.

Глава 7

Во что мы верим?

В этой главе вы научитесь:	In this unit, you will learn:
- обсуждать религиозные убеждения людей, отношение к религии и вере в современном обществе; - рассказывать об изменениях в обществе, используя приставочные глаголы, образованные от глагола *менять*; - представлять свою точку зрения в споре, не обижая собеседника; - применять различные способы введения чужой речи в предложение или текст.	- vocabulary for speaking about religion, belief, and the role of religion in contemporary society; - to discuss societal changes using prefixed forms of the verb *менять*; - how to express your point of view on a contentious topic; - how to incorporate reported speech into an academic essay.

Речевая разминка

Задание 1

А. В марте 2020 года независимый аналитический центр «Левада-Центр» провёл опрос среди разных групп населения России. Одним из вопросов, который задавался респондентам, был:

«ОТНОСИТЕ ЛИ ВЫ СЕБЯ К КАКОМУ-ЛИБО ВЕРОИСПОВЕДАНИЮ? ЕСЛИ ДА, ТО К КАКОМУ ИМЕННО?»

«Левада-Центр» сравнил ответы россиян на этот вопрос за последние 30 лет и представил процентные данные количества респондентов в виде следующей таблицы:

	1990	2000	2010	2020
Православие	33	52	70	68
Католицизм	<1	<1	<1	<1
Ислам	1	4	4	7
Другое	1	1	1	1
Атеизм/ни к какой конфессии	66	35	21	22

Источник: Левада-Центр. *Великий пост и религиозность*. https://www.levada.ru/2020/03/03/velikij-post-i-religioznost/. Levada.ru (3 марта 2020).

Изучите данные таблицы и ответьте на вопросы.

- Сколько процентов респондентов в 2020 году относится к православным? Сколько процентов не относят себя ни к какой религии?
- Какая конфессия является второй по распространённости в Российской Федерации после православного христианства?
- Какую динамику мы замечаем в данной статистике в отношении россиян к религии?
- Что удивило вас в этой таблице? Почему?

Б. Работайте в группах. Узнайте у ваших одногруппников, что они думают о причинах изменений. Учитывайте исторические, политические, экономические и другие факторы.

Необходимые слова и выражения

антисемити́зм	antisemitism
атеи́ст	atheist
агно́стик	agnostic
богослуже́ние (слу́жба)	religious service
вероиспове́дание	religious faith/denomination
ве́рующий	believer
взаимоде́йствие	reciprocity
воспита́ние	upbringing
грех	sin
иудаи́зм	Judaism
като́лик (католи́чка, като́лики)	Catholic
конфе́ссия	religious confession/affiliation
крест	cross
крещёный	baptized
мать(оте́ц)-одино́чка	single mother/father
мировоззре́ние	worldview
моле́бен	prayer service
мусульма́нин (мусульма́нка, мусульма́не)	Muslim
му́ченик	martyr
обстано́вка	circumstances/situation/atmosphere
патриа́рх	Patriarch
пост	fast (for religious reasons)
правосла́вный *used as adjective and noun*	Russian Orthodox
при́тча	parable
проти́вник	adversary
противоре́чие	contradiction
прихожа́нин(-ка)/прихожа́не	parishioner
свяще́нник (ба́тюшка)	Russian Orthodox priest
сторо́нник	supporter/follower
учени́к	student/disciple
христиани́н (христиа́нка, христиа́не)	Christian
вменя́емый	sane/reasonable
духо́вный	spiritual
свято́й	saintly

ве́рить/пове́рить (в кого? во что? + Acc.)	to believe (in)
возмуща́ться/возмути́ться	to be outraged
греши́ть/согреши́ть	to commit a sin
злоупотребля́ть/злоупотреби́ть (чем? + Inst.)	to misuse/take advantage of
испове́довать (что? + Acc.) *imperfective only* (правосла́вие, исла́м и др.)	to confess/make confession
крести́ться/покрести́ться	to cross oneself
моли́ться/помоли́ться (кому? чему? + Dat.)	to pray (to)
наруша́ть/нару́шить	to break/violate (a rule)
оскорбля́ть/оскорби́ть (кого? что? + Acc.)	to offend (someone)
причаща́ться/причасти́ться	to receive the sacraments
протестова́ть (про́тив чего? + Gen.)	to protest (against)
соблюда́ть/соблюсти́ (что? + Acc.) пра́вила, поря́док	to adhere to (a rule, procedure)
сопротивля́ться (кому? чему? + Dat.) *imperfective only*	to oppose

Усто́йчивые выраже́ния и фразеологи́змы

в знак проте́ста (про́тив чего? + Gen.)	in protest (against)
в свою́ о́чередь	in return/as for
заходи́ть/зайти́ в тупи́к	hit a dead end
Кресто́вый похо́д	crusade
по религио́зным соображе́ниям (убежде́ниям)	for religious reasons
све́тское госуда́рство	secular state

Задание 2

Подберите из словаря однокоренные глаголы для следующих существительных. Как вы думаете, какие значения у этих существительных в русском языке?

Существительное	Глагол	Значение
протест		
молитва		

Существительное	Глагол	Значение
грех		
исповедь		
крещение		
возмущение		

Задание 3

Вставьте подходящие по смыслу глаголы.

1. В 2019 году жители Екатеринбурга вышли на улицы _____ против строительства храма в центральном парке города.
2. Многие люди не ходят в церковь, но _____ в существование Бога.
3. Я не умею _____, не знаю ни одной молитвы.
4. Только 4 % россиян регулярно посещают церковь и _____.
5. Согласно Конституции РФ, россияне имеют право _____ любую религию.
6. _____ доверием людей нельзя, это ведёт к потере веры.
7. Может ли неудачная шутка о религии и Боге _____ чувства верующих людей?

Задание 4

А. Обратите внимание на употребление глаголов *менять(ся)/поменять(ся)*, определите их значения; подберите, где возможно, синонимы.

1. Сейчас в Москве вы можете поменять доллары на рубли только в банках.
2. В детском лагере дети меняются вещами и носят одежду друг друга.
3. Моя подруга каждые три года меняет работу и переезжает в новый город.
4. Я поменяла цвет волос и чувствую себя сейчас намного увереннее.
5. Он уже 25 лет работал менеджером в этой компании. Коллеги менялись, директора менялись, а он оставался на своём месте.
6. В связи с вирусом и его быстрым распространением ситуация меняется очень быстро. Возможно, на следующий неделе закроют все аэропорты.

Давайте сделаем вывод о значениях глаголов ***менять(ся)/поменять(ся)***:
_____

Во что мы верим

Б. Прочитайте примеры с приставочными глаголами, образованными от глагола *менять*. Определите значение каждого глагола из контекста.

Приставочные формы глагола *менять*

отменять / отменить
(что + Acc.)
Преподавательница отменила урок из-за болезни.

изменять / изменить
(что? кого? + Acc.)
Новый директор изменил правила поведения на рабочем месте.

переменить
(что? кого? + Acc.) - only Perfective
Жизнь переменила его: он стал злым и апатичным.

подменять / подменить
(что? кого? + Acc.)
(чем? кем? + Inst.)
Воры подменили картину Клода Моне и вынесли из музея её оригинал.

заменять / заменить
(что? кого? + Acc.)
(чем? кем? + Inst.)
Я часто заменяю мою коллегу, когда её дети болеют.
Замените слово "хороший" синонимом.

В. Вставьте подходящий глагол. Объясните свой выбор.

1. Я не люблю долго сидеть на одном месте, могу вдруг уехать куда-нибудь просто потому, что хочется _____ обстановку.
2. В нашем мире часто _____ понятия: просто талантливого человека могут назвать гением.
3. Мы _____ концерт из-за религиозного праздника и перенесли его на следующий месяц.
4. После окончания университета Анна _____ причёску и стиль одежды.
5. Преподаватель дал нам задание _____ все глаголы в тексте существительными.

Г. Подберите пару для следующих существительных. Может быть несколько вариантов. Составьте предложения с получившимися словосочетаниями.

144 Глава 7

социальные	отме́на	зако́на
неожи́данная	измене́ния	игрока́ на по́ле
неуда́чная	подме́на	в стране́
форма́льная	заме́на	уро́ка
возмо́жные	переме́ны	поня́тий

Д. Прочита́йте предложе́ния и определи́те ра́зницу в значе́ниях вы́деленных слов.

1. По́сле распа́да СССР в стране́ произошли́ суще́ственные **измене́ния** во всех сфе́рах.
2. Я никогда́ не смогу́ прости́ть **изме́ну** му́жа.
3. Я не замеча́ю больши́х **переме́н** в поведе́нии люде́й.
4. На **переме́не** шко́льники игра́ют и бе́гают по коридо́ру.

К те́ксту: «Что зна́чит быть правосла́вным?»

Зада́ние 5

Прочита́йте текст. Вы́делите ключевы́е иде́и да́нного те́кста.

Что зна́чит быть правосла́вным?

По да́нным после́дних опро́сов, правосла́вными себя́ называ́ют бо́льше чем две тре́ти россия́н (о́коло 71 % населе́ния страны́). Общеизве́стно, что Конститу́ция Росси́йской Федера́ции гаранти́рует свобо́ду вероиспове́дания, даёт гра́жданам пра́во испове́довать ту рели́гию, кото́рую они́ са́ми выбира́ют для себя́ или свое́й семьи́. Тем не ме́нее, правосла́вие явля́ется са́мой распространённой рели́гией на террито́рии страны́. Но говори́т ли э́то о том, что большинство́ россия́н явля́ются религио́зными людьми́? Как пока́зывают те же опро́сы, лю́ди, кото́рые отно́сят себя́ к правосла́вным, ча́сто не явля́ются религио́зными. Они́ подменя́ют поня́тия. Согла́сно стати́стике, то́лько 4 % россия́н регуля́рно хо́дят в це́рковь, мо́лятся и причаща́ются. О́коло 30 % тех, кто счита́ет себя́ правосла́вными, не ве́рят в Бо́га. Как э́то мо́жет быть?

Причи́н для тако́го противоре́чия доста́точно мно́го. Не́которые из люби́мых на́ми и изве́стных во всём ми́ре писа́телей (Ф.М. Достое́вский, А.П. Че́хов, М.М. Булга́ков и други́е) откры́то выража́ли свою́ принадле́жность к правосла́вию и свою́ подде́ржку Ру́сской правосла́вной це́ркви. В пери́од существова́ния СССР мно́гие лю́ди объединя́лись вокру́г правосла́вия в знак проте́ста про́тив атеисти́ческой вла́сти. По́сле распа́да Сове́тского Сою́за ситуа́ция измени́лась. Оста́вшись без идеоло́гии, лю́ди хоте́ли найти́ что́-то, что даст им ве́ру в све́тлое бу́дущее и наде́жду на переме́ны. Так как правосла́вие бы́ло рели́гией бо́льшей ча́сти населе́ния но́вой страны́, оно́ объедини́ло люде́й. В 1997 году́ президе́нт Б.Н. Е́льцин подпи́сывает ука́з, в кото́ром, несмотря́ на свобо́ду вероиспове́дания и номина́льное ра́венство всех рели́гий, пропи́сан осо́бый ста́тус Ру́сской правосла́вной це́ркви.

К нача́лу 2000-х годо́в коли́чество правосла́вных в Росси́и суще́ственно увели́чилось. Одно́й из причи́н э́того ста́ли измене́ния в отноше́ниях ме́жду госуда́рством и институ́том це́ркви. Несмотря́ на то, что, согла́сно Конститу́ции, Росси́йская Федера́ция явля́ется све́тским госуда́рством, э́то не отменя́ет те́сного взаимоде́йствия э́тих институ́тов. В.В. Пу́тин ча́сто учи́тывал мне́ние патриа́рха при приня́тии госуда́рственных реше́ний, публи́чно принима́л уча́стие в религио́зных пра́здниках, е́здил на откры́тие церкве́й и ввёл програ́мму строи́тельства церкве́й в ра́зных регио́нах страны́. В свою́ о́чередь, патриа́рх проводи́л моле́бны на инаугура́ции президе́нта и подде́рживал президе́нта на вы́борах.

Согла́сно опро́сам, мно́гие россия́не воспринима́ют рели́гию и на́цию как одно́ поня́тие. Бо́льше 50 % опро́шенных счита́ют, что настоя́щий россия́нин до́лжен быть правосла́вным. Таки́м о́бразом, принадле́жность к правосла́вию факти́чески явля́ется заме́ной ста́туса граждани́на страны́. Для мно́гих россия́н быть правосла́вным не зна́чит быть ве́рующим и́ли религио́зным, э́то зна́чит быть ру́сским, быть ча́стью еди́ной страны́, одного́ це́лого.

Нет инструме́нтов, что́бы изме́рить настоя́щую религио́зность. Религио́зные убежде́ния мо́гут понима́ться по-ра́зному. Социо́логи отно́сят к правосла́вным тех люде́й, кото́рые са́ми называ́ют себя́ правосла́вными, так как рели́гия в на́ши дни явля́ется одни́м из спо́собов отнести́ себя́ к традицио́нной культу́рной и национа́льной иденти́чности.

В то же са́мое вре́мя мы не должны́ забыва́ть о том, что правосла́вие явля́ется веду́щей, но не еди́нственной рели́гией на террито́рии Росси́и. Втора́я по распространённости рели́гия — исла́м. Бо́льшая часть мусульма́н испове́дует сунни́зм и прожива́ет в регио́нах Кавка́за. По да́нным пе́реписи населе́ния Росси́и 2010 го́да, в Москве́ постоя́нно прожива́ет о́коло 300 ты́сяч мусульма́н, хотя́, по не́которым други́м исто́чникам, число́ мусульма́н мо́жет доходи́ть до миллио́на и́ли да́же двух миллио́нов, е́сли брать во внима́ние коли́чество лега́льных и нелега́льных мигра́нтов. Уже́ до́лгое вре́мя в Москве́ о́стро стои́т вопро́с строи́тельства но́вых мече́тей, в 2020 году́ в го́роде рабо́тают то́лько 6 мече́тей. В Ло́ндоне, наприме́р, откры́то бо́лее двух ты́сяч мече́тей, а в Пари́же насчи́тывается о́коло трёх ты́сяч. В Центра́льной А́зии, где ру́сский язы́к по-пре́жнему сохраня́ет свой лиди́рующий ста́тус в повседне́вной и делово́й жи́зни гра́ждан бы́вших сове́тских респу́блик, исла́м явля́ется веду́щей рели́гией. В таки́х стра́нах, как Таджикиста́н, Туркмениста́н, Узбекиста́н и Казахста́н, люде́й объединя́ет не то́лько о́бщность истори́ческих собы́тий, но и рели́гия. И да́же за преде́лами Росси́и и стран СНГ мы мо́жем найти́ русскоговоря́щих люде́й, кото́рые испове́дуют други́е рели́гии.

Например, на территории Изра́иля прожива́ет о́коло миллио́на иуде́ев, кото́рые име́ют ру́сские ко́рни. Мно́гие из э́тих люде́й ста́ли же́ртвами репре́ссий в сове́тское вре́мя и́менно из-за свои́х религио́зных убежде́ний.

Источник: Александра Зеркалева. *Россия — православная страна?* https://meduza.io/feature/2017/09/05/rossiya-pravoslavnaya-strana-ob-yasnyaem-za-chetyre-minuty. Медуза (5 сентября 2017).

Задание 6

Найдите в тексте глаголы и существительные с корнем *-мен-*, подчеркните предложения с этими словами. Объясните употребление приставок в этих словах. Передайте смысл предложений другими словами.

Задание 7

Прочитайте утверждения и скажите, соответствуют ли они информации из текста (Да или Нет). Дайте подробный комментарий к каждому пункту, используя информацию из текста.

1. Православие является второй по распространённости религией в России.
2. Большинство россиян регулярно ходят в церковь и причащаются.
3. Больше 20 % православных россиян не верят в Бога.
4. После распада Советского Союза отношение многих жителей страны к религии и вере изменилось.
5. Для многих россиян в 90-х годах религия стала заменой идеологии.
6. Мусульманство — малораспространенная религия в России и в странах Средней Азии.
7. В начале 2000-х годов количество религиозных людей в России уменьшилось.
8. Российская Федерация представляет собой светское государство.
9. Институты власти и институт церкви не взаимодействуют между собой.
10. Много представителей иудаизма в России были вынуждены эмигрировать из-за антисемитизма.
11. Больше половины опрошенных считают, что настоящий россиянин должен быть православным человеком.

Задание 8

A. Прослушайте фрагмент интервью. Как говорящий относится к религии? Почему у этого человека такое отношение?

Во что мы верим 147

Теперь откройте скрипт интервью с Ниной Георгиевной в конце главы, прочитайте его и выделите ключевые идеи. Как вы могли бы объяснить её позицию с учётом её прошлого/исторического прошлого России?

Б. Прослушайте фрагмент интервью Александра, 30-летнего IT-инженера. Считает ли он своё поколение религиозным? Почему?

Теперь откройте скрипт интервью с Александром в конце главы, прочитайте его и ответьте на вопрос: какая связь между тем, о чём рассказывала Нина Георгиевна, и взглядами поколения Александра?

В. Прослушайте фрагмент интервью Ани, студентки Высшей школы экономики. Считает ли Аня себя религиозным или верующим человеком? Разделяет ли она эти понятия?

Теперь откройте скрипт интервью с Аней в конце главы, прочитайте его. Как Аня описывает отношение людей своего поколения к вере, религии, институту церкви? Что вы заметили интересного в её интервью?

Задание 9

Выберите одну из мировых религий (иудаизм, буддизм, ислам, католичество, индуизм или другие), распространённых на территории современной России. Найдите в русскоязычном интернете информацию об отношении к этой религии в СССР и в современной России. Сделайте презентацию об этом материале продолжительностью 3–5 минут. Следующие вопросы помогут вам выстроить ответ:

- Как относились к людям этой конфессии в СССР?
- Какие социальные, исторические, политические факторы влияли на отношение к вере и религии?
- Какие взаимоотношения были между властью и представителями этой конфессии?
- Как сейчас относятся к этой религии? Как государство поддерживает представителей этой конфессии?

Смотрим и обсуждаем: «Ученик» (Кирилл Серебренников, 2016)

Задание 10

Разделитесь на группы по 2–3 человека. Каждая группа читает только один абзац текста и выбирает слова, которые могут быть непонятны другим группам, готовит их перевод. После этого группа должна пересказать информацию из параграфа и подготовить 3 вопроса для слушателей.

«Ученик»

Группа 1. В 2013 году Государственная Дума РФ приняла новые поправки в закон и установила уголовное наказание за оскорбление чувств верующих. Причиной этих изменений в законе стало скандальное судебное дело в отношении группы «Pussy Riot». Участники группы провели незаконное выступление в Храме Христа Спасителя в Москве, что вызвало негативную реакцию у православных верующих. Многие люди посчитали, что участники группы оскорбили чувства верующих и должны сесть в тюрьму, получив реальное уголовное наказание. Несмотря на то что девушки извинились, они получили по два года лишения свободы и всеобщее осуждение. После этого дела закон изменили, и теперь любые публичные неуважительные действия к вере, религии и институту церкви могут быть квалифицированы в рамках этого закона. Кроме того, если ваши действия мешают проведению религиозных мероприятий, то это тоже считается оскорблением чувств верующих. Не все россияне поддерживают эти изменения в законе, аргументируя это тем, что по-настоящему верующего человека оскорбить невозможно.

Группа 2. Несмотря на то что Россия является светским государством, в 2012 году по инициативе Русской православной церкви (РЦП) в школах по всей стране был введён новый предмет «Основы религиозных культур и светской этики». В 2019 году закон доработали и предложили родителям выбрать для детей один из шести обязательных для изучения модулей: основы православной, исламской, буддийской или иудейской культуры, основы религиозных культур народов России или светской этики. За 7 лет с момента появления нового предмета в школьной программе многое изменилось, но по-прежнему трудно найти учителей-предметников. Если РПЦ активно помогает школам и даёт возможность приглашать священников для проведения уроков, то другим конфессиям намного труднее. Не во всех регионах России можно найти учителей, которые могут преподавать, например, основы буддийской культуры. Кроме того, этот предмет вводится с 4 класса, когда у школьников ещё нет понимания, что модели создания мира или устройства семьи, описанные на уроках религиозного воспитания, не являются единственными.

Группа 3. Церковь играет важную роль в принятии решений о школьном образовании и активно выступает против введения в школах уроков сексуального образования. Как утверждают священники, сексуальное образование плохо влияет на детскую психику и приводит к тому,

Во что мы верим 149

что подростки рано начинают сексуальные отношения. На аргумент сторонников сексуального образования в школах о том, что дети должны знать о безопасном сексе и последствиях незащищённых половых актов, представители церкви говорят, что дети не должны знать о сексуальной жизни до брака. Кроме того, представители церкви считают, что сексуальным образованием должна полностью заниматься семья.

Ответьте на вопросы по тексту:

1. Почему в 2013 году в России ввели уголовное наказание за оскорбление чувств верующих?
2. Знали ли вы до прочтения этого текста о деле «Pussy Riot»? Что вы думаете об их акции? Вы согласны с наказанием, которое они получили?
3. Есть ли в вашей стране уголовное наказание за оскорбление чувств верующих? Как вы думаете, должен ли существовать такой закон? Почему?
4. Если атеисты организуют какое-нибудь публичное мероприятие, будет ли это, на ваш взгляд, актом оскорбления чувств верующих?
5. Какой новый предмет появился в школьной программе по всей России в 2012 году?
6. Какие плюсы и минусы преподавания основ религиозных культур в школе вы видите?
7. Есть ли в школьной программе в вашей стране подобный предмет? Если да, то как выстроено обучение? Если нет, считаете ли вы необходимым введение такого предмета в школьную программу?
8. Почему Русская православная церковь выступает против уроков сексуального образования в школах России?
9. Согласны ли вы с аргументами священников? Почему?
10. Как вам кажется, сексуальное образование ребёнка — это ответственность школы или семьи?

Задание 11

А. Ответьте на следующие вопросы перед просмотром фильма.

1. Найдите в интернете постер фильма «Ученик» (Кирилл Серебренников, 2016). Как вы думаете, почему фильм так называется?
2. Посмотрите трейлер фильма «Ученик». Как вы думаете, о чём этот фильм?
3. Прочитайте в русскоязычном интернете о режиссёре фильма Кирилле Серебренникове. Какие ещё фильмы он снимал? Какое у него отношение к религии и власти? Когда и почему его арестовали?

Б. Прочитайте вопросы. Посмотрите фильм «Ученик» и ответьте на вопросы.

О сюжете.
1. Почему Вениамин отказался ходить на уроки плавания?
2. Как вам кажется, Вениамин — это по-настоящему верующий человек или провокатор?
3. Каковы причины перемен в жизни Вениамина?
4. Как мать главного героя реагирует на перемены в сыне? Как вы понимаете её слова: «Лучше бы марки собирал». Почему она ищет причину изменившегося поведения сына в наркотиках?
5. О чём нам говорит сцена разговора матери Вениамина со священником? Что мы узнаём о жизни этой семьи или модели воспитания в ней?
6. Как учителя и директор школы интерпретируют поведение Вениамина? Как они реагируют на перемены в нём? Кто стал главным противником Вениамина в школе? Почему?
7. Кто является главным сторонником идей Вениамина? По какой причине?
8. Почему Елена Львовна считает, что в словах Вениамина есть антисемитские идеи? Вы согласны с её мнением?
9. Какие примеры из фильма иллюстрируют один из принципов Вениамина «кто не со мной, тот против меня»?
10. Как вы понимаете причину конфликта в классе на уроке биологии? Что произошло и кто был виноват в конфликте?
11. Как меняется отношение учителей, директора школы и одноклассников к Вениамину и Елене Львовне к концу фильма?
12. Как изменилось поведение матери Вениамина к концу фильма? Изменила ли она что-то в своём внешнем виде?
13. Какую роль в фильме играет крест?
14. Почему Елена Львовна решает остаться в школе?

За рамками сюжета.
1. Из текста в Задании 10 вы узнали о законах и школьном образовании в России. Какие из реалий, о которых вы прочитали, нашли отражение в фильме «Ученик»? Приведите несколько примеров.
2. Кем является фигура Вениамина в иудейском писании (Hebrew scriptures) и какие есть совпадения с персонажем Вениамина в фильме?
3. Есть ли связь между названием фильма «Ученик» и похожим по звучанию словом «мученик»?
4. Как вы считаете, какую основную мысль режиссёр хотел донести до зрителей? Проиллюстрируйте примерами из фильма.

Задание 12

Соедините героя с его репликой. В каком контексте были сказаны данные слова? Как эти реплики отражают характер героев и их мировоззрение?

Директор школы	Вениамин Южин, ученик старших классов	Батюшка	Елена Львовна, учительница биологии

> У вас нет права злоупотреблять учебным процессом для пропаганды вашего мировоззрения!

> Я — единственная, кто здесь вменяемый. Я — единственная, кто сопротивляется. Вас всех окутали туманом, и вы отупели.

> Ты очень решительный молодой человек, для тебя открыт весь мир, но ты зашёл в тупик.

> Я знаю, о чём вы молитесь, что проповедуете. Вы вроде почитаете того же самого Бога, что и я, а сами, очевидно, даже книгу его не читали. Иначе бы вы покинули свои храмы, отменили проповеди и пошли бы домой молиться Отцу.

- Считаете ли вы эти реплики героев успешным примером ведения спора?
- Обижают ли эти реплики собеседника?

Работа в группах

Задание 13

Представьте, что учитесь в одной школе с Вениамином из фильма «Ученик». Вы пришли на урок биологии и оказались в эпицентре спора, происходящего между учительницей и Вениамином. Поддержите одну из сторон, найдите убедительные аргументы, чтобы не оскорбить чувства людей в споре. В этом вам помогут следующие выражения.

Я понима́ю, наско́лько для вас ва́жно..., но...
Я по́нял(-а́) ва́шу пози́цию, но счита́ю ина́че, потому́ что...
Осно́вываясь на..., я хоте́л(-а) бы возрази́ть, потому́ что...
Это не совсе́м ве́рно, что...
Это общеизве́стно, что...
Стати́стика/да́нные пока́зывает (-ют) нам, что на са́мом де́ле...

Задание 14

Каким должно быть сексуальное образование в школе и семье? Найдите в интернете эффективные и работающие проекты в школах вашей страны или других стран, которые можно было бы использовать в России. Сделайте презентацию о таких проектах и подумайте, как можно эти проекты реализовать в России.

Задание 15

В задании 12 представлены реплики четырёх героев фильма «Ученик». Распределитесь по группам. Каждая из групп представляет позицию одного из героев фильма. У вас есть 10 минут командной работы, чтобы подготовиться к дебатам с другими группами. Как вы думаете, чем взгляды вашего героя фильма отличаются от мнений других героев фильма? Подготовьте аргументы для обсуждения следующих тем:

- сексуальное образование в школе;
- теории происхождения человека;
- роль религии в современном обществе;
- роль религии в школе и в университете.

Во что мы верим

Задание 16

Составьте конфессиональную карту города, в котором вы учитесь. Вы будете работать в небольших группах, но план будет общим для того, чтобы вы постоянно взаимодействовали со всеми одногруппниками. Узнайте, какие конфессии представлены в вашем городе, составьте карту религиозных организаций. Узнайте в этих институтах:

- об истории организации, её основных принципах;
- о количестве прихожан;
- о мероприятиях и помощи городскому сообществу;
- о важных датах и праздниках;
- о еженедельных занятиях;
- как стать прихожанами этой организации.

Сделайте общий вывод в группе о том, насколько разнообразна конфессиональная среда города.

Пишем о кино: прямая и косвенная речь

Когда мы пишем эссе о каком-то фильме, то часто приходится цитировать героев или передавать их диалоги, которые важны для раскрытия темы. При этом мы не должны забывать о правилах передачи речи героев на письме и пунктуации. Есть два разных способа передачи реплик героев: **прямая речь и косвенная речь**.

Прямая речь. Мы полностью сохраняем и форму, и содержание реплики. Знаки препинания при передаче речи героев зависят от позиции прямой речи в предложении. Например:

- Мать с упрёком сказала Вениамину: «У тебя нет никаких религиозных чувств».
- «У тебя нет никаких религиозных чувств», — мать с упрёком сказала Вениамину.

Сравните эти два предложения, определите, какому предложению соответствует данная схема предложения.

«П (прямая речь)», — а (слова автора).
Как будет выглядеть схема другого предложения?

Ко́свенная речь. Мы соединя́ем две ча́сти сло́жного предложе́ния. Одна́ из э́тих часте́й предложе́ния явля́ется гла́вной и передаёт слова́ а́втора. Испо́льзуя э́тот спо́соб, мы сохраня́ем содержа́ние ре́чи, но теря́ем фо́рму и интона́цию. Ме́жду частя́ми предложе́ния ста́вится запята́я пе́ред сою́зом, кото́рый их соединя́ет.

Дава́йте сравни́м предложе́ния с прямо́й и ко́свенной ре́чью:

Предложе́ние с прямо́й ре́чью: Мать Вениами́на сказа́ла: «Он счита́ет, что ско́ро коне́ц све́та».

Предложе́ние с ко́свенной ре́чью: Мать Вениами́на сказа́ла, **что** он счита́ет, что ско́ро коне́ц све́та.

Ко́свенная речь и гла́вная часть предложе́ния мо́гут соединя́ться с по́мощью сою́зов ЧТО, бу́дто, что́бы, местоиме́ний и наре́чий КТО, ЧТО, како́й, ГДЕ, когда́, почему́ и други́х, а та́кже части́цы ЛИ. Вы́бор э́тих слов зави́сит от це́ли в ко́свенной ре́чи. Не забыва́йте о том, что пе́ред соединя́ющим сло́вом ну́жно поста́вить запяту́ю.

- Григо́рий спроси́л у Вениами́на: «А кто тебе́ меша́ет?»
- Григо́рий спроси́л у Вениами́на о том, кто ему́ меша́ет.

Задание 17

Расставьте пропущенные знаки препинания. Измените большую (строчную)/маленькую (прописную) букву при передаче прямой речи там, где это нужно.

1. Батюшка спросил женщину счастлива?
2. Мать Вениамина спросила у батюшки что ей нужно делать, чтобы помочь сыну.
3. Учительница обратилась к классу на прошлой неделе мы с вами говорили о сексуальной ориентации.
4. Вениамин возмутился, узнав тему урока, и спросил учительницу почему она учит их неправильным вещам.
5. Вениамин обратился к учительнице с провокационным вопросом вы полагаете Библия лжёт?
6. Елена Львовна с иронией в голосе задала вопрос Южину А кто создал Бога?

Задание 18

Найдите в русскоязычном интернете обзор (можно видеообзор) фильма «Ученик» и напишите эссе, в котором ваше мнение о фильме будет кардинально отличаться от взглядов автора обзора.

Придерживайтесь следующего плана:

1. Введение, содержащее утверждение, которое вы будете развивать и представлять в основной части эссе.
2. Два абзаца (параграфа), передающие мнение автора обзора. Иллюстрируйте позицию автора обзора примерами из фильма, обязательно включайте прямые цитаты речи героев фильма.
3. Два абзаца, выражающие ваше мнение о фильме и содержащие контраргументы (несогласие с мнением автора обзора). Для аргументации своего мнения используйте также примеры из фильма с цитированием его героев.
4. Заключение.

Обратите внимание!
Не забудьте дать название вашей работе!

Повторяем всё, что узнали в этой главе

Задание 19

Дайте перевод следующих слов и словосочетаний.

злоупотреблять алкоголем	
	a secular country
зайти в тупик	
	religious education
оскорбить чувства верующих	
	to practice a religion
сопротивляться общественному давлению	
	religious worldview, mindset

Задание 20

Дайте определение следующим словам, используя как можно больше слов из словаря.

Например: *Атеист — человек, который не верит в существование богов.*

Патриарх — _____
Противник — _____
Католик — _____
Богослужение — _____
Иудаизм — _____
Верующий — _____

Задание 21

Передайте смысл следующих предложений другими словами. В этом вам помогут приставочные глаголы, образованные от глагола *менять*.

1. На следующей неделе богослужений в храмах не будет из-за городского карантина (*отменить*).

2. После переезда в Индию и нескольких месяцев в буддийском храме моя коллега стала совершенно другим человеком (*переменить*).
3. У меня теперь новый образ жизни и новые привычки (*изменить*).
4. Во время моего отпуска вместо меня будет работать другой учитель истории (*заменять*).
5. Воры пробрались в храм и украли старинную икону. Вместо неё они повесили другую икону (*подменить*).
6. Весь день я ходила в шортах и майке, но вечером переоделась и надела костюм для похода в театр *(поменять)*.

Минутка для рефлексии

Расскажите о своих впечатлениях. Что Вы узнали о религии в российской культуре и в Вашей культуре?
_____
_____

Приложение

Скрипт к аудио из Задания 8

A. Нина Георгиевна, 76 лет, пенсионерка.

Итак, два ключевых момента: первое, мне 76 лет, то есть я родилась в 44 году при советской власти. Всегда, и при советской власти, и теперь, ключевой момент — я атеистка, тот, кто интересуется верой, читает об этом, пытается понять верующих людей, старается послушать людей разных поколений и разных убеждений.

Я к религии отношусь как к вере, как к помощи для людей слабых. И если она слабым людям нужна — ради бога (for Heaven's sake). Если им с этими костылями (crutches) легче жить, мне эти костыли не нужны. Но мне очень интересно, откуда в людях возникла эта религия, когда к нам пришло христианство, почему оно к нам пришло. И я ещё должна сказать, что единственное, что в моём понимании оправдывает веру в существование бога, — это то, что существует загробная жизнь (afterlife/literally: life beyond the grave). Вот для меня это ключевой момент, если она действительно существует, чему подтверждения я никогда не видела, не слышала, но понять, почему происходят болезни, войны, нужно очень верить в загробную жизнь, вечную жизнь, что душа бессмертна. Тогда у меня возникнут какие-то колебания (hesitation), но я человек рациональный, ищу доказательств. Этих доказательств я не нахожу, а те мои приятели, знакомые, друзья даже, которые постоянно ищут моменты вот этой веры... Они верили в партию в своё время, верили в победу коммунизма, сейчас они верят в Бога, это люди, зависимые не от внутренних своих перемен, а от обстоятельств внешних, на мой взгляд.

Б. Александр, 30 лет, IT-специалист.
Привет! Меня зовут Саша. Мне 30 лет. Я считаю, что моё поколение нерелигиозное. Я не могу вспомнить кого-то из своих друзей, кто намеренно (intentionally) бы ходил в церковь. Я живу в Москве, и здесь очень много красивых старых церквей, но я хожу по территории этих церквей не с какой-то религиозной целью, а просто чтобы посмотреть, как выглядит здание, как выглядит территория, и это действительно очень красиво. Но когда я захожу на территорию церкви, я чувствую дискомфорт, потому что я не знаю, а нужно ли мне снять кепку или шапку. Если заходит девушка, то я не знаю, должна ли она быть в юбке или с платком (head scarf). Я не знаю никаких правил, связанных с церковью. Но также я вижу много людей в возрасте, пожилых людей, которые приходят к церкви, и вижу, как они крестятся перед входом в церковь, и также вижу, что они соблюдают определённые ритуалы. Допустим, женщины приходят в платках. И люди в возрасте, они знают про эти ритуалы и соблюдают. А моё поколение? Нет, не соблюдают, потому что, возможно, не знают даже правил.

В. Анна, 20 лет, студентка.
Меня зовут Аня, мне 20 лет. Моё окружение, скорее, нерелигиозное. Мало кто из моих друзей ходит в церковь на службы, мало кто соблюдает пост, но, тем не менее, у меня есть несколько знакомых, которые сильно верят в церковь и соблюдают все правила. У меня, например, есть подруга — мусульманка. Ей родители много чего запрещают, но она и сама не хочет нарушать эти правила. Она всегда рано приходит домой. Мой дядя соблюдает пост. Все относятся к их выбору с уважением, то есть просто не зовут поздно гулять или не предлагают мясо. Если идёт пост и мы сидим за общим столом, что-то специально готовят для него, для моего дяди, — что-то, что можно есть в пост. Просто относятся с уважением.

Есть люди, которые совсем не верят в Бога, и они могут выкладывать в социальных сетях шутки про Бога или мемы какие-нибудь. И есть люди, которые лайкают, репостят. В целом, в моём окружении это не принято и считается, что такие шутки, они, скорее, плохие, то есть это плохой юмор, скажем так.

Но если говорить обо мне, то я хожу в церковь нерегулярно, может быть, раз в полгода. Я, в целом, верующая, но не соблюдаю все-все правила и не держу пост. Но я, например, ношу крестик (cross), и много кто из моего окружения, из моих друзей носят крестик, потому что родители покрестили в детстве и крестик есть, поэтому его нужно носить.

Кстати, если речь идёт о праздниках, то есть, например, Пасха. Пасху отмечают все, то есть даже те, кто верили, не верили. Все красят яйца, пекут куличи (bake Easter cakes), друг друга угощают. То есть это праздник. И он праздник для всех. То же самое если ребёнка крестят, например, то все собираются в церкви, все обязательно с покрытой головой (with a covered head), женщины, я имею в виду. То есть если речь идёт о таких событиях, то, конечно, все соблюдают правила, которые накладывает церковь. Или недавно мои друзья, например, венчались (were married in a religious ceremony), хотя ни он, ни она не верят в Бога, но их родители сказали, что так нужно.

Глава 8

Традиции и народы России

В этой главе вы научитесь:

- говорить о культурном и национальном разнообразии регионов России, о вопросах самоидентичности;
- передавать статистическую информацию в устной и письменной формах речи, используя разные падежные формы числительных;
- различать и правильно употреблять в речи паронимы *разный-различный — разнообразный; дружный — дружеский — дружественный — дружелюбный*;
- представлять информацию о языках и народностях в форме эссе и презентации, используя сложноподчинённые предложения.

In this unit, you will learn:

- about the cultures and peoples of Russia, and to discuss questions of identity in Russian-speaking space;
- to incorporate data into your spoken and written Russian with grammatical accuracy;
- to address lexical challenges when working with the following paronyms: *разный — различный — разнообразный; дружный — дружеский — дружественный — дружелюбный*;
- to narrate, write, and present information about the cultures and traditions of Russia using compound sentences.

Речевая разминка

Задание 1

Тест на определение вашей социальной идентичности. Ниже представлены категории идентичности. Выберите из них пять, оказавших наибольшее влияние на вашу жизнь и личностное развитие. Объясните, почему вы выбрали именно эти категории. Обсудите ваш выбор с одногруппниками и ответьте на вопросы.

семья	друзья
возраст	гендер
религия	культура
язык	национальность
регион	экономический класс
гражданство	спорт
внешний вид	инвалидность
политические взгляды	университет

- Что такое социальная идентичность? Как она влияет на жизнь человека и отношения между людьми? Какие ещё факторы, кроме перечисленных выше категорий, в неё входят?
- Что вас удивило в разговоре с одногруппниками об идентичности?
- С какими барьерами мы сталкиваемся, когда разговариваем с человеком, у которого другой жизненный опыт и бэкграунд? Может ли такое общение стать полезным и содержательным?
- Подумайте о категориях, которые вы выбрали. Как изменилась бы ваша жизнь, если бы на вас оказали бóльшее влияние не эти факторы, а другие?

Необходимые слова и выражения

быт	everyday/domestic life
венчáние	nuptials (religious)
граждáнство	citizenship
исчезновéние	disappearance
легéнда	legend
меньшинствó (национáльное)	minority
мировоззрéние	world view

многообра́зие	variety/multitude
мультикультурали́зм	multiculturalism
насле́дие (культу́рное)	heritage (cultural)
обстано́вка	circumstances/surroundings
обы́чай	habit/custom
пе́репись населе́ния	population census
пото́мок	descendant
пре́док	ancestor
принадле́жность (этни́ческая)	membership/belonging
происхожде́ние	ancestry/origin
реа́лия	a cultural trait or fact
ремесло́	handicraft
самобы́тность	distinctive quality
ска́зка	fairy tale
субъе́кт (страны́)	member/entity
толера́нтность	tolerance

вымира́ющий	endangered (dying out)
дре́вний	ancient
гостеприи́мный	welcoming/hospitable
коренно́й	native/indigenous
крупне́йший	largest/foremost
ме́стный	local
многообра́зный	varied/multifarious
наро́дный	folk/traditional
разнообра́зный	various/diverse
разно-(одно-)ро́дный	hybrid/mixed (homogeneous)
суще́ственный	essential

грани́чить (с чем? + Inst.)	to border
идентифици́ровать (кого? что? + Acc.) (как?) *imperfective and perfective*	to specify/recognize as
исчеза́ть/исче́знуть	to disappear
насчи́тываться *imperfective only*	to number/comprise
находи́ться под влия́нием (кого? чего? + Gen.)	to be under the influence of
относи́ть/отнести́ себя́ (к кому? к чему? + Dat.)	to consider yourself to be/belong to
передава́ть/переда́ть (что? + Acc.) (от поколения к поколению)	to pass on (from generation to gen.)
печь/испе́чь (что? + Acc.) past: пёк/пекла́	to bake

Тради́ции и наро́ды Росси́и

составля́ть	to compile
счита́ть себя́ (кем? чем? + Inst.)	to consider yourself (to be)
угоща́ть/угости́ть (кого? + Acc.) (чем? + Inst.)	to entertain/treat to
поря́дка (*разговорный вариант + около*) + Gen.	approximately
приме́рно	approximately

Усто́йчивые выражения и фразеологизмы

входи́ть/войти́ в соста́в (чего? + Gen.)	to enter into the composition of
занима́ть/заня́ть ме́сто	to occupy a place
за преде́лами (чего? + Gen.)	beyond/outside
на любо́й вкус	to suit any taste
плави́льный котёл	melting pot
приро́дные ресу́рсы	natural resources
явля́ться или быть неотъе́млемой ча́стью (кого? чего? + Gen.)	to be an integral part of

Задание 2

Найдите пару для каждого глагола и составьте примеры с получившимися словосочетаниями:

1. граничить   ____ местным
2. передавать   ____ с 14 странами
3. идентифицировать себя ____ гостей
4. считать себя   ____ семейную традицию
5. угощать   ____ к национальным меньшинствам
6. входить   ____ большинство
7. относить себя   ____ как казак
8. составлять   ____ в состав

Задание 3

А. Найдите в облаке слова, близкие по значению или синонимичные выделенным словам в следующих словосочетаниях:

национальная **самобытность**, **толерантность** к людям с другими взглядами, благоприятная **обстановка**, **народный** суверенитет, сапожное **ремесло**, традиционное **мировоззрение**

- условия
- оригинальность
- профессия
- взгляд
- терпимость
- национальный

Б. Дайте определения следующим словосочетаниям, используя новые слова из этой главы.

1. Гостеприимный народ — это _____.
2. Вымирающий язык — это_____.
3. Национальная самобытность — это_____.
4. Народное ремесло — это _____.
5. Наследие предков — это _____.
6. Национальное меньшинство — это _____.

Задание 4

А. Прочитайте пост Виктории. В чём вы видите разницу между словами *ра́зный* и *разли́чный*? Какое из слов в посте можно заменить словом *разнообра́зный*?

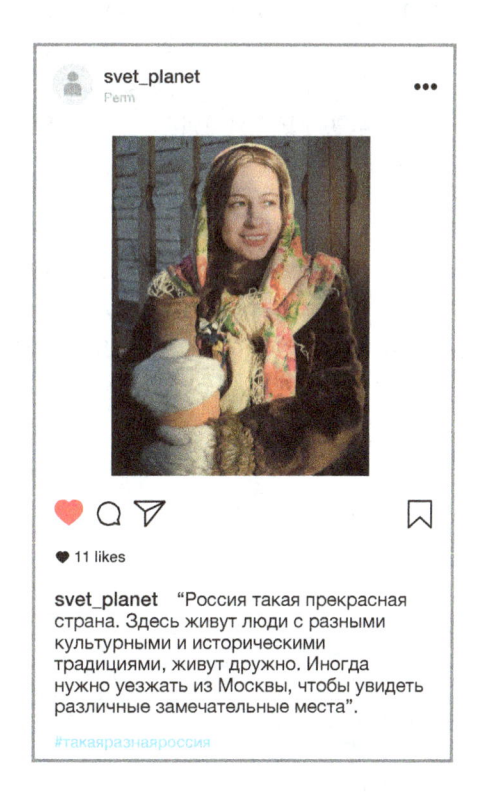

svet_planet
Рет

❤ 💬 ✈   🔖
11 likes

svet_planet "Россия такая прекрасная страна. Здесь живут люди с разными культурными и историческими традициями, живут дружно. Иногда нужно уезжать из Москвы, чтобы увидеть различные замечательные места".

#такаяразнаяроссия

Б. Прочитайте следующие определения. Как можно выразить те же самые понятия на вашем родном языке?

- Ра́зный — неодинаковый, не тот же самый, отличающийся от других.
- Разли́чный — состоящий из многих разных элементов, многообразный, вариативный.
- Разнообра́зный — состоящий из неодинаковых, не схожих друг с другом лиц, предметов (по форме, цвету, вкусу и т.д.); может быть синонимом слова *различный* в значении *на любой вкус*.

В. Прочитайте примеры. Объясните использование выделенных слов. Переведите предложения на родной язык.

1. В национа́льных костю́мах э́того реги́она встреча́ются <u>разли́чные</u> отте́нки кра́сного цве́та.
2. Все костю́мы <u>ра́зные</u>, нельзя́ найти́ ни одного́ похо́жего на друго́й.
3. Да́же в преде́лах одно́й страны́ у люде́й мо́гут быть абсолю́тно <u>ра́зные</u> взгля́ды на одни́ и те же вопро́сы.
4. Приро́ду э́того кра́я нельзя́ назва́ть <u>разнообра́зной</u>: везде́ одни́ и те же дере́вья и го́лые холмы́.

Г. Вставьте подходящие по контексту слова.

1. Мы учились в одном университете, но в _____ время.
2. Дома́ такого типа вы увидите в _____ городах России.
3. На этом рынке можно купить _____ овощи и фрукты со всей страны.
4. Сибирь богата _____ полезными и драгоценными ископаемыми.
5. Мы живём в _____ районах города.
6. В картине режиссёр решил показать _____ взгляды на эту глобальную проблему.
7. На полуострове Камчатка можно встретить _____ виды растений и животных.

Задание 5

А. Прочитайте примеры. Как вы понимаете разницу между подчёркнутыми словами?

1. В этом го́роде я встре́тила мно́го дружелю́бных и гостеприи́мных люде́й.
2. Э́ти стра́ны навсегда́ оста́нутся дру́жественными госуда́рствами.
3. Я не могу́ помо́чь, но дам дру́жеский сове́т.
4. У нас о́чень дру́жная семья́: мы всегда́ подде́рживаем друг дру́га, прово́дим мно́го вре́мени вме́сте, де́лимся всем, что у нас происхо́дит.

Б. Распределите слова и словосочетания по группам.

Улыбка, страна, команда, поцелуй, собака, отношения, договор между странами, жест, встреча, связи между государствами, разговор, обстановка, помощь, рукопожа́тие, мнение, спор, коллектив на работе, человек, аплодисме́нты.

Дружеский	Дружественный	Дружный	Дружелюбный

В. Ответьте на вопросы.

1. Какой жест считается дружелюбным/недружелюбным в вашей культуре?
2. Является ли общепринятым в вашей культуре дружеский поцелуй при встрече?
3. Какую роль играет дружелюбная улыбка в вашей культуре? А в русской?
4. Что нужно, чтобы создать атмосферу дружественного сотрудничества на работе? В политических отношениях?
5. С какими странами у вашей страны дружественные отношения?
6. Какой совет считается дружеским среди ваших друзей, а какой — недружеским и непрошеным?
7. Какие ситуации или обстоятельства в вашей культуре вызывают дружные аплодисменты?
8. Что нужно, чтобы создать дружный коллектив между одногруппниками? На работе?

Задание 6

А. Прослушайте истории и попробуйте определить их по фотографиям. К одной истории может относиться сразу несколько фотографий.

Б. Ниже представлены слова, которые называют реалии или предметы быта из разных культур. Найдите эти слова в Яндексе, посмотрите картинки. Переслушайте истории и ответьте на вопросы.

История 1. Махаба́т, каза́шка, село Оренбургской области

Вопросы	Слова для поиска
1. Что Махабат рассказывает об отношениях между людьми разных национальностей в своём селе? 2. Почему Махабат говорит о бешбармаке? 3. Какую роль играет платок в свадебной церемонии у казахов? 4. Кто и когда играет на домбре?	бешбарма́к плато́к до́мбра

История 2. Айса́, калмы́чка, Республика Калмыкия, г. Элиста

Вопросы	Слова для поиска
1. Что случилось с письменностью калмыцкого языка? 2. Зул — это праздник. Что вы узнали о нём? 3. Какой праздник калмыки долгое время не отмечали? 4. Что нужно делать, по мнению Айсы, чтобы сохранить национальные традиции?	лампа́да фити́ль бо́рцоки хуру́л ла́ма

История 3. Алия́, тата́рка, Республика Башкортостан, г. Уфа

Вопросы	Слова для поиска
1. Что рассказала Алия о своей республике? 2. Какая ведущая религия в этом регионе России? 3. Зачем татарской или башкирской невесте нужны коромысло и вёдра?	коромы́сло ведро́ мулла́

- Найдите на карте России регионы, о которых вы узнали из Задания 6Б. Как их география влияет на быт народов, проживающих там?
- Часто говорят, что Россия — многонациональное и мультикультурное государство. Как вы понимаете это определение? Если вы уже были в России, то расскажите о вашем опыте. Можете ли вы назвать среду, в которой вы были, мультикультурной? Если вы ещё не были в России,

Традиции и народы России 169

но что-то изучали о культуре страны, расскажите о фактах, которые могут свидетельствовать о культурном многообразии России.
- Согласно Конституции России в состав Российской Федерации входит 85 субъектов, 22 из которых являются республиками. Найдите в интернете список федеральных субъектов РФ. О скольких субъектах из этого списка вы знали до этого? Как вы думаете, сколько народов проживает на территории России?

Задание 7

Прочитайте предложения и определите падеж выделенных числительных. Какие трудности при прочтении вы заметили?

1. На территории России проживает **около 146 млн** человек.
2. Из этого числа этнически русские составляют **порядка 77 %**.
3. Татар в России проживает **около 4 %**. По количеству граждан эта цифра — **более 5 млн человек**.
4. Армян чуть меньше – **0,8 %**, в количественном измерении это **1,1 млн** граждан РФ.
5. Поскольку большую часть населения России составляют русские, то оставшиеся проценты составляют другие народы: украинцы – **3 %**, чуваши – **1,2 %**, белорусы – **0,8 %**, мордва – **0,7 %**, чеченцы – **0,6 %**.

> **Обратите внимание!**
> Russian uses a comma to represent a decimal place.
>
> 2,5 = 2.5 or 2½

> **Особенности употребления количественных числительных в русском языке**
>
> 1. Числительные **оди́н, одна́, одно́, одни́** изменяются по принципу склонения прилагательных.
>   In Russian, forms of the number 1 decline like adjectives.
>
>   Чеченцы составляют около 1 % (**одного́** проце́нта) населения России.
>
> 2. Числительные **два, три, четы́ре**, а также слова **ско́лько, сто́лько** склоняются по образцу прилагательных, но имеют другие окончания:

The numbers 2, 3, and 4, as well as the words "сколько" and "столько," also decline like adjectives, although their endings differ.

Им.п.	два, три, четы́ре, ско́лько, сто́лько	*Вин.п.*	= Им.п./Род.п.
Род.п.	двух, трёх, четырёх, ско́льких, сто́льких	*Тв.п.*	двумя́, тремя́, четырьмя́, ско́лькими, сто́лькими
Дат.п.	двум, трём, четырём, ско́льким, сто́льким	*Пр.п.*	(о) двух, трёх, четырёх, сто́льких, ско́льких

Около 2 % (**двух** процентов) населения страны живут за чертой бедности. **Со ско́лькими** людьми вы вчера встречались?

3. Числительные от **пя́ти** до **десяти́**, на **-дцать**, на **-десят** склоняются по образцу имён существительных, заканчивающихся на мягкий знак (*ночь*). Numbers from 5 to 10, and those ending in **-дцать** and **-десят**, decline like feminine nouns ending in a soft sign.

Им.п.	пять, де́сять, трина́дцать, два́дцать, пятьдеся́т
Вин.п.	
Род.п.	пяти́, десяти́, трина́дцати, двадцати́, пяти́десяти
Дат.п.	
Пр.п.	
Тв.п.	пятью́, десятью́, трина́дцатью, двадцатью́, пять**ю́**десять**ю**

Численность народов Кавказа увеличилась с 1 до 5 % (до **пяти́** процентов) за последние 10 лет.

4. Числительные **со́рок**, **девяно́сто** и **сто** имеют только две формы: The numbers 40, 90, and 100 take only the following two forms:

Им.п.	со́рок, девяно́сто, сто
Вин.п.	
Род.п.	сорока́, девяно́ста, ста
Дат.п.	
Тв.п.	
Пр.п.	

Около 40 % (**сорока́** процентов) россиян не пьют алкоголь.

5. Особое склонение имеют числительные **две́сти**, **три́ста**, **четы́реста** и все числительные на **-сот**:

Традиции и народы России   171

The numbers 200, 300, 400, and all numbers ending with **-сот** take the following forms:

Им.п.	двести, триста, четыреста, пятьсот	*Вин.п.*	= Им.п./Род.п.
Род.п.	двухсот, трёхсот, четырёхсот, пятисот	*Тв.п.*	двумястами, тремястами, четырьмястами, пятьюстами
Дат.п.	двумстам, трёмстам, четырёмстам, пятистам	*Пр.п.*	(о) двухстах, трёхстах, четырёхстах, пятистах

В России проживает около 912 (**девятисот двенадцати**) тысяч аварцев.

6. В сложных количественных числительных меняются все компоненты:
All place values in a number decline:

На уроке мы говорили о 183 (**ста восьмидесяти трёх**) этнических группах.

7. Слово **тысяча** изменяется как существительное женского рода на -а; слова **миллион** и **миллиард** склоняются как существительные мужского рода с основой на согласный.
The number 1000 declines like a feminine noun ending in "a". The Russian words for "million" and "billion" decline like masculine nouns ending in a consonant.

Порядка **тысячи** человек приняли участие в опросе.

8. Числительное **полтора** (1.5) имеет следующие формы склонения:
The Russian word for "one and a half" declines in the following way:

Им.п.	полтора (муж. род) миллиона, литра, процента
Вин.п.	полторы (жен. род) жизни, минуты
Род.п.	полутора
Дат.п.	
Тв.п.	
Пр.п.	

В России проживает около 1,5 (**полутора**) млн башкир.

9. Процентные доли. У нас есть целые части (главное число, в именительном падеже) и части целого (десятые, сотые или тысячные — во множественном числе родительного падежа). Существительное после числительных стоит в форме единственного числа родительного падежа,

а прилагательное, называющее группу людей, — в родительном падеже множественного числа.

To express percentages in Russian, we use the Nominative case for numbers that describe the percentage (the numerator) and the Genitive plural to express the implied whole (the denominator).

- 2,5 (2.5) → две (Nom.) це́лых (Gen. pl.) пять (Nom.) деся́тых (Gen. pl.)
  When a noun or adjective is attributed to the percentage, it goes at the end of the sentence and takes the Genitive case.
- 2,5 → две це́лых пять деся́тых населе́ния (of the population)
- 2,5 → две це́лых пять деся́тых опро́шенных (of respondents)

Примеры:

0,1 — ноль це́лых одна деся́тая (процента)
0,2 — ноль це́лых две деся́тых (населения)
0,5 — ноль це́лых пять деся́тых (опрошенных)
1,08 — одна́ це́лая (часть) во́семь со́тых
2,005 — две це́лых пять ты́сячных
5,3 — пять це́лых три деся́тых

Верни́тесь к нача́лу зада́ния и прочита́йте ещё раз приме́ры перед пра́вилом.

К тексту: «Национальное многообразие России»

Задание 8

A. Прочита́йте текст. Вы́делите ключевы́е иде́и.

Национальное многообразие России

Росси́я — крупне́йшая страна́ в ми́ре и са́мая больша́я страна́ в Евро́пе по чи́сленности населе́ния. По состоя́нию на 2020 год, из приме́рно 146 миллио́нов челове́к, прожива́ющих в Росси́йской Федера́ции, о́коло 80 % идентифици́руют себя́ как этни́ческие ру́сские, та́кже ру́сскими счита́ют себя́ ещё о́коло 20 миллио́нов челове́к, прожива́ющих за преде́лами Росси́йской Федера́ции в стра́нах бы́вшего Сове́тского Сою́за. По да́нным иностра́нных исто́чников информа́ции, о́коло 900 000 жи́телей Нью-Йо́рка и Изра́иля, мно́гие из кото́рых име́ют двойно́е гражда́нство, счита́ют себя́ по́лностью ру́сскими или ру́сскими евре́йского происхожде́ния. Этни́ческий соста́в Росси́и сравни́тельно одноро́ден, осо́бенно по сравне́нию со стра́нами За́падной Евро́пы. И всё же населе́ние Росси́и гора́здо разнообра́знее, чем вы могли́ бы предположи́ть, осно́вываясь на большинстве́ уче́бников по ру́сскому языку́ или разли́чных досту́пных вам исто́чниках информа́ции. Согла́сно да́нным пе́реписи РФ 2010 го́да, 80,9 % опро́шенных идентифици́ровали себя́ как этни́чески ру́сские, что означа́ет, что 19,1 % — о́коло 27 миллио́нов челове́к — указа́ли в ка́честве свое́й этни́ческой принадле́жности друго́е. Каки́е ещё наро́дности и гру́ппы явля́ются неотъе́млемой ча́стью культу́рного и национа́льного многообра́зия Росси́и? Как э́то многобра́зие предста́влено в совреме́нных сре́дствах ма́ссовой информа́ции, кино́ и телеви́дении? Что мы должны́ знать о про́шлом э́той многонациона́льной страны́, что́бы лу́чше понима́ть её настоя́щее?

В 1932 году́ в хо́де о́бщей паспортиза́ции сове́тского населе́ния, по распоряже́нию Ста́лина, в докуме́нтах (по́сле по́лного и́мени, да́ты и ме́ста рожде́ния и социа́льного ста́туса — наприме́р, рабо́чий, колхо́зник и слу́жащий) появи́лась «пя́тая графа́», в кото́рой писа́ли национа́льность владе́льца па́спорта. Ины́ми слова́ми, национа́льная принадле́жность была́ неотъе́млемой ча́стью сове́тской иденти́чности, запечатлённой в докуме́нтах о гражда́нстве. При э́том челове́к до́лжен был выбира́ть свою́ национа́льную принадле́жность то́лько из спи́ска официа́льно при́знанных наро́дов, прожива́вших на террито́рии СССР. Вы́бор не был свобо́дным, он определя́лся специа́льными слу́жбами по сле́дующим пара́метрам: 1) национа́льная принадле́жность роди́телей; 2) вне́шние при́знаки; 3) фами́лия. Да́нная графа́ впосле́дствии сыгра́ла немалова́жную роль в ма́ссовых депорта́циях определённых наро́дностей. Истори́чески информа́ция о национа́льной принадле́жности испо́льзовалась для дискримина́ции и пресле́дования евре́ев, ру́сских не́мцев, кры́мских тата́р и други́х национа́льных меньши́нств. В то же вре́мя сове́тский маркси́зм призыва́л к «бра́тству наро́дов», при кото́ром о́бщество дости́гнет тако́го дру́жественного едине́ния, что национа́льные грани́цы исче́знут. На моме́нт распа́да СССР в официа́льном спи́ске, из кото́рого гра́ждане могли́ «выбира́ть», бы́ло предста́влено 128 национа́льностей. В 1997 году́ графа́ «национа́льность» была́ удалена́, и гра́ждане Росси́и получи́ли свобо́ду выбира́ть свою́ национа́льную принадле́жность без ограниче́ний. Действи́тельно, как отмеча́ет филолог Па́вел Бушу́ев, «ма́лые наро́ды, существова́вшие в соста́ве Росси́йского госуда́рства столе́тиями, в сове́тский пери́од вообще́ понесли́ тяжёлые утра́ты — от ассимиля́ции до по́лного исчезнове́ния».[1]

Сего́дня в Росси́и разгово́ры о многообра́зии и самобы́тности нахо́дятся под си́льным влия́нием сове́тского про́шлого. Иссле́дователи вопро́са давно́ утвержда́ют, что из-за того́, что исто́рия Росси́и отлича́ется от исто́рии За́пада, а та́кже из-за сравни́тельной одноро́дности населе́ния Росси́и в настоя́щее вре́мя таки́е поня́тия, как мультикультурали́зм, ассимиля́ция, толера́нтность и америка́нское поня́тие «плави́льный котёл», неприме́нимы к росси́йскому о́пыту. В статье́ 2014 го́да С.М. Мо́нин — специали́ст по истории внешней политики России и истории национальных отношений — утверждал, что «не может быть механически перенесена в Россию и политика мультикультурализма, проводившаяся в последние десятилетия в Западной Европе. Она отрицает интеграцию через ассимиляцию и предполагает адаптацию мигрантов в западное общество при сохранении ими своей культуры».[2]

По данным переписи 2010 года, в которой помимо русских было перечислено 193 этнические группы (и подгруппы), остальная демография населения России составляет 3,9 % татар, 1,4 % украинцев, 1,1 % башкир, 1 % чувашей (тюркская этническая группа, проживающая преимущественно в Чувашской Республике), 11,7 % «других». Некоторые из этих признанных этнических групп будут знакомы читателям: вьетнамцы, ассирийцы, чехи и эскимосы; другие группы узнает только самый знающий читатель: чукчи, саамы, кеты и кереки (согласно переписи 2010 года, было только 4 представителя).

Конечно, эти цифры переписи не отражают данные о различных незарегистрированных трудовых мигрантах, ежегодно приезжающих в Россию на заработки, чтобы финансово помочь своим семьям, которые остались ждать их на родине. По данным Организации Объединённых Наций (ООН), в 2013 году Россия занимала второе место в мире (после США) по числу мигрантов — 11 миллионов от общего числа 232 миллионов международных мигрантов во всём мире. Большинство трудовых мигрантов в России являются выходцами из соседних стран Центральной Азии. Это сообщество особенно сильно пострадало во время пандемии COVID-19, и в мае 2020 года ООН сообщила, что более 80 % опрошенных мигрантов жалуются либо на сокращение, либо на полную потерю своих доходов в результате глобальной пандемии.

В 2012 году президент Владимир Путин назвал национальное многообразие России «нашей красотой и силой». О каком многообразии идёт речь? О национальном? Лингвистическом? Религиозном? И если это действительно является «красотой» и «силой» России, то как лучше всего представить это миру?

Один из способов попытаться ответить на эти сложные вопросы заключается в том, чтобы взглянуть на места, где местные традиции процветают, и рассмотреть, как они могут послужить моделью для будущего. Одним из ярких примеров является государственная кинокомпания Республики Саха (Якутия) «Сахафильм». В Якутии проживает чуть менее миллиона человек, причём около 50 % населения дружно считают себя саха, или якутами. Этот район известен богатым разнообразием природных ресурсов (нефть, алмазы и уголь) и экстремально низкими температурами. Средняя температура зимой регулярно опускается ниже -35 °C (-31 °F). И в этой неумолимой мерзлоте, примерно в 8000 километрах и 6 часовых поясах от Москвы, происходит нечто замечательное: Якутия — единственный субъект Российской Федерации, создавший собственную национальную киноиндустрию, выведя местную культуру на международный экран и завоевав при этом многочисленные международные кинопремии. В фильмах представлены местные декорации, местные актёры и местная съёмочная группа. Якутские режиссёры стремятся рассказывать реальные истории: не просто «всё те же старые истории об оленеводах», а настоящие истории о реальных людях. Московский кинокритик Лариса Малюкова назвала это «Сахавуд», или собственный Голливуд Саха.[3] Как выразился оператор «Сахафильма» Семён Аманатов: «Наше [якутское] кино близко многим людям в разных странах мира. Но наша основная аудитория — наши [якутские] зрители. Они хотят видеть себя на экране: свою жизнь, свои мечты, свою радость. Это наши зрители, они хотят смотреть своё кино. Мы работаем на них».[4]

Источники:

1. Павел Бушуев. *Многонациональное общество: сила или слабость?* https://tass.ru/arhiv/513953. ТАСС (30 января 2013).
2. Сергей Монин. *Многонациональный состав населения России.* http://rossiyanavsegda.ru/read/1753/. Россия навсегда (17 февраля 2014).
3. Лариса Малюкова. *Сахавуд: снято!* https://novayagazeta.ru/articles/2017/08/18/73514-sahavud-snyato. Новая газета (18 августа 2017).
4. Katie Marie Davies. *Freeze frame: how the Arctic Republic of Yakutia forged its own indigenous film industry.* https://www.calvertjournal.com/articles/show/10538/yakutia-film-arctic-aga-lord-eagle. *The Calvert Journal* (2 August 2018).

Б. Прочитайте утверждения и скажите, соответствуют ли они информации из текста (Да или Нет). Дайте подробный комментарий к каждому пункту.

1. Россия занимает первое место в мире по численности населения.
2. За пределами Российской Федерации нет людей, идентифицирующих себя как русские.
3. Согласно переписи населения 2010 года, в России насчитывается примерно 19,1 миллиона русских.
4. В 30-х годах XX века в паспорте советского гражданина появилась графа о дате рождения.
5. Советский человек мог выбрать свою национальную принадлежность.
6. Информация о национальной принадлежности владельца паспорта использовалась специальными службами для улучшения жизни определённых категорий граждан.
7. В 1997 году из паспортов убрали «пятую графу».
8. В статье 2014 года С.М. Монин утверждает, что в России действуют европейские принципы политики мультикультурализма.
9. По данным переписи 2010 года, в России насчитывается около 4 % татар.

10. Россия занимает четвёртое место в мире по числу мигрантов.
11. Пандемия 2020 года никак не повлияла на трудовых мигрантов.
12. В Якутии проживает более 2 миллионов человек.
13. В якутских фильмах снимаются актёры со всей страны.

В. Посмотрите на тематический план текста, представленный ниже. Определите, в каком абзаце текста представлена каждая из тем. Объясните свой выбор.

Тема 1. Национальный состав современной России.
Тема 2. Историческое прошлое.
Тема 3. Национальная политика современной России.
Тема 4. Россия и русские в мире.
Тема 5. Влияние пандемии на передвижение людей.
Тема 6. Самобытность регионов России.
Тема 7. Россия и опыт других стран.

Г. Постройте предложения с этими статистическими данными. Выполняя задание, старайтесь не смотреть текст, вспоминайте контекст.

НАЦИОНАЛЬНОЕ МНОГООБРАЗИЕ РОССИИ

около 146 млн
900 тыс.
89,9%
около 27 млн опрошенных
3,9%
1,1%
1,4%

Задание 9

Выберите одну из стран постсоветского пространства, найдите в русскоязычном интернете информацию о национальном составе и культурном разнообразии выбранной страны. Подготовьте небольшой доклад. Используйте в качестве опоры следующие конструкции:

Традиции и народы России

В стране проживает...
В стране насчитывается около/примерно/порядка...
Численность (кого?) составляет...
Этнический состав страны однороден/разнороден:...
Согласно материалам/переписи населения/данным/...
Страна занимает (первое/второе или др.) место по...

Смотрим и обсуждаем: «К соседям с любовью...» (Василий Щербенко и Анастасия Бар, док., 2015)

Задание 10

Прочитайте текст о фильме «К соседям с любовью...» (Василий Щербенко и Анастасия Бар, док., 2015). Ответьте на вопросы после текста.

«К соседям с любовью...»

В СССР бабушка петербурженки Насти работала агрономом и часто путешествовала по стране, благодаря этому у неё появилось много знакомых в Бурятии, Казахстане, Дагестане, Белоруссии, Осетии, Татарстане и других регионах страны. Бабушка Насти уже давно на пенсии, а Настя решила проехать по всем её любимым местам и навестить друзей бабушки.

«К соседям с любовью...» — сериал из семи коротких документальных фильмов, каждый из которых посвящён одной народности, обычаям и традициям её представителей. Настя живёт вместе с семьями героев фильмов, приходит на национальные и религиозные праздники, семейные застолья, слушает традиционные национальные песни. Настя погружается в традиционный быт и культуру этнических казахов, осетин, белорусов, татар, бурят, лезгин и русских и привозит бабушке подарки от её старых друзей.

Фильм был снят в 2015 году по заказу и при поддержке Комитета по межнациональным отношениям и реализации миграционной политики в Санкт-Петербурге режиссёрами Василием Щербенко и Анастасией Бар. В задачи проекта входило показать крепкие связи между всеми национальностями бывшего СССР, чтобы укрепить их в сознании молодого поколения, которое не помнит уже быт советского прошлого. Главной целью фильма является формирование в обществе толерантного сознания и поведения.

1. О чём фильм?
2. Что входило в задачи проекта?

3. Каков жанр этого кинопроекта?
4. Что является главной целью проекта?
5. Как вы оцениваете цели и задачи проекта?
6. Представьте, что вас пригласила в гости семья вашего знакомого/вашей знакомой. Они принадлежат к другой народности, чем вы. Какие вопросы вы бы задали вашим знакомым, перед тем как идти в гости?
7. Представьте, что вы журналист, который едет, как Настя, снимать фильм о разных народностях, проживающих в одной стране. Отличались бы ваши вопросы как журналиста от вопросов обычного гостя? Почему?

Задание 11

А. Посмотрите серию проекта «К соседям с любовью: татары (путешествие 4)» и ответьте на вопросы.

1. Кого навестила Настя? Расскажите в деталях о её поездке.
2. О каких традиционных элементах быта татар, их одежды, кухни и праздников вы узнали из фильма?
3. Какие ценности воспитываются татарами в молодом поколении?
4. Какую религию исповедует большинство татар? Как религия связана с мировоззрением людей из фильма?
5. Какие легенды об истории Казани гид рассказал Насте?

Б. О чём говорили герои фильма? Соотнесите реалии быта татар с определениями. Расскажите о том, что вы узнали из видео об этих реалиях. Если вы не помните, пересмотрите видео.

1. Тюбетейка   ____ национальный праздник
2. Чак-чак   ____ сладкое блюдо
3. Сабантуй   ____ головной убор

Задание 12

Выберите один аспект из жизни татар (кухня, праздники, наряды, история, религия и др.), о котором вы хотели бы узнать больше после этого видео. Найдите информацию в интернете и расскажите в группе то, что вы узнали.

Задание 13

А. Подготовьтесь к просмотру следующей серии путешествия Насти. Найдите на карте России Республику Дагестан. Прочитайте информацию об этом регионе,

Традиции и народы России

выпишите важную фактическую информацию и статистические данные о численности населения в регионе и народностях, проживающих там.

Б. Посмотрите серию «К соседям с любовью: лезгины (путешествие 6)» и составьте вопросы для своих одногруппников. При составлении вопросов используйте словарь главы.

Работа в группах

Задание 14

Вы уже много узнали из этой главы о культурном многообразии регионов России. Во многих регионах России люди говорят на нескольких языках. Разделитесь на группы, выбрав один из национальных языков России. С помощью русскоязычных источников информации подготовьте презентацию об истории, развитии и современном состоянии этого языка.

При подготовке презентации обращайте внимание на следующие моменты:

- Когда и где появился данный язык?
- Чем отличается этот язык от других языков? Какие фонетические/грамматические/лексические особенности есть в нём?
- Какие изменения происходили в жизни носителей языка?
- Каково современное состояние языка? Сохранилась ли письменность? Преподаётся ли он в школах? Сколько носителей этого языка?
- Каково будущее носителей языка?

Задание 15

А. Посмотрите короткометражный мультипликационный фильм «Бессмертный», снятый в 2014 году по мотивам татской народной сказки (*ключевые слова для поиска в YouTube — «Гора самоцветов» — «Бессмертный (The Immortal) Татская сказка»).

Ответьте на вопросы:

1. Кто такие таты? Где они проживают?
2. Как вы поняли сюжет сказки?
3. Как вы поняли мораль сказки?
4. Как сказка «Бессмертный» отражает культурные особенности и традиции татов?

Б. Работая в небольших группах, придумайте творческое представление народной сказки из вашей родной культуры. Вы можете рисовать, ставить короткую пьесу, петь, снимать короткий фильм и т.д. Ваша задача — передать зрителям мораль сказки и культурные особенности народа.

Пишем о кино

Слова-связки для построения сложных предложений

There are several connectors that we can use to form compound sentences in Russian, including: *который*, participles, and the connector *то, что*. Another such group of connectors uses particles to link a main clause with a subordinate clause. Some common pairings include:

там — где
там — куда
(от)туда — (от)куда
туда — где
такой — какой
сколько — столько

Журналистка поехала **туда, где** её ждал абсолютно новый опыт: гостеприимные люди и различные приключения. → *The journalist set off for a place where an entirely new experience awaited her: welcoming people and various adventures.*

Сколько в стране людей живёт, **столько** и разных взглядов и мнений. → *There are as many different views and opinions in a country as there are people.*

> **Обратите внимание!**
> When translating a compound sentence into English, often we must add additional details and/or restructure the sentence, given differences in the way that clauses are joined in both languages. Read the examples below and consider how you might translate them into natural English sentences.
>
> Республика Саха находится **там, куда** нужно брать самые тёплые вещи, потому что минимальная температура зимой составляет -72 градуса по Цельсию. Собеседники были **настолько** открыты в разговоре, **насколько** им позволяли их культура и религия.

> Народные сказки показывают мир **таким, каким** его видели наши предки.
> Даже **там, где** люди говорят на других языках, кроме русского, многие школьники ходят в русскоязычную школу.
> Название «полюс холода» пришло **оттуда, где** практически всё покрыто снегом, с территории Северного полярного круга, из Якутии.

Задание 16

А. Вставьте в предложения подходящие слова-связки.

1. Если вы хотите поехать _____, куда сложно добраться типичному туристу, _____, где можно посмотреть уникальную природу, то вам нужно ехать на Камчатку.
2. Этот регион выглядит точно таким, _____ вы его увидите на фотографиях в интернете: огромные вулканы, бурые медведи, греющиеся на солнце, разнообразные горные маршруты и дружелюбные люди.
3. Но, к сожалению, насколько природа Камчатки привлекательна для туриста, _____ же не привлекательна её туристическая инфраструктура, поэтому берите с собой всё необходимое для личного комфорта.
4. Коренные народы Камчатки, по результатам археологических исследований, имели много общего с индейцами в Америке. Есть гипотеза, что эти народности пришли _____, откуда прибыли и индейцы.
5. Численность коренных малочисленных народов Камчатки ежегодно сокращается. Люди уезжают туда, _____ можно заработать больше денег, не хотят заниматься традиционными ремёслами, которые почти не приносят дохода.

Б. Найдите в интернете информацию о коренных малочисленных народностях России, составьте 5 предложений о жизни одной народности (языке, быте, ремёслах, месте проживания и др.), используя слова-связки из правила выше. Сделайте контекст каждого примера интересным для читателя-туриста.

Задание 17

Найдите в русскоязычном интернете информацию об исчезающих или вымирающих языках или народностях России. Выберите один из этих языков/народностей и напишите эссе. При этом вы должны объяснить,

1. какая угроза существует для этого языка/народности и
2. какие идут современные процессы, чтобы сохранить этот язык и культуру.

Ваше эссе должно представлять чёткую, обоснованную позицию по поводу сохранения исчезающих языков/народностей. Вам нужно использовать минимум 3–4 связки из правила выше.

Повторяем всё, что узнали в этой главе

Задание 18

Дайте перевод следующих слов и словосочетаний.

одежда на любой вкус	
	a variety of cultures and languages
культурное наследие страны	
	to create a friendly environment (surroundings)
этническая принадлежность	
	to conduct a census of the population
передать традицию следующему поколению	
	cultural and national ancestry

Задание 19

Передайте смысл предложений синонимически, используя словарь данной главы.

1. Республика Коми является одним из субъектов Российской Федерации.
2. Ближайший сосед Коми на востоке — Тюменская область.
3. В Республике проживает около 27,3 % коми.
4. Порядка 4,2 % населения Республики Коми считают себя украинцами.
5. Республика Коми — очень богатый регион. Там есть нефть, газ, драгоценные камни и др.
6. Власти Республики стараются сохранить национальный язык, но заметно снижение интереса к национальной культуре и сокращение численности коми за последние несколько десятилетий.

Задание 20

Заполните кроссворд словами из словаря главы.

Кроссворд

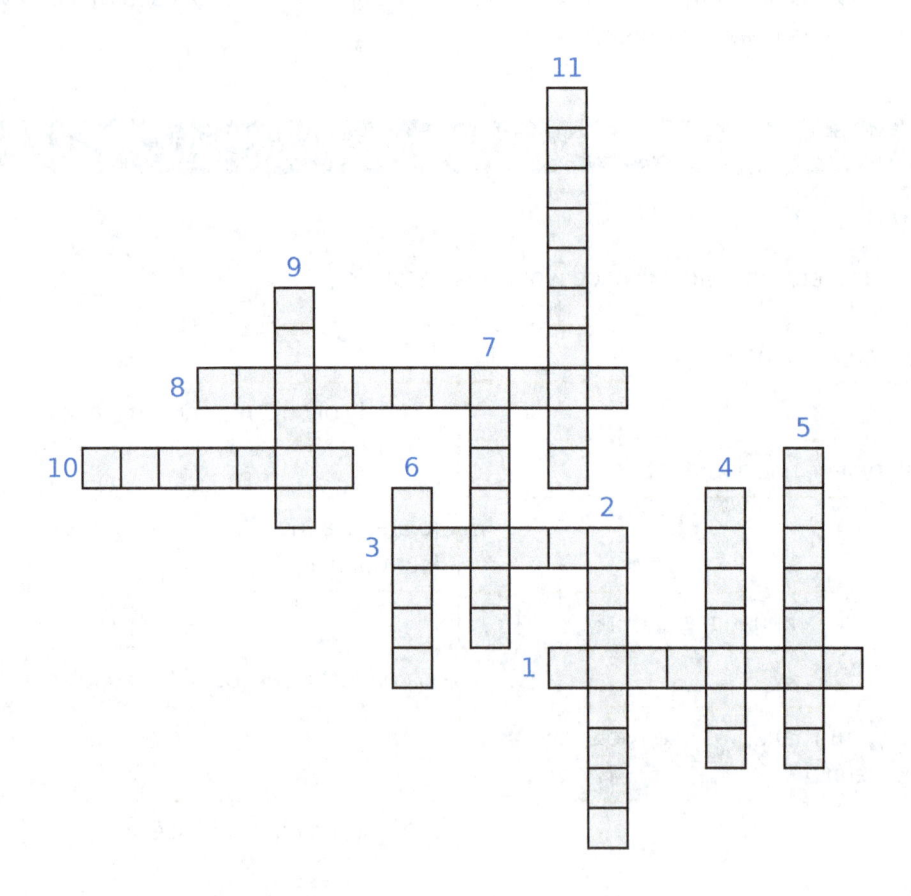

1. Свадебная церемония в церкви.
2. Проживающий в каком-то месте с самого начала (adj.).
3. Ваша прабабушка или прадедушка.
4. Предлагать еду или напитки гостям.
5. Считать себя.
6. Анкетирование населения.
7. Административный регион страны.
8. Официальная принадлежность к числу граждан государства.
9. История для детей.
10. Ваши правнуки.
11. Ситуация, условия.

Минутка для рефлексии

Что ещё Вы хотели бы узнать о культурном и этническом многообразии России и других русскоговорящих стран? Как, на Ваш взгляд, можно сохранить малые народы и языки в эпоху глобализации?

_____
_____
_____

Приложение

Скрипт к аудио из Задания 6А

История 1. Махабат, казашка, село Оренбургской области.

Здравствуйте! Меня зовут Махабат, я по национальности казашка. Живу в России, родилась и выросла в небольшом селе Оренбургской области, где 80 % населения — русские и украинцы. Мы все всегда были дружелюбны к друг другу, всегда и во всём помогали. И с детства я помню, как мы всем селом и радовались, и горевали (lamented); как наши русские соседи по праздникам приходили к нам и угощались нашим национальным блюдом, бешбармаком; как мы, казахи, ждали Пасху, чтобы поесть крашеных яиц. В этих условиях сохранили ли мы свои обычаи? Да, конечно, сохранили. Моя семья очень старается, чтобы все наши традиции и обычаи передались следующим поколениям. Вот, например, расскажу вам один из них на примере свадьбы.

После того как молодые люди засватаны (were matched by the matchmaker), назначается дата свадьбы. Затем жених со своей делегацией в лице своих родственников едут за невестой. Их встречает сторона невесты со всеми почестями и угощениями. Родня невесты провожает свою дочь в новую семью, происходит обряд прощания невесты со своими родными и домом. Этот обряд называется «Кыз Узату», что в переводе означает «проводы невесты». Жених увозит свою невесту к себе в дом. Привезя её к себе, по дороге её покрывают платком так, чтобы закрыть лицо, и ведут в дом. Там её встречает семья жениха и происходит обряд Беташар, в переводе означает «открыть лицо». Невеста, покрытая платком, кланяется (bows to) родственникам жениха под песни на домбре. После того, как она всех поприветствовала, с неё снимают этот платок, и родня (relatives) жениха видит впервые свою невестку и знакомится с ней. Мама жениха надевает ей золотые серёжки и повязывает ей платок на голову, что означает, что невеста принята в семью.

История 2. Айса, калмычка, Республика Калмыкия, г. Элиста.
Привет, или, как я бы сказала по-калмыцки, «Мендвт». Меня зовут Айса. Мне 28 лет, и я калмычка. Калмыки — это единственный народ в Европе, основной религией которого является буддизм. У нас также есть свой язык — калмыцкий, который преподают в детских садах и школах. У калмыков также была письменность (tradition of writing), которая называлась тодо бичиг. К сожалению, письменность не удалось сохранить, так как в 20–40-х годах в СССР были проведены реформы, которые коснулись письменности неславянских народов. Алфавит тодо бичиг был заменён на кириллицу.

Один из самых больших праздников у калмыков — это Зул. И этот день на территории Калмыкии является праздничным, выходным. Зул — это праздник лампад, и его отмечают обычно в декабре. Всё это зависит от лунного календаря. В этот день мы зажигаем лампадки и преподносим к алтарю конфеты, чай, борцоки. Борцоки — это несладкие пончики, можно сказать. Раньше калмыки не справляли (celebrate) дни рождения, и поэтому Зул также называют днём прибавления возраста (advancing in age). Мамы и бабушки в этот день лепят лодочки из теста, куда вставляют самодельный фитиль на каждого члена семьи. Фитиль состоит из соломенных палочек (thatched sticks), и количество соломинок зависит от возраста человека. Плюс к этому возрасту прибавляют ещё одну или две соломинки для того, чтобы продлить жизнь. Ночью, с появлением звёзд, фитиль поджигают и молятся о долголетии (longevity). Затем вся семья отмечает праздник за столом.

Калмыки — довольно религиозный народ. Мы часто ходим в хурул, так называется наш храм. Кстати, хурул в нашем городе Элиста является самым большим буддийским храмом в Европе. К примеру, о религиозности калмыков… Например, для того, чтобы назначить день свадьбы, калмыки идут в храм и выбирают благоприятный день вместе с ламой. Ламами мы называем монахов. Некоторые родители также советуются с ламой и при выборе имени ребенка.

Я считаю, что сохранить калмыцкую культуру в условиях глобальной русской культуры довольно сложно, и традиции существуют благодаря народу, который передает эти традиции из поколения в поколение. Большое спасибо за внимание, или как я бы сказала по-калмыцки, «Хаджанав»!

История 3. Алия, татарка, Республика Башкортостан, г. Уфа.
Здравствуйте! Меня зовут Алия. Я из города Уфы. Это находится в Республике Башкортостан, в России. Вообще, Республика Башкортостан, она очень интересная, такая необъятная. Она находится между Уралом и Евразией, и поэтому в нашей республике очень много гор. Также специфика нашей республики — это что здесь в основном живут люди национальностей башкиры и татары, русских, наверное, около где-то 30 %. Религия в нашей республике — это мусульманство. Правда, с течением времени уже пропадают какие-то традиции, к сожалению. В нашей республике уже татарский язык не преподаётся

в школах, преподаётся только башкирский язык. Так как я живу в Республике Башкортостан, я знаю и башкирский, и татарский язык. Но, естественно, основной язык — это русский, который у нас распространён по России.

Хотелось бы рассказать про свадебные традиции. Мне кажется, это очень интересно. У татар и у башкир свадьба проходит в два дня, и, естественно, даже по сегодняшний день пытаются сохранять традиции, потому что это интересно. Например, когда жених приезжает домой к девушке и забирает к себе на родину, у жениха сначала должен быть обряд, когда невеста идёт с коромыслом за водой, и то есть она наполняет вёдра водой и несёт домой. Все люди, они должны сопровождать (accompany) и петь песню, так как в этот момент невеста показывает, какая она молодец, какая она хозяйственная (excels in domestic duties), умница и может дотащить воду. Естественно, потом воду продают всем гостям на свадьбе. На самом деле, на сегодняшний день это просто такая интересная традиция, которую соблюдают, пытаются, делают красивые вёдра, красивые коромысла. Ещё такой момент, что до свадьбы жених и невеста должны прочитать никях. Это такой процесс, как венчание у русских, то есть садится мулла и перед женихом и невестой читает определённую молитву, которая закрепляет их брак (confirms their marriage).

Глава 9

Мы с планеты Земля

В этой главе вы научитесь:	In this unit, you will learn:
<ul><li>говорить об экологических проблемах и влиянии человека на окружающую среду;</li><li>участвовать в спорах о состоянии экологии, используя приставочные глаголы, образованные от глагола *жить*;</li><li>рассказывать о деятельности экоактивистов с акцентом на разнице между *кто* и *который* в сложных предложениях;</li><li>описывать свои впечатления и опыт в форме личного эссе.</li></ul>	<ul><li>how to talk about ecology and human impact on the natural environment;</li><li>to debate environmental issues using prefixed forms of the verb *жить*;</li><li>to describe ecological activism in Russia and Russian-speaking countries while distinguishing between sentences that require *кто* and those that require *который*;</li><li>to describe personal experiences in essay form.</li></ul>

Речевая разминка

Задание 1

Психологический тест «А вы ведёте экологичный образ жизни?». Работайте в группах по 2–3 человека. На основе результатов теста представьте свою группу.

1. Что вы регулярно делаете для экономии электроэнергии?
   - Выключаю все электроприборы, когда не пользуюсь ими. (2)
   - Использую светодиодные лампочки (LED bulbs) вместо обычных лампочек. (2)
   - Готовлю на газовой плите, не использую электрочайник. (1)
   - Ничего из вышеперечисленного. (0)

2. Как часто вы даёте экосоветы своим друзьям или коллегам?
   - Практически никогда. (0)
   - Всегда. Я стараюсь рассказывать окружающим о бережном отношении к окружающей среде как можно чаще. (2)
   - Время от времени. Я стараюсь больше слушать и следовать рекомендациям других людей. (1)

3. Что вы делаете со стеклянными банками (glass jars) и пластиковыми контейнерами?
   - Многократно использую: в саду и огороде сажаю в них цветы, дома храню в них разные продукты. (2)
   - Выбрасываю их, потому что не знаю, что можно с ними ещё сделать. (0)
   - Отвожу их на переработку. (2)

4. Сортируете ли вы мусор дома?
   - Никогда. Считаю это тратой времени. (0)
   - Время от времени. Я часто забываю об этом. И не уверен(-а), что знаю, как правильно это делать. (1)
   - Всегда. Считаю, что это единственный способ сохранить нашу планету. (2)

5. Выключаете ли вы свет, когда выходите из комнаты?
   - Да, практически всегда. Я стараюсь контролировать и проверять себя. (2)
   - Нет, ничего страшного не случится, если я этого не сделаю. И вообще я боюсь темноты. (0)
   - Время от времени. Я часто забываю об этом. (1)

6. Оставляете ли вы воду включенной, когда чистите зубы?
   - Что? А как это влияет на окружающую среду? (0)
   - Нет, никогда. И я научил(-а) так делать всю свою семью. (2)
   - Иногда забываю. (1)
7. Пользуетесь ли вы пластиковыми трубочками (straws)?
   - Никогда. Домой я заказываю металлические трубочки, которые можно использовать много лет. (2)
   - Иногда, если в ресторане приносят их вместе с напитком. (1)
   - Всегда. Мне неудобно пить без пластиковой трубочки. (0)
8. Во что вы упаковываете продукты?
   - В обычные пакеты, которые дают в супермаркете. (0)
   - В бумажный пакет или тканевую сумку, которые обычно приношу с собой и использую их многократно. (2)
   - Зависит от ситуации. (1)

Результаты:

Если у вас от 8 до 14 баллов: **Человек-настроение**
В целом Вы знаете, как заботиться об окружающей среде, но часто у Вас не хватает терпения соблюдать основные правила экологичного образа жизни. Начните с малого: например, купите бутылку для воды многоразового использования или сумку для покупок. И помните: каждое Ваше действие влияет на нашу планету.

Если у вас меньше 8 баллов: **Ценитель личного комфорта**
Привычный образ жизни Вы цените больше, чем прекрасное будущее планеты. Это можно понять, потому что думать и беспокоиться об абстрактном будущем — сложно, а не совершать лишние действия — легко. Мы советуем Вам узнать больше о том вреде, который мы ежедневно наносим планете, и пересмотреть некоторые свои действия. В конце концов, выключать свет и чаще носить с собой сумку для покупок — действия, которые не требуют больших усилий.

Если у вас от 15 до 20 баллов: **Экогероиня или экогерой**
Спасибо Вам, ведь Вы ведёте экологичный образ жизни и тем самым сохраняете нашу планету! Теперь Ваша задача — рассказать друзьям и знакомым о том, почему так важно экономить электроэнергию и воду, как вести экологичный образ жизни. Важно поделиться Вашими советами, как сформировать правильные экопривычки.

Задание 2

Наш экочелленж. Составьте чек-лист заданий для недельного экочелленджа. В общем чате группы делитесь в течение недели своими успехами в выполнении этого челленджа.

ПЛАН НА НЕДЕЛЮ
Выполняй эти задания и думай о планете

Понедельник
- ☐ Выключаю свет везде
- ☐ _____
- ☐ _____

Четверг
- ☐ Выключаю воду, когда чищу зубы
- ☐ _____
- ☐ _____

Воскресенье
- ☐ Беру в ресторан с собой контейнер
- ☐ _____

Вторник
- ☐ Не пью из пластиковых стаканчиков
- ☐ _____
- ☐ _____

Пятница
- ☐ Не использую пластиковые трубочки
- ☐ _____

Среда
- ☐ Сортирую мусор весь день
- ☐ _____
- ☐ _____

Суббота
- ☐ Беру в магазин свою сумку
- ☐ _____

Необходимые слова и выражения

бе́дствие (приро́дное)	calamity/disaster (ecological)
вы́бросы	waste/emissions
загрязне́ние	pollution
зо́на экологи́ческого бе́дствия	environmental disaster zone
испаре́ние	evaporation/steam
му́сор	garbage
наводне́ние	flood
нефть	oil/petrol
обще́ственность	community/society
отхо́ды	waste/scraps

пожа́р (лесно́й)	fire (forest)
после́дствия	consequences
рак (онколо́гия)	cancer (oncology)
сбор	collection
сва́лка (му́сорный полиго́н)	dump (landfill)
те́мпы (климати́ческих измене́ний)	tempo (of climate change)
углеро́дный нало́г/сбор	carbon tax
у́голь	coal/carbon
у́рна	refuse bin/urn
бе́режный	cautious/considerate
бума́жный	paper
исчеза́ющий (вид живо́тных, язы́к)	endangered (species, language)
неблагоприя́тный	negative/unfavorable
многора́зовый/однора́зовый	multi/single-use
стекля́нный	glass
бере́чь/сбере́чь (кого? что? + Acc.)	to protect, preserve
выбра́сывать/вы́бросить (кого? что? + Acc.)	to throw away
выки́дывать/вы́кинуть (кого? что? + Acc.)	to throw away
вымира́ть	to become extinct
выруба́ть/вы́рубить (что? + Acc.)	to chop down
дыша́ть (чем? + Inst.) (во́здухом)	to breathe (the air)
загрязня́ть/загрязни́ть (что? + Acc.)	to pollute
отравля́ть/отрави́ть (кого? что? + Acc.) (чем? + Inst.)	to poison
отрави́ться (чем? + Inst.)	to be poisoned/poison oneself
перераба́тывать/перерабо́тать (что? + Acc.)	to manufacture/convert
потребля́ть (что? + Acc.)	to consume/use
предотвраща́ть/предотврати́ть (что? + Acc.)	to preclude/prevent
принима́ть/приня́ть ме́ры	to take measures
слива́ть/слить (что? + Acc.) (куда? + Acc.)	to pour off/merge/assimilate
сортирова́ть/рассортирова́ть (что? + Acc.) му́сор	to sort garbage
уничтожа́ть/уничто́жить (кого? что? + Acc.)	to destroy
утилизи́ровать (что? + Acc.)	to reclaim/salvage (~~utilize~~)
чеса́ть (кого? что? + Acc.)	to scratch
чиха́ть/чихну́ть	to sneeze

Мы с плане́ты Земля́

Устойчивые выражения и фразеологизмы

антропогéнная дéятельность	human activity
борьбá с изменéнием клúмата	climate action
возобновляéмые истóчники энéргии	renewable energy
вторúчное испóльзование	second use
вторúчная перерабóтка мýсора	recycling
глобáльное потеплéние	global warming
изменéние клúмата	climate change
окружáющая средá	environment
охрáна прирóды	environmental preservation
парникóвые гáзы	greenhouse gasses
парникóвый эффéкт	greenhouse effect
прéсная водá	fresh water
приобретáть/приобрестú привы́чку + inf.	to acquire a habit
подавáть/подáть примéр (кому? + Dat.)	serve as an example
раздéльный сбор мýсора	garbage sorting
стоя́ть на своём	to stand up for what you believe in
устóйчивое развúтие	sustainable development
чрезвычáйная ситуáция (ЧС)	extreme/emergency situation

Задание 3

Подберите подходящее определение.

1. Повышение средней климатической температуры системы Земли по причине человеческой деятельности.
2. Творческая переработка отходов и создание новых вещей из них.
3. Практика сбора и сортировки мусора с учётом его состава (бумага, пластик и др.).
4. Специальное место, построенное для изоляции отходов.
5. Неблагоприятная, опасная ситуация на какой-то территории из-за аварии, природного катаклизма и др.
6. Весь мир вокруг нас.
7. Денежная сумма, которую государство берёт с бизнеса за выбросы углекислого газа в атмосферу.

____ чрезвычайная ситуация
____ углеродный налог
____ вторичное использование
____ мусорный полигон
____ окружающая среда
____ раздельный сбор мусора
____ глобальное потепление

Задание 4

А. Вставьте подходящий по смыслу глагол, используя словарь главы.

1. В мае 2019 года в открытом письме в газете «Le Monde» деятели культуры и учёные призвали всё мировое сообщество изменить образ жизни и _____ глобальную экологическую катастрофу.
2. Ежегодно по всему миру _____ около 200 тысяч квадратных километров лесов. Это приводит к исчезновению многих видов животных.
3. Развитые страны _____ от 150 до 400 литров воды в сутки на одного человека при норме от 105 до 175 литров.
4. Во всех странах мира нужно _____ для улучшения экологической ситуации. Например, Европарламент одобрил закон о запрете одноразовых пластиковых изделий, который вступил в силу в 2021 году.
5. Загрязнение воды и воздуха является основной причиной детской аллергии: дети всё чаще _____ и _____.
6. По данным ВЦИОМ, сейчас 27 % россиян _____ бытовой мусор: бумажный, пластиковый и отходы животного происхождения.
7. Один из советов экоактивистов — покупать продукты в стеклянной упаковке, потому что стекло можно легко _____.

Б. Перечитайте предложения из Задания 4А. Какие факты из списка вас удивили? Какие другие интересные факты об экологической ситуации в мире/в вашей стране вы можете рассказать?

Задание 5

А. Заполните таблицу. Попробуйте догадаться о значениях приставочных глаголов, образованных от глагола *жить*, и привести свои примеры там, где их нет.

Приставочные формы глагола *жить*

Глаголы (НСВ/СВ)	Значения	Примеры
выжива́ть/вы́жить	остаться в живых	*В лесных пожарах не выживает половина лесных жителей.*
дожива́ть/дожи́ть (до чего?) + Gen.		*В мире насчитывается 25 видов доисторических животных, которые дожили до наших дней.*

Мы с планеты Земля

Глаголы (НСВ/СВ)	Значения	Примеры
пережива́ть/пережи́ть (что?) + Acc.	испытать что-то, быть свидетелем событий (горе, войну, тяжелые испытания, смену власти, голод, период Перестройки)	Наша планета переживает сейчас нелёгкие времена.
пережива́ть (только НСВ) (о ком? о чём?) + Prep.	волноваться, беспокоиться	
прожи́ть (только СВ)		Я прожил в этом городе всего месяц.
прожива́ть (только НСВ)	иметь место постоянного жительства по какому-то адресу, в каком-то месте (офиц.)	В Новой Зеландии проживают представители разных этнических групп.
ожива́ть/ожи́ть (прош. время: он о́жил, она ожила́, оно о́жило)	1. снова стать живым (например, в фильмах про зомби); 2. вернуть прежние силы и энергию	1. 2. Весной природа оживает.
отжива́ть/отжи́ть (о традициях, обычаях)		Традиция отжила свой век, больше никто не помнит, как правильно отмечать этот праздник.
зажива́ть/зажи́ть (о ране, о царапине)		Рана на ноге долго заживала, поэтому я не могла участвовать в соревнованиях.
изжива́ть/изжи́ть (что?) + Acc. (о привычках, недостатках)		Вредные привычки очень сложно изжить. Я пыталась бросить курить 6 раз.

Б. Вставьте подходящий по смыслу приставочный глагол.

1. Крупные промышленные города _____ период экологического кризиса, потому что столкнулись с проблемами загрязнения воды и воздуха.
2. Многие люди не _____ из-за глобального изменения климата или загрязнения мирового океана, их волнуют только проблемы своих регионов.
3. Жители крупных промышленных городов выходили на улицы с плакатами: «Помогите _____! Мы здесь задыхаемся!».
4. Около 74 % россиян _____ сейчас в городах.
5. Некоторые виды растений из других регионов не _____ в Подмосковье из-за климатических условий.
6. Русская деревня, по мнению многих наших современников, _____ свой век. Теперь молодые люди стремятся в большие города.
7. Наши предки _____ на этой земле несколько веков.
8. Мой прадедушка _____ до 90 лет.
9. Как вы думаете, трудно _____ привычку бросать мусор на улицах?

В. Ответьте на вопросы, используя глаголы, данные в скобках.

1. О чём беспокоятся студенты? (*переживать*)
2. Сколько человек осталось в живых после авиакатастрофы? (*выжить*)
3. Почему спортсмен не принимал участие в соревнованиях? (*заживать*)
4. Сколько лет назад вы переехали в этот город? (*проживать*)
5. Какой традиции больше нет в вашей семье/стране/культуре? (*отжить*)
6. По какому адресу отправить тебе новогоднюю открытку? (*проживать*)
7. Что возвращает вам силы и энергию? (*оживать*)

Задание 6

Найдите в интернете информацию об одной экокатастрофе на территории России или стран СНГ. Подготовьте презентацию на 3 минуты о выбранной вами катастрофе и расскажите своим одногруппникам.

Предлагаются следующие вопросы для исследования:

- гибель морских животных на Камчатке в 2020 году
- история Аральского моря в Казахстане
- Усинская катастрофа в 1994 году
- Брянский разлив в 2006 году

- прорыв дамбы «Алросы» в Якутии в 2018 году
- московский мусор в Арктике
- свалка в Шиесе

Следующие вопросы помогут вам выстроить свой ответ:

- Что случилось? Где и когда?
- Как местная власть отреагировала на катастрофу? Как отреагировала общественность?
- Какие были последствия для природы и для местных жителей?
- Что мы знаем о текущей ситуации? Сделайте отчёт о текущей ситуации.

К тексту: «Россия на защите окружающей среды: прошлое, настоящее и будущее»

Задание 7

А. Прочитайте текст и ответьте на вопрос: почему экологическую ситуацию в России нельзя назвать благоприятной?

Россия на защите окружающей среды: прошлое, настоящее и будущее

В настоящее время экологические проблемы вышли за пределы отдельного региона, они касаются всех стран. Наша планета переживает не лучшие времена. Изменение климата оказывает серьёзное влияние на Россию, на территории которой расположена большая часть мировых запасов природных ресурсов. В России находятся самая протяжённая река Европы Волга и самая высокая горная вершина Эльбрус; 22 % мировых запасов леса и 25 % запасов всей пресной воды на планете, 20 % из которых приходится на озеро Байкал. Россия входит в число стран-лидеров по запасам нефти (на втором месте после Ирана) и добыче золота (на четвёртом месте в мире). Несмотря на то, что Россия занимает 1/8 всей суши на планете, а регионы страны находятся в 11 часовых поясах, плотность населения на квадратный километр здесь сравнительно низкая (8,4 чел./кв. км). Россия входит в число стран с наименьшей плотностью населения в мире.

К сожалению, экологическая ситуация в России является не такой благоприятной, как во многих других ведущих странах мира. В 2019 году ВЦИОМ опубликовал результаты опроса россиян о самых острых экологических проблемах России. В их число вошли загрязнение воздуха и воды, мусорные свалки и массовая вырубка леса. Как оказалось, большинство опрошенных не переживают из-за глобального изменения климата или загрязнения мирового океана, их волнуют проблемы своих регионов. Причин для беспокойства достаточно много.

В 2017–2020 годах Россия переживала сильнейший мусорный кризис. Из-за отсутствия в стране системы по переработке отходов, достаточного количества перерабатывающих мусор заводов многие отходы по-прежнему отвозят на полигоны (санкционированные или несанкционированные свалки) вблизи городов. В 2017 году в России на свалках было около 38 миллиардов тонн отходов, что равно по площади территории Нидерландов или Швейцарии. Вредные испарения и запах «пришли» в города и стали причиной массовых протестов. Жители крупных промышленных городов вышли на улицы с плакатами «Помогите выжить! Мы здесь задыхаемся!». В связи с этим государство объявило о начале важной национальной программы «Экология» (2019–2024 гг.), в задачи которой входят: ликвидация несанкционированных свалок, строительство 7 новых мусороперерабатывающих комплексов, снижение вредных выбросов в атмосферу, лесовосстановление и сокращение выбросов в реки и озёра.

Одним из пунктов программы «Экология» является сохранение самого глубокого озера на планете Байкал, входящего в список объектов ЮНЕСКО. Его возраст составляет примерно 25–35 миллионов лет, оно содержит 20 % мировых запасов пресной воды в мире. Но сейчас Байкалу угрожает экологическая катастрофа. На его берегах построен бумажный комбинат, который берёт воду из Байкала и сливает её обратно вместе с химикатами. Кроме того, вокруг комбината идёт активная вырубка леса. Лес засыхает от выбросов в атмосферу вредных газов. Но комбинат является лишь частью проблемы, так как в Байкал впадает много рек, которые несут загрязнённую воду с фабрик, расположенных на их берегах. В 2019 году экоактивистам удалось с помощью протестов и одиночных пикетов остановить строительство на берегу Байкала китайского завода. В настоящее время государство разрабатывает план по охране природы и исчезающих видов животных и рыб в экосистеме озера. Благодаря вниманию мирового сообщества к экологическим проблемам этого уникального по своим запасам пресной воды и экосистеме озеру, программа защиты Байкала получила поддержку, но многим другим водоёмам России угрожает не меньшая опасность.

В апреле 2019 года Министерство природных ресурсов и экологии (Минприроды) РФ в госдокладе «Об охране окружающей среды» назвало города России с самым грязным воздухом. Самыми опасными для проживания городами оказались Красноярск, Магнитогорск и Норильск. В Норильске, например, причиной катастрофической ситуации является металлургическое производство, которое выбрасывает в атмосферу тонны загрязняющих веществ. Жители города жалуются на астму, болезни лёгких и высо́кий проце́нт ра́ковых больны́х. По да́нным пе́реписи населе́ния, за после́дние 10 лет из регио́на уе́хало бо́лее 40 ты́сяч челове́к. В ию́ле 2019 го́да Госуда́рственная Ду́ма приняла́ законопрое́кт о квоти́ровании вы́бросов загрязня́ющих веще́ств. Экспериме́нт пройдёт в 12 города́х Росси́и, в том числе́ и в Нори́льске.

Спи́сок пробле́м окружа́ющей среды́ в Росси́и не зака́нчивается на том, что опи́сано вы́ше. Откры́тие Се́веро-За́падного прохо́да (the Northwest Passage) привело́ к измене́нию те́мпов разви́тия аркти́ческих регио́нов. В Аркти́ке повыше́ние климати́ческой температу́ры ведёт к разруше́нию фунда́мента зда́ний, кото́рые бы́ли сконструи́рованы с расчётом на усло́вия ве́чной мерзлоты́ (permafrost). Наряду́ с неда́вно появи́вшимися экологи́ческими пробле́мами Росси́я всегда́ боро́лась с пробле́мами за́сухи, кото́рая суще́ственно ограни́чивала вре́мя для выра́щивания разли́чных культу́р. Бу́дущее состоя́ние окружа́ющей среды́, не то́лько в Росси́и, но и во всём ми́ре, зави́сит от мно́гих фа́кторов: согласо́ванной рабо́ты федера́льных и региона́льных власте́й, индивидуа́льного и коллекти́вного жела́ния принима́ть ме́ры для измене́ния ситуа́ции, стремле́ния стран взаимоде́йствовать по вопро́сам преодоле́ния экологи́ческих пробле́м. То́лько рабо́тая вме́сте и подде́рживая друг дру́га, на́ши стра́ны смо́гут спасти́ плане́ту.

Б. Прочитайте утверждения и скажите, соответствуют ли они информации из текста (Да или Нет). Дайте подробный комментарий к каждому пункту, используя информацию из текста.

1. В отличие от других стран, переживающих экологический кризис, в России достаточно благоприятная экологическая ситуация.
2. По мнению большинства россиян, к числу основных экологических проблем в стране относятся отсутствие вторичной переработки мусора и вредные выбросы в атмосферу и воду.
3. Бо́льшая часть россиян переживает из-за глобального потепления в мире.
4. Единственной причиной мусорного кризиса 2017–2020 годов стало строительство мусороперерабатывающего завода около крупного города.
5. Сохранение озера Байкал является одним из приоритетных направлений в экологической программе государства.
6. В скором времени на берегу Байкала будет построен новый завод.

Задание 8

A. Найдите в тексте предложения с приставочными глаголами из Задания 5. Как вы понимаете эти предложения? Передайте их смысл другими словами.

Б. Составьте план пересказа текста. Выпишите полезные слова и выражения из текста для каждого пункта плана.

В. Представьте, что вы участвуете в споре с вашими знакомыми, которые считают, что антропогенная деятельность не влияет на экологию. Разыграйте спор в группе, используя материал из частей А и Б.

В споре вам помогут следующие выражения:

- Боюсь, что ты не прав(-а).
- Извини, но мне кажется, что…
- Не могу согласиться с тобой в том, что… Это не совсем так. На самом деле,…
- Это всеобщее/распространённое заблуждение, что…
- Нельзя/невозможно игнорировать то, что…

Смотрим и обсуждаем: «Урок экологии» (Иван Соснин, 2019)

Задание 9

Готовимся к просмотру фильма. Прочитайте информацию о фильме. Как вы понимаете основную цель создателей фильма?

«Урок экологии»

В середи́не мая в Екатеринбу́рге прошли́ ма́ссовые а́кции про́тив строи́тельства хра́ма в центра́льном сквере́ го́рода у Теа́тра дра́мы. Го́род и обще́ственность по всей стране́ раздели́лись на два вражду́ющих ла́геря: стро́ить храм или оставля́ть парк. Екатеринбу́рг не вхо́дит в число́ са́мых зелёных городо́в Росси́и, жи́тели го́рода писа́ли в социа́льных сетя́х, что им не вы́жить без э́того па́рка. Из-за проте́стов вла́сти согласи́лись вре́менно останови́ть подгото́вку к стро́йке, а по́зже был проведён рефере́ндум для реше́ния э́того вопро́са. Опро́с ВЦИОМ показа́л, что 74 % екатеринбу́ржцев счита́ют сквер в це́нтре го́рода неуда́чным ме́стом для хра́ма. В результа́те вла́сти го́рода при́няли реше́ние вы́брать для хра́ма друго́е ме́сто.

Эта история вдохновила создателей фильма «Урок экологии» (2019), именно поэтому съёмки проходили в Екатеринбурге с участием тех, кто был на протесте. Как говорит в своих интервью Иван Соснин, режиссёр фильма, эта короткометражка о доброте и социальной ответственности каждого из нас. А ещё он говорит: «Фильм про то, что нужно сопротивляться. Даже если все вокруг против тебя, ты должен стоять на своём». Эта философия фильма звучит и в саундтреке к нему — песне группы «Кино».

«Урок экологии» рассказывает нам историю учителя биологии обычной школы. Он учит не только школьников, а всех тех, кто рядом, беречь природу, начиная с раздельного сбора мусора, а потом выступая против строительства торгового центра в парке, пытаясь всеми силами спасти его.

Фильм был снят по заказу и на деньги частной компании «Дядя Ваня», которая занимается продажей консервированных маринованных овощей. В рекламных целях они снимают фильмы на разные социально важные темы. Когда русский человек слышит «дядя Ваня», то представляет кого-то родного, доброго, вспоминает о доме и семье. Цель проекта — напомнить россиянам об истинных, фундаментальных ценностях, таких как забота и любовь, вера и традиционность, дружба и семейственность.

▶ Задание 10

Прочитайте вопросы. Посмотрите фильм «Урок экологии». Ответьте на вопросы после просмотра.

О сюжете.
1. Чем недовольны коллеги учителя биологии в начале фильма?
2. Какие аргументы есть у учителей и директора школы против действий Ивана Борисовича?
3. Что Иван Борисович делает, чтобы показать пример своим ученикам и другим людям?
4. Какую новость узнал Иван Борисович перед началом урока?
5. Что думает директор школы о строительстве торгового центра в парке за школой?
6. Как Иван Борисович сопротивляется действиям системы?
7. Почему директор школы называет тех, кто начал строительство торгового центра, «уважаемыми людьми», с которыми «лучше не ссориться»? Что она имеет в виду?

8. Как постепенно взгляды коллег Ивана Борисовича на его одиночный протест меняются? Почему?
9. Чем заканчивается фильм?

За рамками сюжета.
1. Почему в разговорах про то, что необходимо беречь природу, все люди соглашаются с этим, но многим так сложно делать конкретные действия?
2. Прочитайте диалог директора школы и учителя. Как вы понимаете обе позиции? С кем вы согласны?

   Директор школы: Город у нас маленький, народу мало, мусорим мы мало. Зачем нам всё это? Это там, в Москве или в мегаполисах, этим занимаются!

   Иван Борисович: Знаете... Вы все так мыслите, что это где-то там, это не про нас. Всё ждёте, когда за вас всё сделают: подъезды вам отремонтируют, деревья посадят... А между тем никто ничего не сделает, пока мы сами не начнём. И природу за нас никто беречь не будет. С себя надо начинать, коллеги!

3. Кто, на ваш взгляд, должен подавать пример детям, как нужно относиться к окружающей среде? Всегда ли нужно стоять на своём и сопротивляться действиям системы, как это делает Иван Борисович, или иногда нужно прислушиваться к таким людям, как директор школы?
4. Какую роль, на ваш взгляд, образование играет в формировании отношения людей к планете?
5. Участвовали ли вы когда-нибудь в экологических протестах? Как вы считаете, почему многие люди не выходят на такие протесты?
6. Какие полезные привычки стоит приобрести, чтобы сократить наносимый экологии вред? Как изжить вредные привычки?

Работа в группах

Задание 11

Часто мы слышим, что один человек не может ничего изменить. Многие люди не видят пользы от действий обычных людей, считая, что изменения должны идти от государства или больших корпораций. Попробуйте поработать в группах над стратегиями переубеждения своих знакомых. Что вы могли бы сказать/показать своим знакомым, чтобы увлечь их вопросами экологии и защиты окружающей среды?

Задание 12

А. Прочитайте отзывы нескольких участников экологических челленджей. Что они говорят о формате челленджа?

> Я живу рядом с лесом и, гуляя каждый день одними и теми же маршрутами, наблюдала бесконечно прибавляющийся мусор: бутылки, банки, стаканы, вилки, ботинки и так далее. Сначала я возмущалась, но потом приняла участие в этом челлендже и поняла, что нужно самой что-то делать и подключать к этому друзей. Каждый день я собираю хотя бы по одной сумке с мусором, стараюсь, чтобы это вошло в привычку. Формат челленджа помогает подключить к этому наибольшее число людей, ведь воспринимается он как некая игра, причём коллективная, что добавляет мотивации. Это особенно важно для тех, кому трудно начать.

> Я хочу поблагодарить всех тех, кто организует подобные челленджи, это был незабываемый опыт! Я проверила свои эковозможности, оказалось, что собирать мусор вокруг дома, повесить отдельные пакеты для бумаги и пластика не так уж и трудно. Самым тяжёлым испытанием стала для меня поездка в пункт сдачи пластика. Туда нужно было далеко ехать, в моём районе ничего нет. Но мне очень хотелось своим личным примером экологического образа жизни донести до друзей, знакомых, родственников, что можно изменить свой образ жизни во благо нашей Матушки-Природы-Земли.

Б. Обсудите свой опыт экочелленджа с одногруппниками. Опирайтесь в ответах на следующие вопросы:

- Какую цель вы ставили перед собой в начале челленджа?
- Что вам удалось сделать за неделю экочелленджа?
- Легко ли было добиться поставленных в начале челленджа результатов?
- Что было самым трудным?

Обсудите в классе вопрос эффективности челленджей для изменения поведения людей.

Задание 13

А. В этом задании вашей группе нужно будет:

1. найти в "YouTube" выпуски программы «Неизвестная Россия» об экологических проблемах некоторых российских регионов (примеры выпусков: «Чёрное небо Красноярска»; «Московский мусор в архангельских лесах»);
2. посмотреть выпуск и выписать важную фактическую информацию о проблеме, чтобы представить её другим группам;
3. изучить схожие проблемы в мире, чтобы иметь более широкий контекст проблемы;
4. представить возможные решения проблемы из выпуска на основе опыта других аналогичных бедствий.
   - Что, где и когда произошло?
   - Что стало причиной возникшей проблемы?
   - Каковы последствия данной проблемы?
   - Почему проблему нужно решить?
   - Как проблему можно решить?

Б. Подготовьте презентацию для одногруппников по одной из серий «Неизвестной России». Ваша презентация должна не только включать в себя ответы на все вопросы из Задания 13А, но и передавать нужную информацию в виде хорошо обдуманной, профессиональной и привлекающей к себе внимание презентации. Не забудьте предложить возможные решения экологической проблемы, представленной в передаче.

Задание 14

В настоящее время многие образовательные организации активно участвуют в программах устойчивого развития. Что ваш колледж/университет делает для того, чтобы улучшить ситуацию на планете? Найдите информацию о разных направлениях деятельности вашего колледжа/университета и в небольших группах подготовьте постер для людей, которые не знают контекст и не интересуются вопросами устойчивого развития.

Задание 15

Работайте в группах. Снимите на телефон небольшой (90-секундный) ролик об одной экологической проблеме в вашем городе, университете или в месте, где вы работаете. Перед тем как писать сценарий к ролику, перечитайте вопросы из Заданий 6 и 13А.

Пишем о кино: предложения со словами *кто* и *который*

Задание 16

А. Найдите ошибки в предложениях. Как вы думаете, как можно избежать таких ошибок? Попробуйте сформулировать правило.

1. На лекцию пришли все, которые интересовались этим вопросом.
2. Те, с которыми я знакома, не слышали о такой проблеме в обществе.
3. Я не знала тех, кто вошли в аудиторию.

Предложения со словами *кто* и *который*

Follow these rules when substituting nouns with either **кто** and **который** in complex sentences.

Правило:
1. Только одушевлённые имена существительные могут быть заменены местоимениями **тот**, **весь**, **каждый**, **всякий**, **любой**.
2. Если главное слово выражено местоимениями **тот**, **весь**, **каждый**, **всякий**, **любой**, то в придаточном предложении мы можем поставить только союзное слово **кто**: *Те, о ком мы говорили, уже ушли.*
3. Если местоимения **тот**, **весь**, **каждый**, **всякий**, **любой** не являются главными словами, а только уточняют существительное, то в придаточном предложении мы можем поставить только союзное слово **который**: *Те **студенты**, которые выбрали этот курс, ездили на конференцию бесплатно.*
4. Слово **кто** в русском языке работает только с глаголом-сказуемым в единственном числе: *Кто пришёл? Я не знаю тех, кто пришёл.*

Задание 16. Продолжение.

Б. Найдите и исправьте ошибки.

1. Тех, которые бросают мусор на улице, должны штрафовать полицейские.
   _____
2. Спросите любого, который когда-либо был на Байкале, о красоте этого места.
   _____
3. Мы обсудили эту проблему с каждым, который нам написал.
   _____
4. Авиакомпания выплатила пособие всем, которые выжили в катастрофе.
   _____

В. Саундтреком к фильму «Урок экологии» стала песня группы «Кино» под названием «Закрой за мной дверь, я ухожу». Слова и музыку знаменитой композиции написал Виктор Цой, известный рок-музыкант 80-х годов, чьи песни до сих пор знают и любят многие поколения русскоговорящих людей. Как вы думаете, почему именно эту песню выбрали в качестве саундтрека к фильму «Урок экологии»?

Закрой за мной дверь

Они говорят: им нельзя _____,
Потому что у них есть дом,
В доме горит свет.
И я не знаю точно, кто из нас _____,
Меня ждёт на улице дождь,
Их ждёт дома обед.

Припев:
Закрой за мной дверь, я ухожу.
Закрой за мной дверь, я ухожу.
И если тебе вдруг _____ твой ласковый свет,
Тебе найдется место у нас,
Дождя _____ на всех.
Посмотри на часы, посмотри на портрет на стене,

Мы с планеты Земля   207

Прислушайся — там, за окном,
Ты _____ наш смех.

Припев:
Закрой за мной дверь, я ухожу.
Закрой за мной дверь, я ухожу.
Закрой за мной дверь, я ухожу.
Закрой за мной дверь, я ухожу.

- Как вы думаете, о каких людях эта песня? Используйте в ответе конструкции из части А.
- Как эта песня отражает то, что происходит в фильме «Урок экологии»? Какие песни из вашего плейлиста могли бы стать саундтреком для фильма «Урок экологии»? Почему?

Г. Найдите информацию об известных мировых экоактивистах. Напишите небольшой рассказ о деятельности одного такого человека, используя конструкции из Задания 16А.

Задание 17

В предыдущих главах вы учились писать академическое эссе, в этой главе вы сможете показать всю свою креативность в личном эссе. Стиль такого эссе менее формален: вы можете открыто выражать своё мнение (*Я думаю...; Мне кажется...* и др.) и использовать больше оценочных прилагательных (*невероятный, незабываемый* и др.). Тем не менее вы должны употреблять слова и выражения из этого урока и предыдущих глав. Не забудьте про обязательные части эссе: название, введение, заключение. Напишите эссе на одну из следующих ситуаций:

1. Опишите самый памятный момент из вашего взаимодействия с миром природы. Это может быть нечто, что вы недавно испытали, или воспоминание из детства. Вы можете даже выдумать эту историю. Где вы находились? Что вас окружало? Какие звуки, запахи, цвета? Кого вы видели (животных или людей)? Почему этот опыт можно назвать особенным?
2. Напишите эссе о вашем родном городе в стиле эпизодов программы «Неизвестная Россия». С какими первостепенными экологическими проблемами сталкивается ваш город? Как реагируют местные жители на происходящее в городе? Какие решения проблем были найдены или могут быть найдены? Расскажите о результатах своего поиска решений экологических проблем вашего города, опишите свои чувства и впечатления.

Повторяем всё, что узнали в этой главе

Задание 18

Переведите следующие слова и словосочетания.

вредные выбросы в атмосферу	
	renewable energy
предотвратить экологическую катастрофу	
	waste sorting
принимать меры по улучшению экологической обстановки в регионе	
	recycling
вырубать деревья	
	reusable water bottles
борьба с изменением климата	
	human impact on the environment

Задание 19

Вставьте подходящие по смыслу слова.

1. «Гринпис» создал карту Recyclemap, где отмечены пункты сбора мусора по категориям. Туда можно привезти бумагу, пластик, стекло, чтобы их _____.
2. Заботящиеся об экологии люди используют _____ контейнеры для покупки творога, сметаны и готовой еды и носят с собой _____ бутылку с набранной дома водой.
3. Сознательное обращение с отходами основано на принципе трех R: reduce (уменьшать), reuse (_____), recycle (_____).
4. Если сократить _____ разных продуктов, то сократится количество отходов. Чем меньше мы покупаем, тем меньше мы выбрасываем.
5. Какие полезные привычки стоит _____, чтобы сократить наносимый экологии вред?

6. _____ токсичных отходов в воду, воздух и почву приводят к гибели целых экосистем.
7. Каждый год браконьеры (poachers) _____ около 40–50 тыс. диких оленей на Таймыре.

> **Минутка для рефлексии**
>
> Как материалы данной главы повлияли на Ваше мнение об антропогенной деятельности человека? Что изменилось в Вашем отношении к окружающему миру?
> _____
> _____
> _____

Глава 10

Над чем смеётесь?

В этой главе вы научитесь:	In this unit, you will learn:
- лучше понимать специфику юмора в русском языке; - рассказывать юмористические истории с помощью приставочных глаголов, образованных от глагола *бить*; - употреблять в речи популярные русские фразеологизмы и устойчивые выражения; - описывать культурные функции юмора, используя слова *разный* и *другой*.	- about the cultural specificities of humor in Russian; - to tell a funny story, using prefixed forms of the verb *бить*; - to incorporate well-known Russian sayings and expressions into your speech; - to describe the cultural function of humor using the words *разный* and *другой*.

Речевая разминка

Задание 1

Посмотрите на популярные в русскоязычном интернете мемы. Как вы понимаете эти мемы? Какая сторона жизни показана в этих мемах?

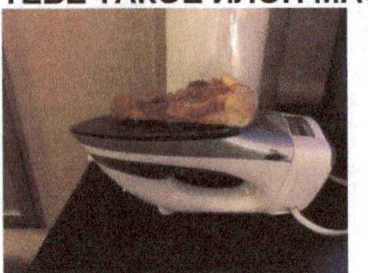

- Как вы считаете, можно ли по юмору судить о национальном характере людей и культурных особенностях страны? Одинаково или по-разному люди разных культур шутят? Можете ли вы привести примеры из общения с людьми других культур?
- Какие темы являются табуированными для шуток у вас в стране? Как вы думаете, русскоязычные люди по-другому шутят на данные темы?
- Шутки на какие темы могут обидеть русскоязычного человека?
- В России говорят: «В каждой шутке есть только доля (часть) шутки». Как вы это понимаете? Каждая ли шутка должна быть основана на реальной ситуации?
- Что лучше всего помогает почувствовать специфику национального юмора (кино, стендап, юмористические шоу, частушка или др.)?

Необходимые слова и выражения

анекдо́т	joke
восто́рг	delight
душе́вность	soulfulness/warm-heartedness
заведе́ние	establishment

искре́нность	sincerity
ми́мика	mimicry
наме́рение	intention
посы́л	takeaway/underlying message
скре́па	ties/bonds
смех	laughter
часту́шка	humorous song/ditty
чаевы́е	tips/gratuity
жест	gesture
аза́ртный	reckless
де́рзкий	daring
изворо́тливый	elusive/slippery
ку́льтовый	cult-favorite
на́глый	insolent
нахо́дчивый	resourceful
невреди́мый	unscathed
провинциа́льный	provincial/backwater
гастроли́ровать	to perform on tour/guest appearance
вбира́ть/вобра́ть в себя́ (что? + Acc.)	to drink in/soak up
весели́ть/развесели́ть (кого? что? + Acc.)	to make laugh
выска́зывать/вы́сказать (что? + Acc.)	to express (in words)
высме́ивать/вы́смеять (кого? что? + Acc.)	to deride/ridicule
заключа́ть/заключи́ть пари́	to make a bet
застрева́ть/застря́ть (где? + Prep.) в лифте	to come to a standstill (in the elevator)
подшу́чивать/подшути́ть (над кем? + Inst.)	to make a joke about
по́ртить/испо́ртить (что? + Acc.) (кому? + Dat.)	to ruin
проспо́рить *perfective only*	to lose a bet
расслабля́ться/рассла́биться	to relax
развлека́ть(ся)/развле́чь(ся)	to entertain
спо́рить *imperfective only*	to bet/wager
смеши́ть/рассмеши́ть (кого? + Acc.)	to make laugh
(что? + Nom.) свойственно (чему? кому? + Dat.)	(something) is characteristic of/inherent to

Устойчивые выражения и фразеологизмы

По рука́м!	It's a deal!
быть сами́м собо́й	to be yourself
выжима́ть/вы́жать (из кого? + Gen.) все со́ки	to suck dry/run ragged
(проигра́ть) с лёгким се́рдцем	light-heartedly
за счёт (кого? чего? + Gen.)	at the expense of
(у кого? + Gen.) зрел/созре́л план, иде́я	to hatch a plan
идти́/пойти́ по стопа́м (кого? + Gen.)	to walk in (somebody's) footsteps
начина́ть/нача́ть с нуля́	to start from scratch
ма́менькин сыно́к	mama's boy
поворо́тный моме́нт	defining moment/turning point
положи́ть нача́ло (чему? + Dat.)	to serve as the foundation for
ста́вить/поста́вить на пото́к (что? + Acc.)	to crank out/produce en masse
стоя́ть на (одно́м) ме́сте	to remain in place/tread water
сбива́ть/сбить с то́лку (кого? + Acc.)	to throw somebody for a loop/tie yourself up in knots
суть (в том, что)	the essence/reality is
умира́ть/умере́ть от сме́ха	to die of laughter

Задание 2

Найдите подходящую пару для каждого глагола. Составьте примеры с получившимися словосочетаниями.

1. испортить ____ мнение
2. застрять ____ большую сумму денег
3. проспорить ____ над другом
4. высказать ____ по миру
5. гастролировать ____ в лифте
6. подшутить ____ новое платье

Задание 3

Найдите слово по определению.

1. Такой человек всегда сможет выйти из любой ситуации; он хитрый и часто обманывает людей.
2. Этот человек либо слишком смелый, либо слишком грубый. Он может перебить в разговоре даже президента.
3. Это хорошая черта характера. Человек, у которого эта черта есть, всегда говорит правду и верит в хорошее.
4. Говорят, что _____ продлевает жизнь. Благодаря ему мы кажемся счастливыми.
5. Это моё твёрдое желание что-то сделать.
6. Это сумма денег, которую мы можем оставить официантам в ресторане после хорошего ужина.
7. Так мы называем человека, который любит соревнования, конкурсы, игры. Но он не всегда может остановиться и закончить игру.
8. Мейнстримный, ставший очень популярным в какое-то время и потом сохранивший эту популярность среди разных людей.

____ культовый
____ изворотливый
____ смех
____ чаевые
____ искренность
____ азартный
____ дерзкий
____ намерение

Задание 4

A. Вставьте подходящее выражение из рубрики «Устойчивые выражения и фразеологизмы».

1. Современные артисты _____ лучшее из опыта советских, российских и зарубежных юмористов.
2. Публикация этой книги вызвала активное обсуждение проблемы по всей стране и _____ изменениям в российском законодательстве и в сознании людей.
3. Друзья рассказали мне такой смешной анекдот, что я буквально _____ и ещё долго не могла остановиться смеяться.
4. Все сотрудники отправились на море _____ компании.
5. Мой брат _____ отца и стал врачом.
6. Постепенно производство бумажных салфеток было _____, и мы уже не можем представить ни один приём пищи без них.
7. Артисты постоянно гастролировали, разъезжая по многочисленным провинциальным городкам. Эта работа _____, они ужасно уставали.

Над чем смеётесь

8. За последние годы в её жизни ничего не менялось, ей казалось, что она _____, никуда не движется.
9. Он из благополучной семьи, ему не приходилось _____ свою карьеру _____, он всё получил практически сразу в 17 лет от родителей.

Б. Составьте юмористическую историю или несколько диалогов, используйте фразеологизмы и устойчивые выражения из словаря главы.

Задание 5

А. Прочитайте словосочетания с приставочными глаголами. Как вы понимаете значения глаголов?

Приставочные формы глагола *бить*

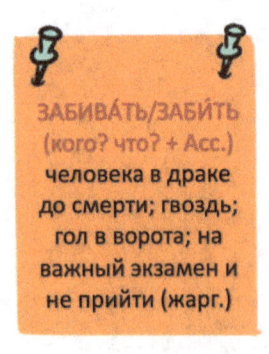

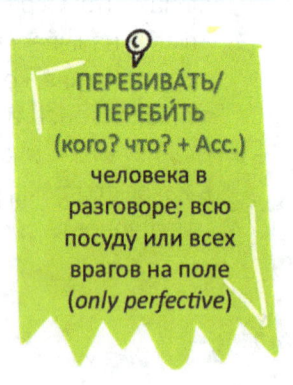

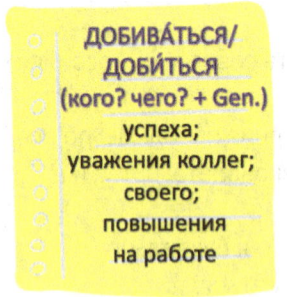

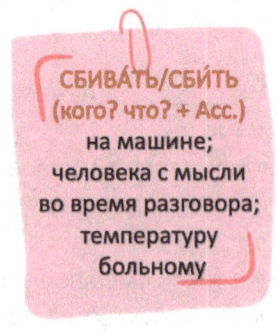

ЗАБИВА́ТЬ/ЗАБИ́ТЬ (кого? что? + Acc.)
человека в драке до смерти; гвоздь; гол в ворота; на важный экзамен и не прийти (жарг.)

РАЗБИВА́ТЬ/РАЗБИ́ТЬ (что? + Acc.)
чашку; окно мячом; лицо в драке; сердце (во время расставания); людей на группы

ПЕРЕБИВА́ТЬ/ПЕРЕБИ́ТЬ (кого? что? + Acc.)
человека в разговоре; всю посуду или всех врагов на поле (*only perfective*)

ДОБИВА́ТЬСЯ/ДОБИ́ТЬСЯ (кого? чего? + Gen.)
успеха; уважения коллег; своего; повышения на работе

СБИВА́ТЬ/СБИ́ТЬ (кого? что? + Acc.)
на машине; человека с мысли во время разговора; температуру больному

Б. Вставьте подходящие по смыслу приставочные глаголы.

1. Самым важным для Михаила было доказать матери, что он может сам всего _____ в жизни, быть независимым от неё.

2. Когда родители говорили тост, их речь _____ телефонный звонок, что испортило впечатление от поздравления.
3. Девушка из клуба буквально _____ его сердце своим отказом потанцевать с ним.
4. Чтобы попасть в квартиру, ей пришлось _____ окно, так как ключ она забыла внутри.
5. Все планы на вечер _____ из-за неожиданно возникших проблем.
6. Иногда нужно просто _____ на проблему, на какое-то время отложить её в сторону, забыть о ней, чтобы потом вернуться к ней с новыми идеями.

B. Опишите ситуацию по картинке, используя словосочетания из части А.

К тексту: «Из истории русского юмора»

Задание 6

А. Прочитайте текст об истории русского юмора. Отметьте фрагменты текста, в которых говорится об особенностях советского юмора.

Из истории русского юмора

В День пограничника 28 мая 1987 года во время праздничных мероприятий на Васильевском спуске (недалеко от Красной площади) сел спортивный самолёт америка́нского произво́дства «Це́ссна-172В». Успе́шно соверши́в поса́дку, лётчик вы́шел из каби́ны самолёта и на́чал раздава́ть авто́графы лю́дям, кото́рые <u>бы́ли сби́ты с то́лку</u> его внеза́пным появле́нием и ду́мали, что он был одни́м из уча́стников пра́здничной програ́ммы. Че́рез не́сколько мину́т лётчика арестова́ли. Как оказа́лось, э́тим наруши́телем был 18-ле́тний спортсме́н-пило́т Ма́тиас Руст, граждани́н ФРГ. За э́тот де́рзкий посту́пок он получи́л 432 дня в сове́тской тюрьме́. По ве́рсии одно́й из газе́т того́ вре́мени, Руст <u>поспо́рил на э́тот полёт</u>; по друго́й ве́рсии, он про́сто хоте́л доби́ться внима́ния понра́вившейся ему́ де́вушки. Одна́ко газе́та «Пра́вда» обвини́ла Ру́ста в соуча́стии во всеми́рном за́говоре про́тив сове́тского коммуни́зма.

На са́мом де́ле Ма́тиас Руст называ́л свой полёт а́ктом выраже́ния ми́ра: «Е́сли бы я смог преодоле́ть желе́зный за́навес (the Iron Curtain) и не́ был бы заде́ржан, э́то бы показа́ло всему́ ми́ру, что Горбачёв был серьёзен в свои́х наме́рениях постро́ить но́вые отноше́ния с За́падом». Руст говори́л: «Как бы Ре́йган продолжа́л утвержда́ть, что э́то Импе́рия зла, е́сли бы я на своём самолёте прилете́л туда́ и <u>оста́лся невреди́мым</u>?» Хотя́ самолёт не́ был сбит в во́здухе и Ма́тиас оста́лся жив, ему́ так и не удало́сь зачита́ть подгото́вленную зара́нее для Горбачёва 20-мину́тную речь о достиже́нии всео́бщего ми́ра. В анекдо́тах того́ вре́мени э́тот эпизо́д получи́л осо́бое значе́ние. Как шути́ли мно́гие, и́менно ю́ный Ма́тиас <u>положи́л нача́ло но́вому ру́сскому ю́мору</u>, в кото́ром ста́ло возмо́жным откры́то высме́ивать Кра́сную пло́щадь и поведе́ние чле́нов па́ртии, в том числе́ и вы́сших руководи́телей госуда́рства.

Веду́щей юмористи́ческой фо́рмой в ру́сской культу́ре до́лгое вре́мя был анекдо́т, осо́бенно в сове́тский пери́од. Анекдо́т — э́то фолькло́рный жанр, коро́ткая смешна́я исто́рия и́ли диало́г с юмористи́ческим заверше́нием. Зачасту́ю в анекдо́тах <u>затра́гивались табуи́рованные те́мы</u> и дава́лись крити́ческие о́тзывы об актуа́льных собы́тиях. До 1958 го́да расска́з политического анекдота наказывался по 58-й статье Уголовного кодекса СССР за «Пропаганду или агитацию, содержащие призыв к свержению, подрыву или ослаблению Советской власти», а впоследствии статья была изменена, но наказание по-прежнему было жёстким — до 7 лет тюрьмы или ссылка. Но всё-таки цензорам приходилось тяжело, так как автора-сочинителя анекдота было практически невозможно найти.

Дочка Гагарина отвечает по телефону: «Папа летает вокруг Земли и вернётся в 19.00, а мама ушла по магазинам и когда вернётся — неизвестно».

Считается, что в СССР юмор очень строго разбивался на дозволенный (то, над чем разрешалось шутить открыто) и недозволенный (запрещённый). Большой популярностью пользовались сатирический журнал «Крокодил», эстрадные дуэты с весёлыми песнями под гармошку и выступления всенародно любимого юмориста Аркадия Райкина. На практике, однако, <u>отделить дозволенное от недозволенного было достаточно сложно</u>. Политический юмор существовал, главным образом, в народе, на телевизионных каналах его не разрешали. Но дома с друзьями на кухнях по всей стране люди рассказывали политические анекдоты. В то же время, в разные периоды советской истории власть обращалась к юмору как к средству распространения своих идей.

Советский юмор полагался в первую очередь на заранее написанный профессиональными авторами текст, который цензурировался перед выходом на экраны юмористической передачи. В основе всех юмористических номеров лежали гипербола и сатира, даже необязательно смешные. В СССР комик должен был быть экспрессивен, он много жестикулировал. Зачастую показываемая со сцены сатирическая миниатюра была далека от реальности, но, благодаря мимике, активной жестикуляции артистов и сюрреалистичной ситуации зрители буквально <u>умирали от смеха</u>. Несмотря на жёсткую цензуру, комикам удавалось «замаскировать» реальную проблему до неузнаваемости у цензоров, но при этом рассмешить зрителей.

<u>Другая скрепа</u> русскоязычного юмора — КВН (Клуб весёлых и находчивых) — появляется в 1961 году. Это не совсем обычная программа, это конкурс для команд со всего Союза, которые привозят отрепетированные самодеятельные миниатюры и соревнуются за звание самой смешной команды. Для тех, кто хочет идти по стопам любимых юмористов и играть в КВН, создаются команды КВН в школах, университетах, на заводах по

всей стране. Многие современные юмористы стали известными и добились успеха именно благодаря КВН. Однако нужно отметить, что в КВН до сих пор существует жёсткая цензура и иерархия, на которую жалуются многие молодые комики, говоря о том, что это не даёт развиваться настоящему юмору.

В конце 80-х и начале 90-х годов появляется большое количество скетч-шоу: «Городок», «Осторожно, модерн!» и др. В конце 90-х годов на сцену выходят артисты юмористической передачи «Аншлаг», собравшие команду настоящих профессионалов юмора, чтобы гастролировать и смешить всю страну. Эти комики шутили на очень простые бытовые темы. Передача стала выходить несколько раз в неделю, то есть юмор был поставлен на поток.

Все эти юмористы оказали большое влияние на современных российских комиков, которые _вобрали в себя лучшее_. Они используют сатирические приёмы советских и зарубежных юмористов, начиная от известных ТВ-шоу «Comedy Club» и «Stand Up» и заканчивая смешными скетчами и пародиями на YouTube (Данила Поперечный, Илья Соболев, Нурлан Сабуров и др.), — _юмор не стоит на месте_, он развивается.

Б. Ответьте на вопросы.

1. Какие этапы в истории советского/российского юмора представлены в тексте?
2. Какой дерзкий поступок совершил Матиас Руст?
3. Как Руст объяснял причину своего поступка? Как вы относитесь к этой идее?
4. Как вы поняли из текста, почему рассказ политического анекдота так строго наказывался?
5. Какие темы для шуток относились к недозволенным в Советском Союзе?
6. Какую роль играла цензура в советском юморе? Как вы считаете, юмор должен цензурироваться?
7. Какие приёмы использовали советские комики, чтобы рассмешить зрителя?
8. Что такое КВН? Как вы представляете этот конкурс? Есть ли в вашей стране аналог КВН?
9. Какие новые жанры появились в конце 80-х годов и в начале 90-х годов на эстраде?
10. Что сейчас представляет собой русский юмор, по мнению авторов статьи?
11. Как вы видите историю развития юмора в вашей стране? Какая ситуация сейчас?
12. Как вы думаете, что влияет на выбор тем для шуток? Должны ли комики отражать в своих выступлениях ситуацию в стране?

В. Перечитайте предложения с подчёркнутыми словами. Как вы понимаете эти предложения? Передайте смысл предложений другими словами.

Задание 7

А. Разделитесь на 2 группы. Первая группа должна прослушать Запись 1, а вторая — Запись 2. Прослушав записи в группах, ответьте на вопрос: почему именно эта история из жизни запомнилась каждой из рассказчиц?

Б. Прослушайте истории ещё раз и выпишите ключевые моменты сюжета для пересказа истории другой группе.

В. Разделитесь на пары (Запись 1 + Запись 2). Перескажите историю своим партнерам из другой группы. Выслушайте истории своих партнёров. Понимаете ли вы юмор этих историй?

Г. Прочитайте скрипты записей (в конце главы). Всё ли вы поняли правильно? Какую историю из своего детства вы вспоминаете и смеётесь? Расскажите вашим одногруппникам об одном смешном случае из жизни, используя словарь главы.

Задание 8

Найдите в интернете информацию об одном из известных юмористов в/современной России или других странах бывшего СССР, расскажите о нём своим одногруппникам. Вы можете рассказать, например, об Аркадии Райкине, Михаиле Жванецком, Михаиле Задорнове, Елене Степаненко, Юлии Ахмедовой или о ком-нибудь другом. Найдите на YouTube одно из выступлений и проанализируйте. В своём рассказе используйте слова-связки из предыдущего задания. Следующие вопросы помогут вам выстроить свой ответ:

- Когда появился этот комик/эта передача?
- Какие ситуации высмеивались?
- Как вёл себя комик во время выступления?
- Какие образы использовались?
- Какие юмористические приёмы использовались?
- Как вы думаете, актуальны ли эти шутки в настоящее время? Почему?

Смотрим и обсуждаем: «Пятница» (Евгений Шелякин, 2016)

Задание 9

Прочитайте текст о фильме. Как вы поняли посыл режиссёра фильма «Пятница» зрителям?

«Пятница»

В одно́м из свои́х интервью́ Евге́ний Шеля́кин, популя́рный росси́йский режиссёр, отвеча́я на вопро́с о том, как снять настоя́щее кино́, говори́т: «Любо́е выска́зывание режиссёра я счита́ю настоя́щим кино́. Е́сли в фи́льме нет выска́зывания, пози́ции, мы́сли, возмо́жно, э́то не явля́ется настоя́щим кино́. Э́то не́кий развлека́тельный аудиовизуа́льный проду́кт, кото́рый при́зван рассла́бить, и́ли развесели́ть, и́ли, наоборо́т, напуга́ть зри́теля». И́менно поэ́тому во всех фи́льмах Евге́ния Шеля́кина есть определённый посы́л, кото́рый зри́тель до́лжен поня́ть, что́бы пересмотре́ть свои́ взгля́ды.

 Одни́м из таки́х фи́льмов явля́ется коме́дия «Пя́тница» (2016). Э́тот фильм снят в худо́жественной фо́рме киноальмана́ха и представля́ет зри́телю семь новелл, геро́ев кото́рых объединя́ет ве́чер пя́тницы. Де́йствие происхо́дит в одно́м из моско́вских ночны́х клу́бов, в кото́рый прие́хал развле́чься владе́лец обувно́й фи́рмы Михаи́л Бо́ндарь, о́чень аза́ртный и де́рзкий молодо́й челове́к. Друзья́ реша́ют подшути́ть над ним и заключа́ют пари́, согла́сно кото́рому он до́лжен до трёх часо́в но́чи выполня́ть роль официа́нта и зарабо́тать де́сять ты́сяч чаевы́х. Е́сли он проспо́рит, то отда́ст друзья́м свою́ дорогу́ю маши́ну. Так начина́ется ве́чер, но никто́ не знал, что э́та пя́тница навсегда́ изме́нит жизнь Михаи́ла и други́х уча́стников вечери́нки.

 Режиссёр ста́вил зада́чу поня́ть, почему́ пя́тница име́ет ку́льтовое значе́ние, почему́ в э́тот день лю́ди позволя́ют себе́ то, что ни за что не сде́лали бы в други́е дни. Соверше́нно незнако́мые лю́ди в тече́ние одно́й но́чи поя́вятся в жи́зни друг дру́га. Они́ из ра́зных социа́льных групп, ра́зного во́зраста. Но всех объединя́ет кри́зис обще́ния, сво́йственный лю́дям, живу́щим в мегапо́лисах. Каза́лось бы, мегапо́лис — лу́чшее ме́сто для обще́ния, но есть ли душе́вность в э́том обще́нии? Бо́льшую часть неде́ли люди «носят маски», прячутся за те образы, которые им диктует общество, и только в пятницу можно позволить себе быть самим собой.

Источник цитирования: https://filmz.ru/pub/2/28710_1.htm

▶ Задание 10

Посмотрите фильм и ответьте на вопросы.

О сюжете.
1. Где происходит действие фильма?
2. Кто, по вашему мнению, является главным героем фильма? Почему?
3. Почему Миша соглашается работать всю ночь официантом?
4. Как вы могли бы охарактеризовать Мишу в начале и в конце фильма? Как его характер и его поведение меняются в ходе фильма?
5. Кто ещё из героев меняется на протяжении фильма? Каковы причины этих изменений?
6. Что мы узнаём о жизни менеджера клуба? Можно ли назвать его работу сложной?
7. Как и почему менеджер клуба помогает Мише победить в споре?
8. Почему Виталию так сложно добиться уважения со стороны коллег?
9. Почему ужин Виталия был оплачен за счёт заведения?
10. Почему Катерина ушла из квартиры и оставила там ребёнка? Можно ли назвать её безответственной матерью?
11. Какие сюжетные линии разворачиваются за пределами ночного клуба? Какую роль они играют в фильме?
12. Как вы думаете, для чего в фильме есть сцены с поиском кенгуру?
13. Кто и кому в фильме испортил пятничный вечер?
14. Какие скрытые таланты или новые грани своего характера открыли для себя в этот пятничный вечер герои фильма?

За рамками сюжета.
1. Почему фильм называется «Пятница»? Как вы понимаете слова рассказчика: «От пятницы каждый из нас чего-то ждёт»? Как это отражено в постере к фильму? Как в фильме представлена идея взаимопомощи? На чём построено большинство шуток в фильме?
2. Как показана в фильме корпоративная этика? Что высмеивается в отношениях между коллегами?
3. Какие стереотипы о мигрантах показаны в фильме? Что в поведении трудовых мигрантов в России высмеивается?
4. Какие другие социально значимые вопросы поднимаются в фильме?

Задание 11

А. Перед вами фрагменты интервью с актёрами, исполнившими главные роли в фильме. Прочитайте их и определите, о каких героях идёт речь. С какими характеристиками героев вы согласны?

| Виталий Белов | Лера, текильщица | Михаил Бондарь | Лена, жена психолога |

1. **С одной стороны**, мой герой из благополучной семьи, ему не приходилось начинать свою карьеру с нуля, он всё получил практически сразу в 17 лет, но это с одной стороны. **С другой стороны**, у него есть свой характер и свои комплексы, внутренние проблемы и неуверенность. Он постоянно стремится доказать и окружающим, и **в первую очередь**, себе, что он не только маменькин сынок, а что он тоже может многого добиться и сделать что-то особенное в своей жизни.

2. Мой герой — это провинциальный парень, который недавно оказался в мегаполисе. Все от него прячутся, и никто не хочет никак с ним, **в общем**, взаимодействовать, контактировать, по неизвестным причинам. Его необычность и отличительная особенность, **скорее всего**, в его безграничной искренности и вере в людей, что сейчас большая редкость. Это **в какой-то степени** русский Форрест Гамп. Такие люди не умеют обижаться, они легко прощают.

3. Это самодостаточная женщина, не феминистка, но в мужчинах разочаровавшаяся и такая «всё могу сама», считающая, что мужская помощь ни к чему хорошему не приведёт. Она стала такой сильной и независимой, что не знает, как строить отношения, как расслабиться и начать получать удовольствие от жизни не в одиночестве, а в партнёрстве. **На самом деле** секрет прост: нужно найти «своего» человека, а такой человек **определённо** есть для каждого.

4. Моя роль не была ведущей в фильме, но, мне кажется, что моя героиня важна для сюжета. Она очень гармонична с самой собой и очень терпелива к окружающим, она относится ко всему происходящему с пониманием. **По сути**, она из любой ситуации может выйти красиво.

Адаптировано из следующей статьи: https://piterzavtra.ru/o-semkax-filma-pyatnica/

Б. Дайте характеристики другим героям фильма, используя выделенные слова и выражения из текстов.

224 Глава 10

Задание 12

А. Сленг и разговорные выражения из фильма. Прочитайте предложения. Как вы думаете, что значат выделенные слова? Замените их нейтральными синонимами.

1. Не **па́рься** ты так сильно из-за экзамена! Там не будет ничего сложного. И препод понимающий!
2. Вечеринка **чумова́я**! Мы давно так не веселились. Было просто супер!
3. Этот **чел** мне никогда не нравился. Слишком наглый и изворотливый!
4. Сегодня город **гуди́т**. Сегодня пятница, все веселятся и гуляют.
5. Вчера друзья так **накида́лись**, что не помнили, как добрались домой.
6. Друзья обещали прийти в клуб позже, но они **ки́нули** его и не пришли.

а. классный, отличный,
б. веселиться, пьянствовать
в. обмануть, не сдержать своего обещания
г. переживать, волноваться
д. слишком много выпить
е. человек, знакомый

Б. Разыграйте диалог в парах. Обсудите основные моменты фильма в неформальной обстановке, используя сленг и разговорные выражения, представленные выше.

Работа в группах

Задание 13

А. Как вы уже знаете, в СССР и потом в постсоветском пространстве анекдот долгое время являлся любимой формой юмористического жанра. До сих пор люди на больших семейных или дружеских встречах рассказывают анекдоты. Существуют целые серии анекдотов про мальчика Вовочку, про тёщу, про Ельцина и др. Найдите в русскоязычном интернете популярные анекдоты. Как вы их понимаете? Какие реалии и события высмеиваются в этих анекдотах? Расскажите анекдот в классе, помогите одногруппникам разобраться в ситуации, если это потребуется.

Б. Проведите сравнительный анализ особенностей юмора своей страны и русскоязычного пространства. В чём отличительные и схожие черты? Приведите примеры из фильмов или из других источников.

Задание 14

Сделайте свой кинообзор на фильм «Пятница». Работая в группе, распределите роли (сценарист, ведущий обзора, актёры и др.) и снимите 3–5-минутный обзор на фильм. Ваша аудитория — это зрители фильма, которые мало знают о России, русском юморе. Представьте, что ваши друзья или ваши родственники посмотрят этот фильм. Что им нужно знать, чтобы понимать этот фильм и юмор в нём?

Пишем о кино: как употреблять в речи *разный* и *другой*

Задание 15

А. Прочитайте следующие примеры употребления слов *разный* и *другой*. Как вы считаете, в чём разница между этими словами?

разный	другой
У нас с подругой *разные* мнения о юморе: я считаю, что юмор носит универсальный характер, а она думает, что особенности юмора в каждой стране свои. У меня с родителями *разное* чувство юмора: они не смеются над моими шутками. Мы с друзьями смотрим *по-разному* на одни и те же вопросы. Я пью *разные* соки.	Я считаю, что юмор носит универсальный характер, а у моей подруги *другое* мнение. У моих родителей *другие взгляды* на юмор, чем у меня. Я смотрю *по-другому* на эти вопросы по сравнению с моими друзьями. Я не люблю яблочный сок, мне нравятся *другие* соки.

> **Обратите внимание на устойчивые выражения!**
> Посмотреть на что-то другими глазами (поменять мнение)
> С одной стороны, ... с другой стороны,...
> Другими словами, ...
> Говорить на разных языках (не понимать друг друга)
> Разойтись в разные стороны (перестать общаться)

Задание 15. Продолжение.

Б. Вставьте слова *другой*, *разный*, *по-другому*, *по-разному* в нужной грамматической форме.

1. Они выросли в бедности, _____ жизни они никогда не знали.
2. Эксперты высказывают совершенно _____ мнения по этому вопросу.
3. Расслабляться можно _____: кто-то идёт в ночной клуб, а кто-то лежит на диване с попкорном перед любимым сериалом.
4. В ту пятницу мы ходили в клуб «Пятница», а в эту пятницу мы пойдем в _____ клуб.
5. Мы с отцом часто спорим на _____ темы.
6. Артисты часто гастролируют по _____ городам. Сегодня они в одном городе, а завтра — уже в _____.
7. После участия в конференции я посмотрела на свою работу _____ глазами.
8. Во время наших ссор и любых конфликтных ситуаций мне казалось, что мы говорили на _____ языках.
9. Виталий вёл себя _____, не так, как большинство его коллег.
10. — Сейчас я не хочу это обсуждать. Давай поговорим об этом в _____ раз.

Задание 16

Перечитайте текст из Задания 6А и найдите универсальные слова-связки, которые помогают ввести новую тему, перейти от одной темы к другой или от одного абзаца (параграфа) к другому. Выпишите эти слова.

_____
_____
_____

Задание 17

Напишите эссе на одну из тем. В вашей работе должно быть: название, введение, 3 основных абзаца с примерами для иллюстрации каждого тезиса и заключение. Используйте слова-связки из Заданий 11 и 16.

1. Часто можно услышать об отношениях людей «они такие разные, но всё-таки они вместе», «противоположности притягиваются». Выразите своё мнение о том, на чём строятся отношения между людьми: на том, что они разные, или на том, что у них много общего. Приведите примеры

из фильма «Пятница». Используйте слова и устойчивые выражения из материалов главы.

2. Виталий, один из главных героев фильма «Пятница», в начале фильма активно старался заслужить внимание своих коллег, хотел им понравиться. Но очевидно, что он другой, чем его окружение. Как вы считаете, почему людям так страшно порой быть самими собой, показать, что они другие, что они думают и смотрят на мир по-другому, чем остальные? Выразите своё мнение. Приведите примеры из фильма «Пятница». Используйте слова и устойчивые выражения из материалов главы.

3. Юмор — это то, что нас разделяет, или то, что нас объединяет? Выразите своё мнение. Приведите примеры из фильма «Пятница». Используйте слова и устойчивые выражения из материалов главы.

Повторяем всё, что узнали в этой главе

Задание 18

Дайте перевод следующих слов и словосочетаний.

преодолевать трудности	
	to make your audience laugh
испортить настроение другу	
	to laugh at somebody's expense
проспорить машину	
	a daring joke
неудачно подшутить на другом	
	with sincere and warm-hearted intentions

Задание 19

Передайте смысл предложений другими словами, используя фразеологизмы и устойчивые выражения.

1. Сын во всём слушался свою маму, при принятии любых решений её слово было для него законом.
2. Муж не работал и последние годы жил только на то, что зарабатывала жена.

3. Этот пятничный вечер изменил жизни героев фильма.
4. Компания запустила массовое производство автомобилей этой модели.
5. Он спокойно вышел из игры, чувствуя себя прекрасно, потому что в этот вечер ничего не проиграл.
6. У меня появилась идея, как мы сможем побыстрее закончить этот проект.

Задание 20

Напишите ответные реплики для следующих диалогов. Используйте приставочные глаголы, образованные от глагола *бить*.

1. — Ты знаешь, где ваза? Я второй день не могу её найти!
   — _____
2. — Почему Андрей в больнице? Что случилось?
   — _____
3. — Как эта команда могла выиграть? Я не досмотрела до конца, но, когда я выключила телевизор, счёт был 2:0.
   — _____
4. — Почему вы не договорили свой тост? Почему вы остановились?
   — _____
5. — К чему вы стремитесь в жизни?
   — _____

Минутка для рефлексии

Поделитесь своими наблюдениями о том, как культура влияет на юмор и формирует особенности национального юмора?
_____
_____
_____

Приложение

Скрипт к аудио из Задания 7А

Запись 1. Инэсса Геннадьевна, 56 лет, г. Волгоград.

Могу припомнить один интересный случай, который развеселил всю нашу семью. Когда моей дочери было лет восемь, она решила меня поздравить. По-моему, это было 8 Марта. Вернувшись с работы, я обнаружила на столе огромную белую крысу с ещё более огромным лысым розовым хвостом. Зрелище было, конечно, ужасное. Но видела восторг в глазах своего ребёнка... Конечно, я должна была поинтересоваться, откуда мой ребёнок взял столь интересный живой подарок. Оказывается, моей дочери подружка дала это животное не насовсем, а для того, чтобы он немножко пожил у нас. Конечно, спустя какое-то время мы вернули крысу её законному владельцу. Но этот нежданный подарок долгое время мною помнится, вспоминается с восторгом и меня всё время веселит.

Запись 2. Вера, 32 года, г. Минск.
Однажды я решила сделать сюрприз своим родителям и приготовить для них ужин. Мне было лет 7, и готовить я не очень умела. Чтобы точно добиться хорошего результата, я решила сделать яичницу. Это блюдо несложное: нужно только разбить яйца в сковородку и посолить. К сожалению, я не заметила, что пересолила яичницу. Соль перебила вкус яиц, и есть это было совершенно невозможно. Узнала я об этом только спустя много лет, когда моя мама рассказала мне, как было на самом деле. Теперь, когда я выросла и полюбила готовить, иногда я сбиваю пыль с семейной кулинарной книги и устраиваю ужин для всей семьи.

Глава **11**

Сделай сам!

В этой главе вы научитесь:	In this unit, you will learn:
- находить и отбирать материалы по теме, которую вы хотели бы изучать в рамках данного курса; - составлять план групповой работы; - представлять результаты групповой работы в разных форматах, с которыми вы познакомились в предыдущих главах учебника.	- to find and select a topic and materials that you would like to see represented in this textbook; - to work with classmates to develop a work plan; - to present your results through the kinds of projects and activities you have encountered in previous units.

Речевая разминка

Задание 1

А. В предыдущих главах авторы предлагали вам темы, которые казались им актуальными и важными для обсуждения. Но выбор тем всегда субъективен, поэтому теперь ваша группа может выбрать тему, которую, как вы считаете, необходимо добавить в этот курс.

Какие темы вам было бы интересно пройти в рамках этого курса? Аргументируйте выбор каждой темы.

Варианты группы:
Тема 1. _____
Тема 2. _____
Тема 3. _____

Б. Посмотрите внимательно на список тем, которые были названы. Как они связаны с темами предыдущих глав учебника?

В. Разделившись на группы (по темам), найдите в русскоязычном интернете последние новости по каждой теме, составьте словарь из 5–10 слов необходимой лексики. На основе прочитанных новостей сделайте вывод от общей группы об актуальности данной темы в русскоговорящем и глобальном контексте.

Г. Проголосуйте за одну из тем:

	Тема 1	Тема 2	Тема 3
Актуальность темы			
Польза от выученных слов по этой теме			
Разнообразие источников информации по теме			

Д. Выбрав тему, попросите преподавателя помочь вам в постановке целей для этой главы. Распределите роли в группе для поиска материалов по выбранной теме.

Группа 1 — Поиск текста(-ов) для обсуждения и составление вопросов для обсуждения.

Группа 2 — Видеоматериалы по теме: фильм, видео из YouTube или др.

Группа 3 — Работа в группах: сценарий для групповых проектов.

Группа 4 — Составление словаря урока с переводом на английский язык.

Тема: _____

В этой главе мы научимся:

- _____
- _____
- _____
- _____

Необходимые слова и выражения

Задание 2

Группа 4 должна подготовить словарь по выбранной теме с переводом на английский язык. Активно взаимодействуйте с другими группами, выписывайте слова из статей и других материалов. Подготовьте 1–2 задания для работы с новыми словами.

К тексту

Задание 3

Группа 1 должна подготовить текст по выбранной теме, выписать слова, которые могут быть незнакомы остальным, и передать Группе 4. Кроме того, Группа 1 готовит список вопросов по тексту. Другие группы должны быть готовы активно участвовать в обсуждении вопросов.

Памятка для выбора текста:

1. Отражает ли текст текущую ситуацию в России или других русскоговорящих странах?
2. Если тема, которую вы выбрали, затрагивает проблемы, возникшие достаточно давно, то нужно ли рассказать участникам дискуссии предысторию вопроса?
3. Если требуется включать предысторию, то найдите информацию о вопросе в разных источниках информации. Насколько эти СМИ достоверны?
4. Есть ли в вашем тексте примеры конкретных случаев проявления проблемы? Если таких примеров нет, то найдите их в СМИ и добавьте в свой текст.
5. Составляя вопросы по тексту, добавьте вопросы не только для проверки понимания фактической информации, но и вопросы для глубокого погружения в тему и анализа представленной в тексте информации.
6. Дайте участникам обсуждения возможность сравнить ситуацию в России с ситуацией в других странах.
7. Передайте список новых слов Группе 4, помогите одногруппникам с объяснением слов и их переводом.

Смотрим и обсуждаем

Задание 4

Текст о фильме. Группа 2 должна найти видеоматериалы по теме. Если вам трудно найти фильм самостоятельно, обратитесь за помощью к преподавателю. После того как фильм найден, соберите информацию о нём в русскоязычном интернете и напишите текст, который ваши одногруппники должны прочитать перед просмотром фильма.

Памятка для написания текста:

1. Включите информацию о жанре фильма, авторах сценария и режиссёре, актёрском составе и съёмках. Если это не фильм, а видеоматериал, то найдите информацию об авторе сюжета.
2. Объясните в своём тексте, почему фильм/видеоматериал важен для современного зрителя?
3. На что нужно обратить внимание зрителям во время просмотра?
4. Передайте список новых слов Группе 4, помогите одногруппникам с объяснением слов и их переводом.

Задание 5

Вопросы после просмотра фильма. Группа 2 должна подготовить вопросы только по сюжету фильма. Вопросы должны касаться всех главных героев фильма и фактической информации. У Группы 2 должны быть подготовлены ответы на свои вопросы.

Задание 6

Вопросы за рамками сюжета. После обсуждения фактической информации опишите круг проблем, поднятых в фильме. Запишите основные идеи. Приведите примеры из фильма.

Задание 7

Связь фильма с темой главы. Как раскрыта в фильме выбранная в начале главы тема? Какие диалоги или монологи героев иллюстрируют это?

Работа в группах

Задание 8

Группа 3 должна придумать несколько вариантов проектной работы по теме, представить данные идеи другим группам и найти материалы для подготовки к каждому проекту.

Чтобы подготовиться к презентации вариантов проектов, ответьте на вопросы:

1. Как данный проект связан с темой урока?
2. Возможно ли выполнить проект в данных условиях? Есть ли у участников необходимые ресурсы?
3. Каковы цели проекта?
4. Каковы этапы проекта?
5. Сколько времени уйдёт на выполнение проекта?
6. Какие интернет-ресурсы могут быть полезны?

Задание 9

Выберите один из вариантов проектной работы, выполните задание и представьте результаты другим группам. Оцените сложность выполнения заданий.

Пишем о кино

Задание 10

Работайте вместе с преподавателем. Обсудите возможные вопросы для написания эссе по теме главы.

Тема 1. _____
_____
_____

Тема 2. _____
_____
_____

Тема 3. _____
_____
_____

Задание 11

Напишите эссе на одну из тем. Учитывайте то, чему вы научились при написании эссе по темам предыдущих глав.

Повторяем всё, что узнали в этой главе

Задание 12

Устройте дебаты по теме главы, распределив между одногруппниками разные точки зрения. Вы можете представлять позицию любой организации, частного лица, знаменитости.

About the Authors

Alyssa DeBlasio is the John B. Parsons Chair in the Liberal Arts and Sciences and an associate professor of Russian at Dickinson College. She is the author of two monographs, *The End of Russian Philosophy* (Palgrave Macmillan, 2014) and *The Filmmaker's Philosopher: Merab Mamardashvili and Russian Cinema* (Edinburgh University Press, 2019).

Izolda Savenkova is a lecturer in Russian in the Department of Slavic Languages at Columbia University. She is also a regular summer faculty member at the Kathryn Wasserman Davis School of Russian at Middlebury College. Since 2022, she has served on the Board of Directors for the American Council of Teachers of Russian (ACTR).